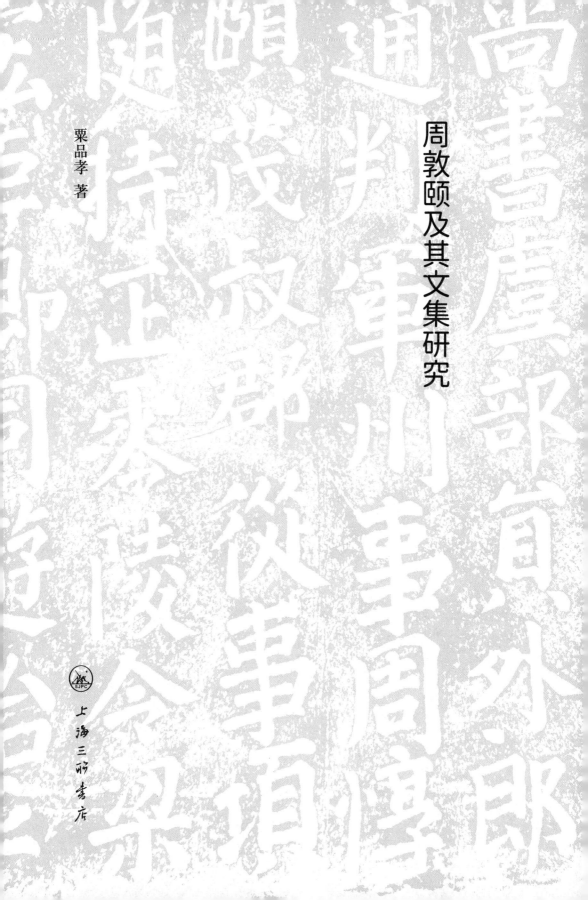

粟品孝 著

周敦颐及其文集研究

上海三联书店

总　序

　　《周敦颐理学研究丛书》的选题范围定位为周敦颐及儒家理学研究。

　　周敦颐的理学思想，主要体现在《太极图说》和《通书》两部著作中，可以视为一个比较核心的系列。其中《通书》初名《易通》，全称当作《易通书》，通论《易经》六十四卦，而合并为四十章，又糅合《中庸》之"诚"，形成一种《易》《庸》之学。而《太极图说》的主体应当是《太极图》，其《说》匹配其《图》，体例上属于上古图文之学，与《河图》《洛书》同一渊源。但《太极图》流传至今，受到雕版的限制，图形多有差异，宋本《太极图》的图形大约有两种类型，各有错讹，均不完备。而对于《太极图》的授受以及"无极"概念是否成立，南宋已有朱子与陆子的激烈辩论。自朱子、张栻以下历元、明、清、民国，对《太极图说》的注解极多，已构成一个专题系列。《太极图说》言"无极而太极""太极本无极"，就其独到价值而言，应当称为"无极图说"，"太极"是《易传》原有概念，"无极"才是周敦颐的独创，"无极"与"太极"的形上思辨应当是中古时期中国哲学的最大问题。

　　周敦颐的相关文献，有《濂溪集》《濂溪志》《濂洛关闽书》《近思录》《性理大全》等，并各自构成一个专题系列。《濂溪集》以及《周子书》分在集部和子部，理学部分则大致相同，宋、明、清时期多有编纂刊刻，近年已有影印集成。《濂溪志》是志书体的周敦颐专志，包括周敦颐的理学著作以及以濂溪祠、濂溪书院为中心的诰命、碑记和纪咏，明、清两代刊刻亦夥。《濂洛关闽书》及《宋四子抄释》是周敦颐、二程、张载、朱子著作选编的合集，而得名则受朱子所编《伊洛渊源录》的影响，这类文献也已构成了一个专题系列。《近思录》出于朱子与吕祖谦之手，卷一收录《太极图说》全文，此书传播极广，学子几于人手一册，而《太极图说》亦借以传播推广。《性理大全》为明儒奉敕官修，清代又有御纂《性理精义》，卷一均首录《太极图说》全文。朱子门人陈淳纂《性理字义》，蔡渊、黄榦弟子熊刚大纂《性理群书》，"性理"之名由是而起，明、清两代由于科举的推动，"性理"类读本层出不穷，推动了理学思想的社会普及，近年性理文献也有影印出版。此外，元儒、清儒都编有《濂洛风雅》，汇集理学家的诗作，可以视为理学诗的合集。周子后裔又汇编纪咏诗文为《濂溪遗芳集》，而在各种《周氏家谱》中也往往收录周敦颐的主要著作，可以视为《濂溪集》的别本。

《宋史·道学传》《宋元学案·濂溪学案》等书阐释了周敦颐在中国儒学史上的地位。周敦颐的思想学说经过朱子等人的阐发，再经史馆官修《宋史》的肯定，确定为理学的开山人物，居于濂洛关闽之首，"周程张朱"遂成为理学的正脉。而两宋理学与晚周时期的"孔曾思孟"同条共贯，与老庄道家之类同时并流，诸子十家均以唐虞三代"姚姒子姬"为总源。"姚姒子姬"是中国学术传统的经学、王官学形态，"孔曾思孟"是中国学术传统的诸子儒家形态，"周程张朱"是中国学术传统的理学、道学形态。"姚姒子姬"是中国学术传统的开端，"孔曾思孟"是中国学术传统的上古中兴，"周程张朱"是中国学术传统的中古中兴。中国学术传统上下绵历四五千年，屡踬屡起而不绝，其大纲谱系称为"道统",其详见于《伊洛渊源录》《道命录》《道南录》各书。

东亚各国,同文同伦。近数百年以来,理学在古代韩国、日本、琉球、越南的影响极大,古代韩国有《圣学十图》,以周敦颐《太极图》为"第一太极图",又有《太极问辩》、《太极书撰集辩诬录》,古代日本有各种《太极图述》《太极图说钞》《太极图说解》《太极图说谚解》《太极图说十论》以及多种《太极图》《通书》和《近思录》讲义。理学在时间上有纵向的展开,在空间上又有横向的展开。

理学、道学,义蕴弘深。"理学"又称"道学",又称"性理学"。推崇"理"而不推崇"欲",故名"理学"。推崇"道"而不推崇"物",故名"道学"。《书经》《道经》《论语》《荀子》四种文献俱载尧舜禹三圣心传"人心惟危,道心惟微;惟精惟一,允执厥中"十六字,前两句揭示"人心""道心"的难题,后两句指出"精一""执中"的对策,花开两朵,各表一枝,一面开出后世"道学"的源流,一面开出后世"心学"的源流。秦汉以后,汉学、宋学、理学、道学、心学,乃至实学、考据学,无一不在"道心""人心"的总纲上延展表现。

理学、道学自有其历史使命与当下意义。宋儒认为"人欲横流"是社会文明的大敌,"人于天理昏者,是只为嗜欲乱着他"。理学的精神宗旨萃集于《四书》,而其悲悯蒿目全在《乐记》一篇,所谓"夫物之感人无穷,而人之好恶无节,则是物至而人化[于]物也。人化[于]物也者,灭天理而穷人欲者也",恰似预言今日人欲横流之困局。

周敦颐(1017—1073),字茂叔,号濂溪,谥元,学者尊称濂溪先生、周濂溪、周元公、周子。北宋中期真宗、仁宗、英宗、神宗时期在世,曾任湖南郴县知县、桂阳知县及郴州知军,故有"三仕郴阳"之说。又在郴州授学二程兄弟,传《太极图》。为此,湘南学院于2022年6月成立周敦颐研究院,12月周敦颐纪念馆建成开放，2023 年获批湖南省社科研究基地，今年又有组织出版《周敦颐理学研究丛书》之举。

周敦颐的理学著作言简意赅，《太极图说》249 字，《通书》2832 字，其他如《爱莲说》119 字，《拙赋》65 字。学者阐发其哲学思想，或揭示其存世文献，不甚容易，非在义理上不厌其精、反复研磨，在文献上尽量扩充、不遗一言不可。

以"周敦颐理学"为主题的学术丛书是海内首次编纂出版。本丛书在已出著作的铨衡寔正方面，未出著作的选题推荐方面，均望得到学界同仁的关注和支持。

张京华

2024 年 3 月写于湘南学院

目 录

周敦颐与四川

宋编周敦颐文集

明刻周敦颐文集

清刻周敦颐文集

新编周敦颐文集

周敦颐文集的版本源流

从文献学视角审视哲学家

——以周敦颐及其文集为例（代序）

研究哲学家，要不要在文献学上下功夫？专门的哲学史研究者陈来教授对朱熹的研究成果，我觉得可以回答这个问题。他在撰写《朱熹哲学研究》的过程中，对朱熹的书信进行了详细的编年考证。其中当然有瑕疵，但成绩肯定是主要的。这个文献学大功夫，毫无疑问是陈来教授能够在前贤基础上推进朱熹哲学研究的重要基础。束景南教授写《朱子大传》非常成功，也与他注重搜集考辨朱熹佚文、编撰《朱熹年谱长编》这些文献学功夫密不可分。最近我拜读顾宏义先生的《"吾道南矣"说的文献学考察》一文，方知"吾道南矣"这个流传广泛的说法，实际上并不出自北宋哲学家程颢，而是南宋时朱熹建构起来的。我再次感受到了文献学视角对准确认识哲学家及其思想的宝贵！

今天我要和大家谈论的周敦颐（1017—1073 年），是任何一本通贯性的中国哲学史著作都无法回避而必须重点论述的大师级人物。过去研究周敦颐的论著可谓汗牛充栋，但从文献学视角来审视他的生平、思想和文集者，还不多见。近些年来，笔者致力于此，颇有收获。

一、关于周敦颐的生平

过去我们一般倚重清代张伯行的《周濂溪集》，后来又常用中华书局点校本的《周敦颐集》，里面都有署名南宋度正所编的周敦颐《年谱》。后来我们看见宋刻《元公周先生濂溪集》也收有度正的《濂溪先生周元公年表》。两相对比，才知道张伯行的《周濂溪集》和中华书局本《周敦颐集》所收《年谱》都是经过删改的，《年表》才是原貌。从中我们对周敦颐的生平事迹有了一些新的认识：

比如在天禧元年丁巳条叙述周敦颐出生情况时，《年谱》载："（周敦颐父亲）先娶唐氏……唐卒，继娶侍禁成都郑灿女，是生先生。"《年表》则载："（周敦颐父亲谏议公）先娶唐氏……唐卒。左侍禁郑灿，其先成都人，随孟氏入朝，因留于京师。有女先适卢郎中，卢卒，为谏议公继室，是生先生。"很明显，《年表》显示周敦颐的父母均是再婚之人，他的母亲是再嫁之妇。可是《年谱》却把这一重要事实抹去了，这肯定与清代以妇女再嫁为耻有关。

再比如嘉祐二年丁酉条关于周敦颐在合州的教学情况，《年谱》载："九月，回谒乡士，牒称为'解元才郎'，今不详为谁氏子？盖当时乡贡之士，闻先生学问，多来求见耳。"《年表》则载："九月，回谒乡士，牒称为'解元才郎'，今不详其为谁氏子？当是去年乡贡，今年南省下第而归者，闻先生学问，故来求见耳。"两相对比，《年谱》美化周敦颐形象的情况是十分清楚的。

二、关于周敦颐的诗文

中华书局点校本《周敦颐集》卷三有《书窗夜雨》和《石塘桥晚钓》二诗。此二诗实际是一首诗，应题作《夜雨书窗》。这在已知的多种宋刻本周敦颐文集中是很清楚的。南宋后期道州郡守萧一致主持刊刻的《濂溪先生大成集》（七卷）虽然久已失传，但其目录还完整地保存在明代弘治年间周木重编的《濂溪周元公全集》卷十三后的附录中。该目录的最后是《濂溪先生大成集拾遗》目录，其中有《元公家集中诗七篇》，内有《夜雨书窗》诗，而无《石塘桥晚钓》诗。较《濂溪先生大成集》稍后刊刻的宋本《濂溪先生集》（不分卷），其书已残，但也有完整的目录传世，同样有《家集中七首》，也只有《夜雨书窗》诗，而无《石塘桥晚钓》诗。以上两本所收《夜雨书窗》诗虽然仅存目录，但明言出自"家集"，是很有说服力的。宋亡前夕刊刻的《元公周先生濂溪集》十二卷，保存至今，在卷六中没有《石塘桥晚钓》诗，但有《夜雨书窗》诗。该诗共 12 句，其中前 6 句与点校本《周敦颐集》所收《书窗夜雨》诗完全相同；后 6 句与《石塘桥晚钓》诗也基本相同。这就说明，点校本《周敦颐集》所收《书窗夜雨》和《石塘桥晚钓》二诗，本为一诗，题名是《夜雨书窗》；点校本《周敦颐集》将其析为两首著录，并将《夜雨书窗》改为《书窗夜雨》，是不符合历史实际的。

当然，这并非点校者的臆改，他的失误渊源有自。中华书局点校本《周敦颐集》的底本是清朝光绪年间贺瑞麟所编《周子全书》，而贺瑞麟又主要是依据康熙年间张伯行所编《周濂溪先生全集》。张本卷八有《夜雨书窗》和《石塘桥晚钓》二诗，在《石塘桥晚钓》诗的标题后有小字一段："旧无此五字，而此诗又连上共作一首，今从《遗芳集》改正。"说明张伯行最初所见的周敦颐文集也是将《夜雨书窗》和《石塘桥晚钓》二诗联为一首著录的，题名就是《夜雨书窗》。这与我们上面所举三个宋刻本的情况完全相同。将此诗析为《夜雨书窗》和《石塘桥晚钓》两首来著录，源于明朝弘治四年周敦颐十二代孙周冕编刻的《濂溪遗芳集》，后来张伯行承袭其说，贺瑞麟踵而继之，中华书局点校本又沿而不改，及至后来的《全宋诗》卷四一一也延续了这一失误。

还有《周敦颐集》卷三收录的《宿大林寺》诗，非周敦颐所作。点校本《周敦颐集》在此诗后注释说："此诗据吕本补，其他本无。"所谓吕本，就是明朝嘉靖五年吕柟所编《周子抄释》。吕柟将此诗收入《周子抄释》，实际是个疏误。此诗本是北宋彭应求所作，周敦颐到合州（治今重庆合川）为官时发现于温泉寺，并为作序，诗、序均刻于温泉寺。南宋合州学者度正出知重庆府时再度将此诗此序发现。这在宋刻《元公周先生濂溪集》卷六的记载中是很清楚的，该卷在收载周敦颐《彭推官诗序》的同时，还附上彭应求的诗，题为《宿崇圣院诗》。吕本误将此诗的序者作为作者，是很不应该的；点校本《周敦颐集》不辨其伪，误上加误，同样是很可惜的。又，文渊阁四库全书本《周元公集》卷二也将此诗误录于周敦颐名下，题作《宿崇圣》，《全宋诗》卷四一一又误加沿袭。

三、张栻阐释周子《太极图说》的《太极图解》被重新发现

笔者最初看《宋集珍本丛刊》本《元公周先生濂溪集》时，发现目录上有张栻《太极图解》，而正文却没有，觉得很奇怪。当时就想，其他版本呢？我就拼命找，在国家图书馆藏另一个宋刻本、不分卷的《濂溪先生集》上居然就找到了，但那是个残本，有缺页，不全。于是我又继续寻找其他的版本，在天津图书馆找到了明代周木重编的《濂溪周元公全集》，当时托在南开大学读博士的一个学友查看，目录上果然有张栻《太极图解》。可惜正要进一步查看正文时，看胶片的机器坏了，不能看。我只好另寻出路，折腾了好久，才终于在众多学友的帮助下，在日本得到明朝周木本，里面的正文果然有张栻《太极图解》。那个高兴呀，我至今想来，还是激动万分的，心还在跳。遗失了数百年的张栻《太极图解》，现在又完整地重新找到了。这不仅对周敦颐研究是个重

要文献，对张栻研究也是重要的。因此我得到后，立刻复印了两份，分别赠送给《一代宗师：张栻及其哲学》的作者蔡方鹿教授和《张栻全集》的点校整理者杨世文教授。

四、围绕周敦颐的一些宋人诗文被重新发掘出来

笔者在看《宋集珍本丛刊》本《元公周先生濂溪集》时，发现附录的篇幅很大，有很多的诗文。当时我就在想，这些诗文是否全部被《全宋诗》《全宋文》吸收？于是我就拿来对比。不比不知道，一比吓一跳。

据统计，在现存宋刻《元公周先生濂溪集》卷七中，有 13 人共 19 首诗为《全宋诗》失收，其中王子修、周刚、鲍昭、薛被、文仲琏和周以雅等 6 人未入《全宋诗》作者之列。周以雅的《濂溪六咏》，一般的周敦颐文集都只收录两首，且署为潘之定作；明代周木重辑的《濂溪周元公全集》卷九和张伯行所编《周濂溪集》卷九虽全录，但也将作者署为潘之定（潘亦未入《全宋诗》作者之列），不知何据，待考。

又据笔者统计，在现存宋刻《元公周先生濂溪集》中，有 37 人共 47 篇文章为《全宋文》失收，包括周敦颐的蜀籍门人傅耆所写的《与周敦颐书》和《答卢次山书》这两通对了解周敦颐诗文之学有重要帮助的书信。其中还有何士先、徐邦宪、胡安之、陈纬、刘元龙、蔡念成、余宋杰、冯去疾、卢方春、曾迪和傅伯崧共 11 人甚至未入《全宋文》作者之列。另外还有 11 篇文章为《全宋文》收录不全或有明显差异者。如游九言《书太极图解后》（卷三），《全宋文》卷六三一〇（第 278 册）依据嘉靖《建阳县志》，题为《太极图序》，但内容止于"先识吾心"，而缺"澄神端虑"以下的大段内容；林时英《德安县三先生祠记》（卷十），《全宋文》卷七二一一（第 315 册）依据《永乐大典》卷

七二三七，题为《德安县学尊贤堂记》，文字与此处差异较大。

不仅如此，《元公周先生濂溪集》的一些内容还可以补充张栻、黄榦、蔡渊、度正、魏了翁等人的文集。

以上只是对宋人诗文的补充。我们知道，周敦颐文集在明清还有大量的刻印，里面也收录了大量明清人的诗文，我相信里面也有不少珍贵的文献资料有待发掘，目前笔者正在编《历代周敦颐文集序跋目录汇编》，届时可以为相关研究者提供资料线索。

五、《宋史·周敦颐传》一段记述之不可信

《宋史·周敦颐传》在叙述周敦颐"善开发人"时，有一段记述："侯师圣学于程颐，未悟，访敦颐，敦颐曰：'吾老矣，说不可不详。'留对榻夜谈，越三日乃还。颐惊异之曰：'非从周茂叔来耶？'"这段话很生动，确实很能凸显周敦颐崇高的学术地位，但并不可信。

追索这段话的由来，与朱熹同时代的谢谔所著的《性学渊源》一书就有，该书记述道："侯师圣初从伊川，未悟，乃策杖访濂溪，濂溪曰：'吾老矣，说不可不详。'留之对榻夜谈。越三日，自谓有得，如见天之广大。乃之洛，伊川亦讶其不凡，曰：'非从濂溪来耶？'"（见宋本《元公周先生濂溪集》卷六）这段话后来被编入各种周敦颐文集。

其实，依侯师圣的年龄，根本没有机会接触到周氏，这纯粹是坊间编造之语，早在朱熹撰《伊洛渊源录》时就已给予驳斥。《伊洛渊源录》卷十二"侯师圣"条载：

> 或曰："江陵有侯师圣者，初从伊川，未悟，乃策杖访濂溪。濂溪留

之，对榻夜谈，越三日，自谓有得，如见天之广大。伊川亦讶其不凡，曰：非从濂溪来耶。师圣后游荆门，胡文定留与为邻终焉。"愚按：侯子非荆人，据诸书所载，但知前数条。而胡公《行状》亦止云"熟观二先生之言行"，不言其见濂溪也。濂溪卒于熙宁六年，而侯子靖康建炎之间尚在。其题上蔡谢公手帖犹云："显道虽与予为同门友，然视予为后生。"则其年辈不与濂溪相接明矣。且其言自谓有得，如见天之广大者，亦与侯子平日之言不相似。凡若此类，学者详之。

可见《宋史·周敦颐传》这段记述，朱熹早就给予了否定。可惜元修《宋史》，依然把这段小说家言吸收进去。笔记小说进入正规的史书，在宋代是很普遍的事情。欧阳修等《新唐书》是这样，司马光《资治通鉴》也是这样。近年很火的辛德勇《制造汉武帝》一书，对《资治通鉴》这种处理方式有很详细的考证阐述。

哲学思想的诠释当然因人因时而常新，是一个无有穷也的事业。但我们不论怎么去解释，总是要依据一定的资料基础来进行。这些资料是否可靠，是否充分，是关系到这种诠释是否坚实有力的重要基础。注重从文献学视角来审视所论哲学家的生平著作和有关记载，有助于我们更完整更准确地认识哲学家，而且往往还会有一些意想不到的新收获。这就是笔者这些年从文献学视角来研究周敦颐及其文集的一点体会。

卑之无甚高论，以上所说可能也有不妥当的地方，敬请大家批评指正。

（原载包伟民、戴建国主编《开拓与创新：宋史学术前沿论坛文集》，中西书局，2019年6月）

周敦颐的生平与著作

周敦颐若干生平事迹的由来与辨正

作为"道学宗主"或"理学开山",宋儒周敦颐（1017—1073 年）的有关研究可谓汗牛充栋,不胜枚举。有关周子的生平事迹,似乎也题无剩义。不过笔者最近在梳理历代各种形式的周子《年谱》时,发现后世熟知的一些周子生平事迹,在宋本《年谱》或未见记载,或记载有异。这就不能不引起笔者的思考与追问:这些熟知的周子生平事迹,究竟是从何而来的呢? 本文选择数事略作探讨,冀有助于更好地认识这位旷世大儒。

一、关于周子出生的地点和月日

流传广泛的中华书局点校本《周敦颐集》附录有清末光绪十三年（1887 年）贺瑞麟辑《周子全书》著录的题名度正的《周敦颐年谱》,开首就说:"先生生于道州营道县之营乐里濂溪保。"① 至于周子出生的具体月日,此本虽然没有记

---

① （宋）度正:《周敦颐年谱》,《周敦颐集》附录一,陈克明点校,北京:中华书局,1990 年,第 91 页。按,此本《年谱》题署南宋度正编,实际已在度正原编《濂溪先生周元公年表》的基础上做了很大改动,下文会述及。

载，但在学界很有影响的《周敦颐评传》（入列《中国思想家评传丛书》）中，则明确写道：周子"生于北宋真宗天禧元年（1017 年）五月五日"。[1] 按照一般的书写习惯，这里的"五月五日"，当然是指我国传统的农历。可是，我们回查周子去世后好友潘兴嗣所写《濂溪先生墓志铭》、妻兄蒲宗孟所写《濂溪先生墓碣铭》和南宋朱熹撰写的《濂溪先生事状》，以及目前所知最早的周子年谱即朱熹学生度正所编《濂溪先生周元公年表》，都没有这些记载。其中度正的《年表》还特别以小字注文的形式写道：

> 先生之生，所系甚大，当书其月、日、地，而史失其传，今存其目而阙之，以俟博考。[2]

面对度正的注文，对比后世的记载和书写，不能不使我们发生莫大的疑问，这个在南宋已经"史失其传"的周子出生的"月、日、地"，是如何在后来出现的呢？

本来，作为曾任贺州桂岭县令的周辅成之子，周子既可能出生在官所，也有可能诞于老家。时人没有明确记载，只能说明周子在当时地位不高，人们对其出生地并不关心。但随着周子地位的上扬，特别是其"道学宗主"地位在南宋的逐渐形成，[3] 人们很自然地觉得这是"所系甚大"的重要事情，于是总想"博考"以求其实，度正《年表》的小字注文，就是这种情结的流露。

---

[1] 梁绍辉：《周敦颐评传》，南京：南京大学出版社，1994 年，第 28 页。

[2] （宋）度正：《濂溪先生周元公年表》，见湖南省濂溪学研究会依据宋刻本整理的《元公周先生濂溪集》卷末，长沙：岳麓书社，2006 年，第 231 页。

[3] 参见王立新《周敦颐思想史地位之确立》，《朱子学刊》1999 年第 1 期（总第 10 期），合肥：黄山书社，2000 年；周欣《周敦颐道学宗主地位的确立》，《学海》2015 年第 4 期。

社会需要是历史发展的重要动力。在外地官所和家乡的两可中，人们（很可能是周子后人）最终选择了家乡作为周子的出生地。这个信息目前最早、最明确的记载，来自周子十二世孙、被赐予周家第一个翰林院五经博士的明朝人周冕。他在弘治五年（1493 年）秋《题月岩》诗中写道："五星奎聚文明兆，我祖应期生营道。"① 在他的影响下，当时由外地来任道州知州的方琼也说"周子生于舂陵"②（舂陵为道州郡名）。应当说，这里的"生"，不一定非要理解为"出生"，也可理解为在叙述周子的籍贯。但对于周冕和方琼来说，这里的"生"，恐怕就是"出生"（详下述）。与周冕同时的苏州常熟县人周木，曾在宋本《元公周先生濂溪集》的基础上重编《濂溪周元公全集》，在卷首的《濂溪先生周元公年表》天禧元年丁巳条明确写道："先生生于道州营道县之营乐里。"并有小字注文："先生之生，所系甚大，而史及墓铭皆失其月日，今存其目，阙之，以俟博考。"③ 显然，周木是在原来度正《年表》基础上作的改动，由于已记载周子的出生地，对其出生的月日仍不清楚，故在转录度正注文时，删去"地"字，保留"月日"。后来嘉靖十九年（1540 年）永州府同知鲁承恩编《濂溪志》著录的《年表》与此完全相同，嘉靖十四年（1534 年）周子十三代孙周伦编《濂溪集》卷一《年表》也如此，只是都删去了小字注文。

周木本、鲁承恩本和周伦本三者之间并无渊源关系，它们的记载何以相同呢？当是它们有共同的渊源。我们注意到，这三本的编纂与周子十二代孙周冕都有关系。周冕编有《濂溪遗芳集》（已佚），周木曾转录其中的诗文。④ 按照

① 张京华、陈微主编：《道州月岩摩崖石刻》，天津：天津人民出版社，2017 年，第 24 页。
② （明）方琼：《濂溪遗芳集序》，见（明）鲁承恩编：《濂溪志》卷 10，韩国首尔大学奎章阁藏嘉靖二十五年刻本。
③ （明）周木：《濂溪周元公全集》卷首《濂溪周元公年表》，日本京都大学文学部藏明弘治年间刻本。
④ （明）周木：《濂溪周元公全集》卷 6《遗文》，日本名古屋市蓬左文库藏明弘治年间刻本。

现在所有周子文集均载录周子《年表》(或称《年谱》)的惯例,《濂溪遗芳集》应该也有周子《年表》,[①]周木很可能就是依据其《年表》来补充周子出生地的。周伦是周冕侄子,奉命由永州府道州迁往九江府德化县德化乡(今址在江西九江市庐山区)为周子守墓,他应该也带有《濂溪遗芳集》,因此在新编《濂溪集》时也采纳了周冕的记述。至于鲁承恩,他是永州府同知,在为所编《濂溪志》写序时,曾说"先生裔孙五经博士(周)绣麟,闻而力请授诸梓"[②],说明鲁承恩与周冕的儿子周绣麟是有联系的。而且,他在《濂溪志》中还大量著录了周冕编的《周氏族谱》,载录了周冕《濂溪遗芳集》的一些诗文,还有周冕《回元公》和《题月岩》等诗篇。他在任期间不仅编辑了《濂溪志》,还专门刊印了《周元公年表》。[③]所有这些信息集中起来,可证鲁承恩编《濂溪志》时,著录的《年表》当是直接承袭自周冕《濂溪遗芳集》的。因此,周木本、周伦本和鲁承恩本三者关于周子出生地的记载,实际应当都是渊源于周冕《濂溪遗芳集》中的周子《年表》。

从目前来看,明代的周子《年表》(《年谱》)对周子出生地的记载,都限于里级,即"道州营道县之营乐里"(前已引)。至清代,吴大镕主修的康熙二十四年(1685年)本《道国元公濂溪周夫子志》著录的《年表》则更进一步到保级(也就是村级),即说"先生生于道州营道县之营乐里濂溪保"[④]。这为康熙四十七年(1708年)张伯行编《周濂溪先生全集》所承袭,之后的光绪十三

① 据王会在嘉靖二十三年(1544年)叙其新编《濂溪集》时说:周绣麟"出《濂溪遗芳集》一册相示,荒杂不伦,并《年谱》及先生述作亦复阙遗"(台北"国家"图书馆藏本卷首)。似乎《濂溪遗芳集》没有附录《年谱》。但这很可能是散佚的缘故。当然,《年谱》也可能是单独的抄本、刻本。

② (明)鲁承恩:《濂溪志序》,(明)胥从化、谢贶编:《濂溪志》卷7下,中国国家图书馆藏明万历二十一年刻本。

③ (明)史朝富修、陈良珍纂《永州府志》(明隆庆五年刻本)卷11《艺文志》著录"《周元公年表》二册","嘉靖二十年同知鲁承恩刊"。

④ (清)吴大镕修、常在编:《道国元公濂溪周夫子志》卷3《年表》,康熙二十四年刻本。

年贺瑞麟编《周子全书》和以贺本为底本的中华书局点校本《周敦颐集》也这样。清代另有一种记载，即道光十九年（1839 年）周子二十四代孙周诰编《濂溪志》卷三《年谱》，说"先生生于道州营道县之营乐里楼田保"①，后为道光二十七年（1847 年）刊邓显鹤编《周子全书》继承。笔者注意到，道光本《濂溪志》的《年谱》主要是依据道光十二年（1832 年）王开琸编《先贤道国元公周子年谱》而来，王开琸本即说"先生生于道州营道县之营乐里楼田保"。②王开琸何以要把濂溪保改为楼田保呢？

我们知道，南宋朱熹时代的邹勇《游濂溪辞序》有记："道州城西十五里，有村曰濂溪保，盖周茂叔先生之居也。"③之后的魏了翁《道州建濂溪书院记》也说周子故居是"濂溪保"，④道州知州赵栟夫著《濂溪小学记》亦记载："出道州城西二十里，曰濂溪保，元公故居在焉。"⑤因此康熙本《道国元公濂溪周夫子志》的《年表》记周子"生于道州营道县之营乐里濂溪保"应是确切的。当然，南宋后期道州知州龚维藩《道州重建故祠记》叙述周子家乡时曾说："营道之西，距城十八里，有水曰濂溪。发源于大江岭，汇为龙湫，东流二十里至楼田。其乡曰营乐，其保曰濂溪。"⑥稍早的朱熹写《濂溪说》也曾记载："濂溪之源委自为上下保，而先生居其地，又别自号为楼田。"⑦据此，楼田保或是濂溪保之别名，王开琸本以及据此而来的道光本《濂溪志》说"先生生于道州营道县之营乐里楼田保"似乎也不错。

---

① （清）周诰：《濂溪志》卷 3《年谱》，道光十九年爱莲堂刻本。
② （清）王开琸：《先贤道国元公周子年谱》，周德明、吴建伟主编《上海图书馆藏珍本年谱丛刊续编》第 1 册，北京：国家图书馆出版社，2019 年，第 379 页。
③ （宋）邹勇：《游濂溪辞并序》，《元公周先生濂溪集》卷 7，第 124 页。
④ （宋）魏了翁：《道州建濂溪书院记》，《元公周先生濂溪集》卷 10，第 184 页。
⑤ （宋）赵栟夫：《濂溪小学记》，（明）鲁承恩编《濂溪志》卷 9，韩国首尔大学奎章阁藏嘉靖二十五年刻本。
⑥ （宋）龚维藩：《道州重建故祠记》，《元公周先生濂溪集》卷 10，第 182 页。
⑦ （宋）朱熹：《濂溪说》，《元公周先生濂溪集》卷 8，第 140 页。

道光本《濂溪志》更重要的变化，是明确记载了周子出生的月日是"五月五日"，亦为邓显鹤编道光本《周子全书》（前述梁绍辉著《周敦颐评传》依据此本）所继承。这也是承袭王开琸编《先贤道国元公周子年谱》而来。从王开琸的跋语看，他编《年谱》时所见主要是康熙吴大镕主编的《道国元公濂溪周夫子志》和张伯行编《周濂溪先生全集》，但二本的《年谱》均没有如此具体明确的记载。王氏究竟依据什么而来的呢？我们注意到，王开琸之前曾到访过周子故乡，与周诰等人有接触交流，[①]他很可能是从以周诰为代表的周子后人口中得到这一说法的，即这一说法可能出自其家传。笔者在明朝嘉靖十九年（1540年）鲁承恩编《濂溪志》载录的族谱资料中找到了相关线索。该志依据《周氏族谱》过录的托名黄鲁直的《元公家本行实》有这样一条记载：

> 天禧元年丁巳五月二日夜，（周母）郑氏沐浴更衣，至夜五鼓，闻空中音乐嘹亮之声，将曙，五星悬辉于庭，后化为五土埠。于洞中三日，正午，而公生焉。[②]

这样的描述固然是对周子的神化，是"天生异人"之类故事的翻版，有关情节不足为信。不过将这里的"于洞中三日"理解为周母在洞中继续居住了三天，则周子诞生之时恰好是五月五日，与王开琸本所记一致，说明王开琸的记载并非当时编出，而是早在明代中前期就已在周氏家族内部存在和流传了。

---

① 参见王开琸《跋》，《先贤道国元公周子年谱》卷首，《上海图书馆藏珍本年谱丛刊续编》第1册，第362页。
② （宋）黄鲁直：《元公家本行实》，（明）鲁承恩编：《濂溪志》卷4《事状类》，韩国首尔大学奎章阁藏嘉靖二十五年刻本。

二、月岩悟太极与分配五行：周子早年二事的生成与流传

周子十五岁就离开家乡道州，投奔京城的舅氏郑向。其在道州的早年事迹，度正所编《年表》仅在天圣七年己巳条下记其钓游濂溪之上的情况：

> 先生时年十三，志趣高远。濂溪旧有富桥，有小亭，先生常钓游其上，吟风弄月，至今父老犹能言之。①

这当然意在表达周子很早就志趣不凡、注重精神追求的特殊风貌。但是否还有其他方面的故事，可以进一步彰显其天赋异禀的一面呢？

至迟从明代开始，则出现了周子十多岁在故居旁边的月岩洞领悟太极之道的故事。此事不见于宋人的记载，度正的《年表》亦不著录，但在明清时期则流传甚广。其事进入《年谱》，则至万历二十一年（1593年）胥从化、谢贶编《濂溪志》，该书的《元公年表》在仁宗天圣八年周子十四岁时有如下记载：

> 濂溪之西十里，有山拔笋，中为岩洞，而通东西。当洞之中虚，其顶圆，象月之望，离而东西视之，则如月上下弦焉，故俗呼为月岩。先生好游其间。世传先生睹此而悟太极，理或然也。②

胥本《濂溪志》是在嘉靖十九年（1540年）鲁承恩本《濂溪志》的基础上改编的，但鲁本著录的《年表》并无此条。其说究竟源自何处呢？细察鲁本《濂溪志》，发现卷七有王会的《月岩说》，其中写道：

---

① （宋）度正：《濂溪先生周元公年表》，《元公周先生濂溪集》卷末，第231页。
② （明）胥从化、谢贶编：《濂溪志》卷3《元公年表》，上海图书馆藏明万历二十一年本。

右月岩，在故里西八里许，有山巍耸，中为岩洞，东西两门可通，往来望之若城阙。当洞之中而虚，其顶自东望之，如月上弦，西而望之，如月下弦，就中望之，则又如月之望。随行进退，盈亏异状，俗以其形象月，故呼为月岩。好事者奇之，以为太极呈象，若河之图、洛之书。①

胥本《濂溪志》卷七下也据此载录有王会此说，标题增一字，为《月岩图说》。不难看出，胥本《年表》所谓周子"月岩悟太极"的记载，正是源自王会《月岩说》而来。而王会此说，即其新编《濂溪集》卷首"月岩图"后附录的"王会图说"。

我们还注意到，鲁本《濂溪志》卷十"序类"载录有之前道州知州方琼在弘治四年（1491 年）为周子后裔周冕所编《濂溪遗芳集》所写的序言，其中有"月岩一像，天启周子以太极之理"②的明确表述，上引胥本《年表》"月岩悟太极"最后所谓的"世传先生睹此而悟太极"，至少可追溯至此。进一步考察，周冕和方琼当时还都写有关于周子"月岩悟太极"的诗篇，且均作于弘治五年（1492 年）秋，至今仍保留在月岩石壁上。周冕《题月岩》为四首七言绝句，其中一首有"来歌来游于斯岩，仰观造化生成妙"③语。方琼《游月岩道经濂溪故居》为歌行体长诗，其中有"天生元公宅，近月岩，傍月岩，三峒真精致。岩之东，如月上弦当碧空，分明便是阳动处，当空拂拂来东风。岩之西，湾环如月下弦时，分明便是阴静处，晴霄寂寂生寒辉。岩之上，俨若中天明月样，分明太极一圈□，透出文光千万丈。凡人至，讶月岩，不染半毫尘，不知

---

① （明）王会：《月岩说》，（明）鲁承恩编《濂溪志》卷7，韩国首尔大学奎章阁藏嘉靖二十五年刻本。
② （明）方琼：《濂溪遗芳集序》，（明）鲁承恩编《濂溪志》卷10，韩国首尔大学奎章阁藏嘉靖二十五年刻本。
③ 张京华、陈微主编：《道州月岩摩崖石刻》，天津：天津人民出版社，2017 年，第 24 页。

中藏至理深。惟我元公得天授，因岩图出……天命元公悟此一段之天机"等语。^①这些都说明，在周冕、方琼的时代，已有周子"月岩悟太极"故事的流传。这一点在当时地方志编修中也体现出来，如弘治七年（1494年）知府姚昺主持编刻完成的《永州府志》，在卷二著录道州月岩情况时曾说："穿岩，在州西四十里，今谓月岩。形如圆廪，中可容数万斛，东西两门，通道其间，望之若城门，又如偃月。……今好事者谓濂溪因睹此岩而图太极。"^②这里所谓的"今好事者"云云，似乎说明这一故事生成就在府志编修之前不久。

胥本《年表》之前，固然已早有周子"月岩悟太极"的流传与记载，但究竟在周子一生的什么时间呢？以上记述都未明确。胥本《年表》何以要系于仁宗天圣八年周子十四岁之下呢？前已引述的鲁本《濂溪志》中托名黄鲁直的《元公家本行实》，在叙述周子年十二三钓游濂溪之上一事后，写道："公再游月岩，观岩峒上弦下弦，若阴阳动静，中仰青天，若太极之圆，而妙契于衷。"^③胥本《年表》大约就是以此为据来系年的。

康熙时吴大镕主修的《道国元公濂溪周夫子志》虽然在《年谱》部分沿用了胥本《濂溪志》的记载，但在新编的《年表》中则这样写道："濂溪之西十里，有岩洞，高敞虚明，东西两门入之，若月上下弦，中圆若月望，俗呼月岩。先生好游其间，相传睹此而悟太极。想当然尔。"^④明确表示这种传说是"想当然"的，不可信据。这一看法为后来的理学名臣张伯行编《周濂溪先生全集》所继承，光绪时贺瑞麟编《周子全书》以及以贺本为底本的中华书局点校本《周敦颐集》附录的《年谱》亦加承袭。

---

① 张京华、陈微主编：《道州月岩摩崖石刻》，第22页。
② （明）姚昺纂修、（明）林华校正：《永州府志》卷2，明弘治七年刻本。
③ （宋）黄鲁直：《元公家本行实》，（明）鲁承恩编《濂溪志》卷4《事状类》，韩国首尔大学奎章阁藏嘉靖二十五年刻本。
④ （清）吴大镕修、常在编：《道国元公濂溪周夫子志》卷3《年表》，康熙二十四年刻本。

尽管如此，但月岩的形状确实是罕见的奇观，正如明朝道州知州王会在上引《月岩说》文字之后所说：

> （王）会谓先生之道，未必因月岩而得。但此山不生于他，而生于先生之故里，则谓之太极洞也亦宜。因磨崖刻之，曰太极洞云。洞高可四五十丈，宽可容数千人。中有濂溪书堂，盛夏无暑。奇石峭壁，如走貌相逐，如伏犀伏顾，如龟蹒跚，如凤翔翔，如龙蛇蜿蜒，而石液凝注，望之如滴，西壁有宝石笋矗立，如入定僧在龛，又一窦深黑不可入，蜚鸟之音，行人之声，经其中如奏笙簧，诚天造奇观也。①

结合上引《月岩说》的内容，月岩本身的奇特面貌和月岩洞内的这些造型，确实是"天造奇观"。所谓周子在此悟太极之道，很多人可能如王会认识一样，未必相信，即"先生之道，未必因月岩而得"，但对月岩洞本身奇特的自然地貌和造型，不能不表示惊叹。因此，与其说人们相信周子"月岩悟太极"的传说，不如说它表达着、寄托着人们美好的想象。无数士大夫欣然前来观瞻，赋诗题记（至今石壁上还留有大量珍贵的题刻），一些士人甚至在此建立书院（或称之为濂溪书堂、月岩书院、太极书院），讲学授徒，②恐怕多应作如是观。

只是要说明的是，周子"月岩悟太极"一事，一般的周子文集都依据万历二十一年（1593 年）胥本《濂溪志》系于天圣八年，后来的康熙四十七年（1708 年）张伯行编《周濂溪先生全集》则提前一年，系于天圣七年周子十三

---

① （明）王会：《月岩说》，（明）鲁承恩编《濂溪志》卷 7，韩国首尔大学奎章阁藏嘉靖二十五年刻本。
② 参见张京华、陈微主编《道州月岩摩崖石刻》一书的有关内容。

岁时，与度正《年表》原有的少年周子在濂溪桥面的小亭"钓游其上，吟风弄月"事，合在一年。张伯行本著录此事时参考的是康熙本《道国元公濂溪周夫子志》，但这种系年调整究竟是有意还是无意，暂无法考究。不过后来的贺瑞麟本《周子全书》也依此编排，遂形成今天中华书局点校本《周敦颐集》所附《年谱》的格局了。

除流传广远的"月岩悟太极"之事外，历史上还有一则周子早年"分配五行"的故事。此事晚出，从南宋度正的《年表》开始，到清代道光十九年（1839年）周诰编《濂溪志》之前所有周子文集的《年表》（《年谱》），都没有著录。目前最早的记载，见于道光本《濂溪志》卷三《年谱》。《年谱》天禧五年辛酉条下记载道："先生年五岁，辨五星墩于宅之左右前后，分配五行。"① 后来邓显鹤编《周子全书》时加以承袭，并有按语，摘录明朝道州知州王会《濂溪故里图记》的文字："世传有五墩绕宅，若五星然，先生实生于此。墩历久为乡人所夷，今仅存其一。"② 王会《濂溪故里图记》今存于其嘉靖二十二年（1543年）编《濂溪集》卷首，文字与此略异，意思则全同。但王会在《濂溪集》卷二《年谱》中并没有著录此事。至万历二年（1574年），永州府乡贤黄廷聘为王俸、崔惟植新编《宋濂溪周元公先生集》作序，也提到五星墩："里有五星墩，志载应公之生者，久没于豪右，即捐金恢之。"③ 这里的"志"，应指嘉靖十九年（1540）鲁承恩编《濂溪志》。这里是说崔惟植捐款从"豪右"中赎回了五星墩所在的田地，并恢复了五星墩的样貌，较王会所见已不同。王会、黄廷聘虽然都提到"五星墩"，但都没有与周子的辨识和"分配五行"联系起来。大致说来，五星墩虽然在王会时已是"世传"之事，但很可能只是周

---

① （清）周诰：《濂溪志》卷3《年谱》，道光十九年爱莲堂刻本。
② （清）邓显鹤：《周子全书》卷首下《年谱》，道光二十七年刻本。
③ （明）黄廷聘：《宋濂溪周元公先生集序》，（明）王俸、崔惟植编《宋濂溪周元公先生集》卷首，湖南图书馆藏明万历三年本。

子出名后的附会之说，周子五岁即能"分配五行"，那更是对周子的进一步神化，不足为信。度正《年表》在周子出生之年曾摘录朱熹《江州祠记》："艺祖受命，五星集奎，实开文明之运，异人间出，孔孟已绝之绪，于是而复续焉。"① 五星墩之附会，或渊源于此。

三、关于周子读书润州鹤林寺并与范仲淹、王安石交往事

北宋仁宗景祐四年（1037 年），周子年二十一，母亲郑氏病卒。度正《年表》载其将母亲"葬于润州丹徒县龙图公之墓侧"，即其舅郑向墓侧。至于周子在润州（治今江苏镇江）有无其他活动，《年表》则只字不提。至道光十九年（1839 年）周诰编《濂溪志》，则补充记载了周子在润州读书并与范仲淹、王安石交往事：

> 是岁，居润，读书鹤林寺，时范文正公、胡文恭公诸名士与之游，独王荆公少年，不可一世，怀刺谒先生，足三及门而不得见。荆公恚曰："吾独不可求之六经乎！"②

道光《濂溪志》何所本？其参考的康熙本《道国元公濂溪周夫子志》卷三《年谱》没有记载，其依据的底本即王开琟《先贤道国元公周子年谱》记载也很笼统："润州又（郑）向宦游之地，先生亦尝读书润州之鹤林寺，向殆卒于杭葬于润，而先生遂以母葬其侧耳。"③ 王开琟在卷首的《跋》语中专门说周子

---

① 朱熹此记今存，见《元公周先生濂溪集》卷 10，第 172—173 页。度正摘录时，文字略变，但"五星集奎"则是一致的。
② （清）周诰：《濂溪志》卷 3《年谱》，道光十九年爱莲堂刻本。
③ （清）王开琟：《先贤道国元公周子年谱》，《上海图书馆藏珍本年谱丛刊续编》第 1 册，第 385 页。

"读书润州之鹤林寺"等事"未知年月"①，不便系年。可见他这里在景祐四年条下记"先生亦尝读书润州之鹤林寺"，不是说此事发生在景祐四年，而是因周母葬于润州而连带述及的。而且，这里也无周子与范仲淹、王安石交往情况的记载。看来，周诰还有其他来源和依据。

南宋罗大经《鹤林玉露》甲编卷五"荆公见濂溪"条，曾记有一事："王荆公少年，不可一世士，独怀刺候濂溪，三及门而三辞焉。荆公恚曰：'吾独不可自求之六经乎！'乃不复见。"②此事故事性很强，但未必有多大的可信度，也未记发生的时间和地点。明儒黄道周、清儒蔡上翔均认为这是后人杜撰，属道学中人自张门户的编造。③此事曾收载嘉靖十九年（1540年）本《濂溪志》卷四《事证类》中的"诸儒粹言"中，万历二十一年（1593年）本《濂溪志》将"诸儒粹言"改为"诸儒议论"时将此删去，明显不予信从。嘉靖本《濂溪志》本后为万历三年（1575年）王俸、崔惟植编《宋濂溪周元公先生集》本继承，虽改为"诸儒议论"，但还是收录了此条，后来万历四十二年（1614年）周与爵编《宋濂溪周元公先生集》和文渊阁四库本《周元公集》都如此。但此事长期没有系年并进入周子《年谱》中。至周诰编道光本《濂溪志》，才进入年谱，系于景祐四年，但他在此事的前面加了一个由头："是岁，居润，读书鹤林寺，时范文正公、胡文恭公诸名士与之游，独王荆公少年，不可一世……"④。不久邓显鹤编《周子全书》沿而袭之。周诰这个由头又是依据什么来添加的呢？

---

① （清）王开琸：《先贤道国元公周子年谱》，《上海图书馆藏珍本年谱丛刊续编》第 1 册，第 363 页。
② （宋）罗大经撰，王瑞来点校：《鹤林玉露》甲编卷 5《荆公见濂溪》，北京：中华书局，1983 年，第 84 页。
③ 参见刘成国编《王安石年谱长编》卷 3 "嘉祐五年"条，北京：中华书局，2018 年，第 560—561 页。
④ （清）周诰：《濂溪志》卷 3《年谱》，道光十九年爱莲堂刻本。

我们注意到，早在度正《年表》的熙宁六年条，论述周子之学时曾说："或谓先生与胡文恭公同师润州鹤林寺僧寿涯。"① 胡文恭公即胡宿，生于至道元年（995年），年长周子22岁。天圣二年（1024年）进士，至景祐四年（1037年）已仕宦十多年，确实堪称"名士"。但周、胡二人何以在润州鹤林寺交游，并一同师从寺僧寿涯，则不清楚，可信度是很低的。② 另外，范仲淹确实在景祐四年受命知润州，但在次年即宝元元年（1038年）初才到任，十一月又徙知越州。③ 因此周子即便在润州与范仲淹交往，也不是在景祐四年，而是在宝元元年。看来，周诰《濂溪志》本所谓"是岁，居润，读书鹤林寺，时范文正公、胡文恭公诸名士与之游"，是很不可靠的。而在后面加上王安石谒见周子而不得的故事，或是因为此时年方17岁的王安石正侍从通判江宁府（治今江苏南京）的父亲王益，江宁与润州相距不远，周诰推测王安石有可能来润州拜会周子。不过正如明儒黄道周、清儒蔡上翔所辨，此事本属道学中人自张门户编造的，不可信据。

因此，首先为道光十九年周诰编《濂溪志》所记载，不久为邓显鹤编《周子全书》承袭的周子在景祐四年读书润州鹤林寺并与范仲淹、王安石等交往的故事，是依据历史上有关记述拼合的，编造、推测的成分很重，基本上不可信据。只是要补充说明的是，周子读书润州鹤林寺一事，万历二十七年（1599年）润州大族刘汝章编刻的《宋濂溪周元公先生集》卷五《元公年谱》，曾将其著录于天圣九年周子十五岁条下：

---

① （宋）度正：《濂溪先生周元公年表》，《元公周先生濂溪集》卷末，第237页。
② 邓广铭先生在《关于周敦颐的师承和传授》中更说此事属"无稽之谈"。文载《邓广铭全集》第八卷，石家庄：河北教育出版社，2005年，第24页。
③ 参见（宋）楼钥编，（宋）范之柔补，刁忠民校点：《范文正公年谱》相关年份，见吴洪泽、尹波主编《宋人年谱丛刊》第1册，成都：四川大学出版社，2003年，第619—620页。

先生时年十五，侍禁之子龙图阁直学士郑琙令先生同母兄卢惇文挈之，遂偕母仙居县太君自营道濂溪迁润州，依舅氏，雅与鹤林寺僧寿涯善，读书寺旁，凿莲池居焉。①

早在南宋度正编《年表》，已记周子十五岁离开道州，随母亲投靠舅氏郑向（刘汝章本作郑琙）一事，但明确说是"自营道濂溪入京师"②。这里改为"润州"，显是润州大族刘汝章自重其事的乡人偏见，后面所谓读书鹤林寺、与寺僧寿涯友善、凿莲池而居，自然也是传说而已，不可以信史相看。之后除了天启三年（1623 年）永州府推官黄克俭仿刻此本（仍名为《宋濂溪周元公先生集》）时依从其说外，也不见其他周子文集加以承袭。

关于周子与王安石的关系，还有一事也流传广泛，从南宋度正《年表》开始，至中华书局点校本《周敦颐集》附录的《年谱》都有记载。《年表》在嘉祐五年（1060 年）条下写道："先生东归，时王荆公年三十九，提点江东刑狱，与先生相遇，语连日夜。安石退而精思，至忘寝食。"之后小字注曰"详见遗事"。③ 回查宋本《元公周先生濂溪集》卷六著录的《遗事》，此为邢恕叙述程颢（明道先生）事时所云："王荆公为江东提点刑狱，已号为通儒。茂叔遇之，与语连日夜。荆公退而精思，至忘寝食。"并有小字注曰："荆公为提刑，在嘉祐五年。时荆公年四十，先生年四十四。"④ 应该说，《遗事》注文说"荆公年四十"，比《年表》所谓"时王荆公年三十九"要准确，因为周子和安石分别生于天禧元年和五年，两人相差四岁。度正《年表》所谓"时王荆公年

---

① （明）刘汝章编：《宋濂溪周元公先生集》卷 5《元公年谱》，中国国家图书馆藏明万历二十七年本。

② （宋）度正：《濂溪先生周元公年表》，《元公周先生濂溪集》卷末，第 231 页。

③ （宋）度正：《濂溪先生周元公年表》，《元公周先生濂溪集》卷末，第 234 页。

④ 《元公周先生濂溪集》卷 6，第 113 页。

三十九"，一些文集著录的《年谱》则漏刻"三"字，为"年十九"（开始于万历三年本，此本的底本是嘉靖十四年本，还是三十九），如前述张伯行本、贺瑞麟本，周诰本《濂溪志》和邓显鹤本《周子全书》则改为"年四十"，中华书局点校本依后者更正。不过，王安石提点江东刑狱在嘉祐三年（1058年），此时周子尚在合州任上，断不可能与安石相遇。故《王安石年谱长编》的编者刘成国先生认为《年表》所谓"王荆公年三十九，提点江东刑狱"，"误甚"，但他认为此事或有，只是地点不在江东刑狱司所在的江宁（南京），而是在京师开封，以嘉祐五年年底二人皆在京师故也。[①] 可见对此事的记载，还有必要作更准确的表述。

四、周子因虔州失火而移官永州一事的系年变更

后世比较流行的周子《年谱》，如清代张伯行编《周濂溪先生全集》卷十《年谱》、邓显鹤编《周子全书》卷首下《年谱》、中华书局依据清末光绪十三年（1887年）贺瑞麟辑《周子全书》而来的点校本《周敦颐集》附录一《周敦颐年谱》，都把周子因虔州失火而移官永州一事的时间系于宋英宗治平元年（甲辰，1064年），时周子48岁。但宋儒度正编《年表》则系于宋仁宗嘉祐八年（癸卯，1063年）。究竟何说为是呢？

我们注意到，明朝万历二十一年（1593年）胥从化、谢觌编《濂溪志》卷三的《元公年表》，已将此事改系于英宗治平元年，并有如下按语：

> 觌按，旧谱虔民失火、先生移官一事，载之去年癸卯，费氏更定为

---

① 参见《王安石年谱长编》卷3"嘉祐五年"条，第560—562页。

今年。盖据蒲宗孟答先生诗为证。宗孟云："乙巳岁除日收武昌惠书，知已赴官零陵"，故知失火移官必在甲辰，而莅永则在乙巳也。不然，癸卯失火移官，甲辰在永，何以乙巳得游庐山，且经武昌道中乎？费氏又曰："旧载虔民失火事，称先生时出行县，不自辨明。韩魏公、曾鲁公皆知之，遂对移通判永州。愚以为先生出县不出县，姑不必论。然失火行遣，乃朝廷之公法。先生以道自处，以民瘼为任。凡民有失，皆己之辜。岂容有自辨保官之理？假令先生不出行县，能使虔民之必不焚乎？故失火不必为先生讳，而出行不辨不足为先生美谈也。况出行县，乃癸卯年事，非甲辰年事也。"按此论甚正，故著之。①

这里的"费氏"，是指明代道州人费椿。②据此，周子因虔州失火而移官永州一事的系年修改，乃是费椿所为。其依据是周子妻兄蒲宗孟回复先生的诗篇，诗题是"乙巳岁除日收周茂叔虞曹武昌惠书，知已赴官零陵，丙午正月内成十诗奉寄"③。蒲宗孟在乙巳年（治平二年，1065 年）"岁除日"收到周子赴官永州途经武昌时写寄的书信，而之前的三月十四日周子还在赴官途中与友人同游庐山大林寺（所写《治平乙巳暮春十四日同宋复古游山巅至大林寺书四十字》诗可证），则周子至迟应是在前一年即甲辰年（治平元年，1064 年）因虔州失火而移官永州，不可能是更早的癸卯年（嘉祐八年，1063 年）。费椿的修改有理，其议论又堂正，故为谢旼采纳。之后多种周子文集都接受了这一系年更正。只是清初康熙本《道国元公濂溪周夫子志》在依据胥本《濂溪志》著录

---

① （明）胥从化、谢旼编：《濂溪志》卷 3《元公年表》，上海图书馆藏明万历二十一年刻本。
② 费椿为道州江华县（今属湖南）人，隆庆二年（1568）恩贡出身，曾任韶州府通判。参见（明）史朝富修、陈良珍纂《永州府志》卷 5《选举》，明隆庆五年刻本；（明）刘时征修、滕元庆纂《江华县志》卷 3《选举》，明万历二十九年刻清顺治修补本。
③ 蒲宗孟诗见《元公周先生濂溪集》卷 7，第 120 页。

《年谱》时，删去谢跐按语的前半部分，仅录"费氏又曰"之后的一段话，则不但掩盖了费椿的更正之功，也掩盖了由旧谱而至新谱系年的修改依据。张伯行曾为康熙本《道国元公濂溪夫子志》作序，他在后来依据明朝弘治年间周木重辑的《濂溪周元公全集》（底本是著录度正《年表》的宋末刻本《元公周先生濂溪集》）而重编《周濂溪先生全集》时，当是依据康熙本《道国元公濂溪夫子志》来调整系年的。后来的邓显鹤本、贺瑞麟本和以贺本为底本的中华书局点校本著录的《年谱》均加沿袭。只是从张伯行本以来，"费氏又曰"之后的按语也全部删除，这一系年调整的依据及其始创者就全被遮蔽了。

五、周子通判永州期间若干事迹的补充

周子在治平元年（1064 年）因虔州失火事故而对移永州，是年年底至次年初当已到任永州通判。度正《年表》于治平二年和四年均有事迹记载，唯独没有治平三年事迹的任何著录。但后世一些有影响的周子文集，如张伯行本、邓显鹤本和中华书局点校本著录的《年谱》则都有。后者写道："先生时年五十。在永与族叔及诸兄书云'来春归乡，即遂拜侍'。又寄诗与乡人，有'故人若问吾何况？为道春陵只一般'之句。"[1] 这些内容是从什么时候新增进入周子《年谱》的呢？据笔者梳理，早在万历二十一年（1593 年）胥从化、谢跐编《濂溪志》卷三的《元公年表》中已有，文字与此基本相同，只是在"来春归乡"数字前多"周兴来，知安乐，喜无尽"[2]九字。

据回查，胥本《年表》新增的内容分别是依据周子《与二十六叔等手帖》和《任所寄乡关故旧》诗而来的。度正《年表》的治平四年条确记有周子携子

---

[1] （宋）度正：《周敦颐年谱》，《周敦颐集》附录一，第 109 页。
[2] （明）胥从化、谢跐编：《濂溪志》卷 3《元公年表》，上海图书馆藏明万历二十一年刻本。

"归春陵展墓"事，且有"三月六日与乡人蒋璀数人同游含辉洞"①的文字，后者即是宋本《元公周先生濂溪集》已著录的周子《澹山岩扃留题》的内容，文末尚有"治平四年"的注文。②胥本当是依据这些记载，结合周子书信中"来春归乡"数字，而于治平三年条下著录的。至于《任所寄乡关故旧》诗，南宋尚未汇入周子文集，至明朝弘治年间周木编《濂溪周元公全集》时才著录，题下注云："先生迁尚书虞部员外郎，复任永州通判。仲章侄至任，有诗与之云。"③胥本当是据此而将其系于治平三年的。至清代王开琫编《先贤道国元公周子年谱》时，又依据新发现的两篇周子题名（王时任永州濂溪书院山长，故有条件访求、获观），在是年新增周子四月六日、十二月十二日两事。道光本《濂溪志》和《周子全书》均加承袭，可惜中华书局点校本依据的底本即贺瑞麟本没有著录，影响及于中华本。

周子治平四年的事迹，《年表》已著录有较多内容，延至中华书局点校本亦同。不过这一年周子还有一些活动。王开琫本《年谱》就依据新发现的多篇周子题名，新增周子正月九日、三月一日、三月十三日、三月十四日和五月七日五事。之后道光本《濂溪志》和《周子全书》也加以沿袭，可惜贺瑞麟本没有据此增补，影响及于中华书局点校本。

这里还要特别说明的是，自南宋度正的《年表》开始，至中华书局点校本《周敦颐集》附录的《年谱》，在治平四年下都有"是秋，摄邵州事"的记载。王开琫本《年谱》则依据周子是年在九龙岩的石刻题名"五月七日，自永倅往权邵守"，明确指出："度氏（正）、张氏（伯行）两年谱、《道国年表》（指康熙本《道国元公濂溪周夫子志》卷三《年表》）俱云'是秋摄邵州事'，

---

① （宋）度正：《濂溪先生周元公年表》，《元公周先生濂溪集》卷末，第235页。
② 《元公周先生濂溪集》卷6《澹山岩扃留题》，第110页。
③ （明）周木：《濂溪周元公全集》卷6《遗文》，日本名古屋市蓬左文库藏明弘治年间刻本。

误。"① 这无疑是恰当的指正,"是秋"确应改作"是夏"。

综上所述,在后世对周子若干生平事迹的补充、辨正中,对周子因虔州失火而移官永州一事的系年更正,对周子通判永州期间的事迹补充,都是确切的;认为周子五月五日出生在道州营道县故居,二十一岁读书润州鹤林寺并与范仲淹、王安石等人交往,是明清时期形成的说法,还需要发掘更多的资料依据;至于说周子五岁即能"分配五行"、十四岁就因"月岩悟太极",则是典型的附会增饰,意在强调周子天赋异禀的超常性。这些情况,无疑与周子在南宋升格为"道学宗主"的地位密切相关。

最后需要补充说明的是,度正的《年表》自南宋以来,虽然有或多或少的修改,但整个说来改动幅度不大,这也是宋以后的周子《年谱》多数仍然题署度正编撰的原因所在。真正进行大规模修改,而完全成为一崭新的周子《年谱》的,是民国时期许毓峰先生所编的《周濂溪先生年谱》。可惜许谱对度正《年表》流传六百多年来的变动情况掌握不够,缺乏了解。本文之作,或有助于弥补这一不足,并对周子生平事迹有更准确更完备的认识和表述。

(原载《湘南学院学报》2023 年第 6 期)

---

① (清)王开琸:《先贤道国周子年谱》,《上海图书馆藏珍本年谱丛刊续编》第 1 册,第 417 页。

宋儒度正编《周元公年表》所述
周子广东行迹补正

　　宋儒度正（1166—1235 年）是朱熹晚年弟子，其学术成就和地位虽不及同门蔡元定、黄榦、陈淳等人突出，但也有朱门"第一人"[①]的美誉。他生长于周敦颐曾经任官的合州地区（时属潼川府路，治今重庆市合川区），其时以周子为代表的理学又发展迅猛，在这种地域环境和时代思潮的双重影响下，度正很早就确立了理学的信仰，并长期注意搜集和整理周子的遗文遗事，最终在嘉定十四年（1221 年）知重庆府期间完成了周子文集和年表的编纂。度正所编的文集没有单独刻印传世，而其《濂溪先生周元公年表》则保存在宋末刻本《元公周先生濂溪集》中[②]。由于度正成长和为官都主要是在四川地区（晚年才赴朝任职，不足 10 年），因此他对周氏在四川地区的情况了解甚多，而对周氏在其他地区的行迹则所知有限。他自己也在《年表》末写道："其（《周元公年表》）

---

① （清）黄宗羲原著，全祖望补修，陈金生、梁运华点校：《宋元学案》卷 70《沧洲诸儒学案下》，北京：中华书局，1986 年，第 3 册，第 2336 页。

② 见湖南省濂溪学研究会依据宋刻本整理的《元公周先生濂溪集》卷末，长沙：岳麓书社，2006 年，第 231—239 页。

所载，于先生入蜀本末为最详，其他亦不能保其无所遗误。"并表示："正往时尝有志遍游先生所游之处，以访其遗言遗行，今自以衰晚，莫能遂其初志。有志之士倘能垂意搜罗，补而修之，使无遗缺，实区区之志也。"

我们不知道是否有后人继承度正的遗志，"遍游先生所游之处"。但后人确在对周子年谱不断"补而修之"，最突出的就是民国时期的许毓峰先生。他的《周濂溪年谱》[1]引据资料丰富，对前贤所记所论多所补正，但还是远没有达到"使无遗缺"的地步。以本文关注的周子广东方面的行迹来看，许先生确有些补充，但还是有诸多不足。这一情况也延续到当代学者的周子研究著作中，如梁绍辉《周敦颐评传》[2]、何成轩《周敦颐在岭南的活动及其对儒学南传的贡献》[3]、范立舟《周敦颐》[4]、王立新《理学开山周敦颐》[5]等著作对周子的广东行迹的叙述基本上都停留在度正的《周元公年表》和许毓峰的《周濂溪年谱》上，王著甚至不提周子广东转运判官之任，而直接以广东提点刑狱事全部代之。

其实，周子到广东任官的行迹与《年表》所记的出入情况，早在南宋末期就已有人指出，见于知广州府方大琮的《与田堂宾（灏）书》。此通书简过去未见学者引用，十分珍贵，兹引录书信前半的相关内容如下：

> 某敢有请于堂宾学士田丈执事：窃惟元公熙宁元年戊申将漕于此，恰三甲子而濂泉书堂成，抑岂偶然？先生自漕移宪，则四年辛亥之春，今为韶记祠堂者多取漕事以入。道本年谱：至潮题大颠堂壁，亦系于辛亥。其

---

① 原载《中国文化研究汇刊》第三卷，1943年9月。后收载《宋人年谱丛刊》第3册，成都：四川大学出版社，2003年，第1525—1597页。
② 南京：南京大学出版社，1994年，第55—56页。
③ 载王晓天主编《周敦颐与汝城》，香港：香港天马出版有限公司，2003年，第65—70页。
④ 《岭南文化知识书系》之一，广州：广东人民出版社，2010年，第14—17页。
⑤ 长沙：岳麓书社，2012年，第58—62页。

实非也。盖先生在广自申秒涉亥正，跨四年，在韶仅八阅月，以疾求去。至广年五十二，去韶五十四①。前此广之司存虽有祠，而记则阙，故老鲜能对。执事为州庠校勘，独明其不然，且举一二以证。遂因其说而访求遗迹之在所部者。题连之大云岩，云"转运判官、尚书驾部员外郎周某茂叔，熙宁元年十二月十六日游"，其至司以八月，见壁记，而冬行部也。连谱谓意自舂陵之官，道过此。曰"意"者，亦自疑其未必然。题康州之三洲岩，云"濂溪周某茂叔，熙宁季冬二十六日游"，是自连至康旬日也。题春州岩壁，有《按部至春州》诗，今为阳春县。云"转运判官周某茂叔，熙宁二年正月一日游"，是自康至春半旬也。以上三刻，皆在岩石。题大颠堂壁，云"广南东路转运判官、尚书驾部员外郎周某"，此则记谱于辛亥者果误。中又有题惠之罗浮山诗，往潮或还，日未详。所谓"不惮出入之勤，瘴疠之侵，虽荒崖绝岛必至者"，皆漕时事。时有副使，故判官常出。曰漕曰宪，同是先生；在广在韶，何较彼此？事要须记实耳。②

从这封书信的首句可知时知广州府兼广东转运使的方大琮所建濂泉书堂（或称书院）在淳祐七年（1247年），而方氏在是年五月卒于任所③，因此这封书信当作于是年五月之前，是方氏邀请田灏主持濂泉书堂而写。本来方氏拟请番禺（今属广州市）人李昴英主持濂泉书堂，但李氏认为："是邦老成人无逾田知白者，闻其壮即厌科举，专志理学，使领袖书生为宜。"④此"田知白"就

---

① "五十四"应为"五十五"之误。
② （宋）方大琮：《铁庵集》卷22《与田堂宾（灏）书》。此据曾枣庄、刘琳主编的《全宋文》卷7386，上海：上海辞书出版社，合肥：安徽教育出版社，2006年，第322册，第13—14页。
③ （宋）刘克庄：《后村先生大全集》卷151《铁庵方阁学》，王蓉贵、向以鲜校点，习忠民审订，成都：四川大学出版社，第7册，第3884页。
④ （宋）李昴英：《文溪集》卷5《书方右史请田知白作濂泉堂宾书后》。此据《全宋文》卷7942，第344册，第88页。

是田灏，知白应是其字。在李氏的引荐下，方氏转而敦请比李氏年长"三十余岁"（同上引）的田灏。不过田氏最终没有接受邀请，而是遁迹隐去。对此，地方志有专门记载，并有简要的田氏传记：

> 田知白，番禺人，制行高洁。广帅方大琮建濂泉书院，既落成，请李昂英首席，昂英曰：郡中无如田知白者。大琮躬诣之，以病辞，再往叩之，则遁矣。知白年逾八十，犹能灯下细书。贫而好酒，自号醉乡遗老。①

我们这里重点当然不在田灏与李昂英，而是要关注周子的广东行迹。从方氏书信中可以发现，方氏在知广州府期间，先是从当地名贤、时任州学校勘的田灏那里得悉现"韶记祠堂者"和"道本年谱"把周氏任广东转运判官的事迹混入任提点刑狱的事迹中，后据此访求周子在广东的遗迹，结果发现田灏所说有理。归纳这封书信，至少可以纠正度正《年表》以及之后几乎所有周子年谱所述周子广东行迹三个方面的不足：

一是根据广东转运司的题壁记，知周子在熙宁元年（1068年）八月到达广州，出任广东转运判官；接着出巡辖境各地，十二月至连州，十六日游大云岩，题刻其上。依靠这一"壁记"，联系到连州大云岩的题刻时间，方氏确知周梅叟在连州刻印的周子年谱（简称"连谱"）所谓"意自舂陵之官，道过此"是不确切的，即周子是在广州上任后下到连州地方的，而不是如"连谱"猜测的那样，是从家乡道州（即舂陵）出发，到广州任官的途中经过连州的。这条记载弥补了度正《年表》及之后所有周子年谱不记周氏到任广东转运判官的准确时间（八月）的缺陷，也明确了周子是在广州上任后下巡到连州的。

---

① （雍正）《广东通志》卷44《人物志》，文渊阁《四库全书》影印本。此条材料可补昌彼得等编《宋人传记资料索引》和李国玲《宋人传记资料索引补编》无田灏（知白）其人的不足。

　　二是根据周子在连州、康州（南宋改名为德庆府）和春州（北宋神宗熙宁六年即 1073 年改名为南恩州）的题刻，将周子在三地的巡查时间和线路串联起来了。方氏所举春州岩壁题记"转运判官周某茂叔，熙宁二年正月一日游"的内容很重要，它可以确定周子巡查春州、写作《按部至春州》诗的时间，当是周子担任广东转运判官期间的熙宁二年（1069 年）之初。这就纠正了度正《年表》注文将周子"按部春州"的时间系于周子升任广东提点刑狱的熙宁四年（1071 年）的错误（后来所有的周子年谱也沿袭了这一错误）。

　　三是根据题大颠堂壁的石刻文字"广南东路转运判官、尚书驾部员外郎周某"，确知周子巡查潮州并题大颠堂壁诗的时间不是度正《年表》以来历代周子年谱所说的熙宁四年（辛亥年）任广东提点刑狱期间所为，而仍是他任广南东路转运判官的事情。接着方氏指出周子《题惠州罗浮山》诗也可能是从潮州返回广州时经过惠州的事情。这一点与度正《年表》注文将周子"至惠州，有《题罗浮山》诗"的时间系于熙宁四年不同。笔者认同方氏的推测，认为将其与周子按部至潮州的时间同系于熙宁二年（1069 年），或更确切。

　　综合这些岩石题刻，可知周子妻兄蒲宗孟《濂溪先生墓碣铭》所谓"君不惮出入之勤，瘴毒之侵，虽荒崖绝岛，人迹所不至处，皆缓视徐按，务以洗冤泽物为己任"，虽然接于"熙宁元年，擢授广南东路转运判官。三年，转虞部郎中，提点本路刑狱"之后，但主要还是指周子任广东转运判官时的事迹，也就是方氏这里所谓的"皆漕时事"，而不是如张栻《广东宪司先生祠记》那样系于提点刑狱任下。许毓峰《周濂溪年谱》也承袭了张栻同样的错误。①

---

① 蒲宗孟这段周敦颐勤苦巡视各地的叙述，在潘兴嗣的《濂溪先生墓志铭》、朱熹《濂溪先生事状》（均见宋刻本《元公周先生濂溪集》）和《宋史·周敦颐传》中都有叙述（文字略异），且都系于周氏任广南东路转运判官和提点本路刑狱之后，属于史书尤其是人物传记经常使用的连带书写方式，不可简单视为提点刑狱期间的事情。许毓峰《周濂溪年谱》依据《宋史·周敦颐传》将其系于提点刑狱时的事情，从方大琮所举这些岩石题刻来看，是不妥当的。

我们知道,转运使司又称漕司,广南东路转运使司的治所在广州,提点刑狱司又称宪司,广南东路提点刑狱司的治所在韶州。一些人认为,"曰漕曰宪,同是先生;在广在韶,何较彼此?"但方氏秉持"事要须记实"的原则,在当地学者田灏的指点下,通过广泛的遗迹访求,终于纠正了过去一些周子祠堂记文和年表(年谱)的错误,从而为我们正确记述周子的广东行迹留下了珍贵记录。

另外,在端州(北宋徽宗时升为肇庆府)高要县的七星岩,由宋迄清还保留着一则留题:"转运判官周惇颐茂叔,熙宁二年正月七日游,军事推官谭允、高要县尉曾绪同至。"①由此可知周子是在熙宁二年正月巡视端州,七日与军事推官谭允、高要县尉曾绪同游七星岩。《年表》曾在熙宁四年条述一事:"时虞部郎中杜咨知端州,禁百姓采石,独知州占断,人号为杜万石。先生恶其夺民之利,因为起请:凡仕于州者,买砚毋得过二枚。遂为著令。"从这则七星岩留题来看,把此事系于熙宁二年正月或更为恰当。

综上所述,并结合其他一些文献,我们可以进一步把周子在广东任官期间的行迹作如下系年:

熙宁元年,戊申。年五十二。五月,由永州通判擢为广东转运判官②。

---

① 此条方大琮《与田堂宾(灏)书》没有提到,但宋以来的周氏文集和方志则多有记载。宋本《元公周先生濂溪集》卷6记其为"肇庆府星岩留题",疑脱一"七"字,又无"军事推官"以下文字。此据清人韩附飞修、何元纂《高要县志》卷11《金石略》(道光六年刊本)补。按,明代曹学佺《广东名胜志》卷6(《四库全书存目丛书》史部第170册,影印中央民族大学藏崇祯三年刻《大明一统名胜志》本)著录时间为"熙宁五年壬子七月廿五日",清人翁方纲《粤东金石略》(《续修四库全书》第913册,影印乾隆三十六年本)卷8则以其亲眼所见按石刻形制予以著录,并说《广东名胜志》所记"恐是传写之讹",(道光)《广东通志》卷207《金石略九》并有驳正;但《粤东金石略》和《广东通志》又把"正月"误作"三月",(道光)《高要县志》则予以纠正。

② 此据时人蒋忱所写《永州九龙岩记》末的落款时间"熙宁元年五月五日"和周子上石的署衔"新广南东路转运判官……周惇颐上石"推知。记文见《全宋文》卷2005,第92册,第280—281页。

八月，到达转运司治所广州。见壁记。十二月，按部至连州，十六日游大云岩，有题刻云："转运判官、尚书驾部员外郎周惇颐茂叔、尚书屯田郎中知军州事何延世懋之，熙宁元年十二月十六日同游"①。后至康州，二十六日游三洲岩，有题刻云："濂溪周惇颐茂叔，熙宁元年季冬二十六日游"②。接着南下春州。

熙宁二年，己酉。年五十三。正月一日，游春州阳春县思良里空洞岩③，有岩壁留题："转运判官周惇颐茂叔，熙宁二年正月一日游。登仕郎、行县事梁邻令工刊，住持监院僧瑞监。"④并有《按部至春州》诗。接着至端州，七日游高要县七星岩，有留题："转运判官周惇颐茂叔，熙宁二年正月七日游，军事推官谭允、高要县尉曾绪同至。"时虞部郎中杜咨知端州，禁百姓采石，独知州占断，人号为杜万石。先生恶其夺民之利，因为起请：凡仕于州者，买砚毋得过二枚。遂为著令。后至潮州，游大颠堂，于堂壁留题"广南东路转运判官、尚书驾部员外郎周惇颐茂叔"，并有《按部至潮州大颠堂壁》诗。又至惠州，有《题罗浮山》诗。先生不惮出入之勤，瘴毒之侵，虽荒崖绝岛，人迹所不至处，皆缓视徐按，务以洗冤泽物为己任。

---

① 方大琮《与田堂宾（瀹）书》没有提到同游的知州何延世，此据宋本《元公周先生濂溪集》卷6《连州城西大云岩留题》补。按：此题名清代尚存，见清人阮元修、陈昌斋纂（道光）《广东通志》卷207《金石略九》（道光二年刻本）著录，并说在连州大云洞。大云岩与大云洞应属同一片地域。
② 方大琮《与田堂宾（瀹）书》原省"元年"二字，此据宋本《元公周先生濂溪集》卷6《德庆府三洲岩留题》补。另：清人屠英修、胡森、江藩等纂《肇庆府志》卷21《金石》（道光十五年修，光绪二年刊本）亦著录，"二十六"作"廿六"。
③ 岩名据方大琮《铁庵集》卷21《与周连教（梅叟）》第二书。书信文字据《全宋文》卷7385，第321册，第404页。
④ 方大琮《与田堂宾（瀹）书》没有记"登仕郎"以下文字，此据（道光）《肇庆府志》卷21《金石》、（民国）《阳春县志》卷12《金石》补。此刻在民国仍存，县志以为"铜石岩石刻"之一，共五行半："前三行半，共一十八字，字径二寸，在岩半壁，与祖判（按指通判祖无择）题名相连；后二行径八九分，俱正书。"

熙宁三年，庚戌。年五十四。以任广南东路转运判官称职①，迁虞部郎中，提点广南东路刑狱。

熙宁四年，辛亥。年五十五。正月九日，领提点刑狱职事。治在韶州。先生尽心职事，务在矜恕，得罪者自以为不冤。俄得疾，闻水啮仙居县太君墓，遂乞南康。八月朔，移知南康军。

（原载舒大刚、尹波主编《蜀学·湘学与儒学学术研讨会论文集》，

（北京）线装书局，2018 年 4 月）

---

① "称职"说取自潘兴嗣《濂溪先生墓志铭》。

朱熹两篇周敦颐传记的比勘及相关问题研究

众所周知，作为宋代理学的集大成者，朱熹在建构自己庞大的理学体系的过程中，对"理学开山"周敦颐的生平事迹、著作体系和学术思想都有一个重新认识、重新塑造的过程。其中在提升周敦颐形象的过程中，朱熹曾专门撰写一篇新的周子传记，各种版本和形式的朱熹文集题名为《濂溪先生事实记》，其他文献则多称之为《濂溪先生事状》(下文简称《事状》)，流传广泛，为学者熟知。最近笔者梳理历代周子文集编刻情况，发现朱熹还有一篇题名为《濂溪先生行录》(或改题《濂溪先生行实》，下文简称《行录》)的周子传记。追源溯流，这篇《行录》最早见于朱熹学生熊节编辑的《性理群书》一书中，明代以来为众多版本的周子文集收录，但一直未见各种朱熹文集、选集收载，[①]《全宋文》亦

---

① 以笔者所见，直到最近出版的郭齐、尹波编注的《朱熹文集编年评注》才在卷98《濂溪先生事实记》后附此《行录》。参见《朱熹文集编年评注》第9册，福州：福建人民出版社，2020年，第4579—4581页。

不录，研究者也少有关注。① 何以如此？这不能不让我们认真思考《行录》的由
来及其与《事状》的关系。本文将立足《行录》与《事状》的比勘，来考察朱
熹重新书写周子传记、塑造周子形象的历史过程，并就相关问题作些新的探索。

一、《行录》与《事状》之比勘

将朱熹《行录》和《事状》对读，可以发现二者的主体内容非常相近，而
结构和详略则有较大差别。《行录》1100 余字，《事状》870 余字；《行录》可
分为 3 段，依次记述周子的生平事略和为官政绩、学问传授、义行名节，《事
状》则可分为 4 段，依次为周子生平事略、学问传授、为官政绩、义行名节。
两者的对应情况非常清楚，只是《行录》的第一段在《事状》中一分为二。通
过比勘，我们发现《行录》成文更早，主要是综合周子生前好友潘兴嗣《仙居
县太君墓志铭》《濂溪先生墓志铭》(后者下称潘志)、孔延之《邵州新迁州学
记》(下称孔记)、妻兄蒲宗孟《濂溪先生墓碣铭》(下称蒲碣)和北宋名臣黄庭
坚《濂溪词并序》(下称黄序)等有关内容写成；②《事状》是在《行录》的基础
上改写而成的。从朱熹塑造周子形象的历史过程来看，《行录》无疑是一篇很
有价值的文献。下面我们就结合有关资料，来具体比勘《行录》与《事状》，③

---

① 关于《事状》的专门研究，可参见毛文芳《朱熹〈周敦颐事状〉一文的解析——兼论朱熹儒
学诠释典范的建立》，载《孔孟学报》第 70 期，1995 年。而注意到朱熹有这两篇周子传记传
世者，笔者仅见万里《周敦颐任职桂阳县令及周程授受事迹考》一文，载欧阳海波主编《理
学思想与人文汝城》，长沙：湖南大学出版社，2013 年，第 163—165 页。
② 本文引用的潘、蒲、孔、黄诸文，均见湖南省濂溪学研究会据中国国家图书馆藏宋刻本整理
的《元公周先生濂溪集》，长沙：岳麓书社，2006 年，第 101 页、122 页、135—136 页。其
中蒲碣还包括朱熹的修改文字。后面不再具体注出。
③ 《行录》以南宋熊节集编、熊刚大集解，程水龙、曹洁校点的《性理群书句解》卷 20《濂溪
先生行录》为准，其底本为现存台北"国家图书馆"的元刻本，上海：华东师范大学出版社，
2018 年，上册第 406—411 页。《事状》以《朱熹文集编年评注》卷 98《濂溪先生事实》为
准，其底本为《四部丛刊》影印的明嘉靖十一年刻本，并参校宋淳熙本、宋浙本，以及宋刻
本《元公周先生濂溪集》卷 8《先生事状》，第 4577—4579 页。两处的标点，笔者均有微调。

以此考察朱熹是如何在《行录》的基础上修改成《事状》的。

说明：下面《行录》部分的黑体文字是朱熹修订《事状》时要删改或调整的，《事状》黑体部分是朱熹在《行录》基础上调整、添加或修正的。当然不排除其中少数字词为后人所改（如下面"行录"中的"敦实""敦颐"之"敦"，当是元刻本之误改，本应作"惇"）。

【行录1】先生姓周氏，名敦实，字茂叔，避**厚陵藩邸**名，改敦颐，世**居**道州营道。父辅成，尝为贺州桂岭令，赠谏议大夫。母郑氏，封仙居县太君。先生少孤，养外家。景祐中，用舅氏龙图阁学士郑公向奏，**试将作监主簿**，授洪州分宁主簿。先生博学力行，遇事刚果，有古人风。其为政精密严恕，务尽道理。县有狱，久不决，先生至，一讯立辨，众口交称之。部使者荐**其**才，为南安军司理。狱有囚，法不当死，转运使王逵欲深治之。逵苛刻，吏无敢与相可否者，先生独与之辩，不听，则置手板归，取告身委之而去，曰："如此尚可仕乎？杀人以媚人，吾不为也。"逵感悟，囚得不死，且贤先生荐之。移郴州桂阳令，皆有治绩。用荐者改大理寺丞，知洪州南昌县。南昌人见先生来，喜曰："是能辨分宁狱者。"于是更相告语："勿违教命。"而以污善政为耻也。改太子中舍人，**签书合州判官事，转殿中丞**。一郡之事，不经先生手，吏不敢决，民不肯从。赵清献公为使者，小人或谗先生，赵公临之甚威，而先生处之超然也。转国子博士，通判虔州，赵公来为守，熟视先生所为，执其手曰："今日乃知周茂叔也。"迁尚书虞部员外郎，通判永州。权发遣邵州事，**新学校以教其人**。熙宁元年，用赵公及吕公正献公荐，为广南东路转运判官。三年，转虞部郎中、提点刑狱。**先生不惮出入之劳，瘴毒之侵，虽荒崖绝岛，人迹所不至处，亦必缓视徐按。**务以洗冤泽物为己任。设施措置，未及尽其所为，而**先生病矣。因请南康军以归。**赵公再尹成都，复奏起先生，朝命及门，而先生卒矣。熙宁六年六月七日也，年五十有七，葬江州德化县清泉社。**娶陆氏，封**

缙云县君；再娶蒲氏，封德清县君。子寿、焘，皆太庙斋郎。

【事状1】先生世家道州营道县濂溪之上，姓周氏，名惇实，字茂叔。后避英宗旧名，改惇颐。用舅氏龙图阁学士郑公向奏，授洪州分宁县主簿。县有狱，久不决，先生至，一讯立辨，众口交称之。部使者荐以为南安军司理参军，移郴及桂阳令。用荐者改大理寺丞。知洪州南昌县事，签书合州判官事，通判虔州事，改永州，权发遣邵州事。熙宁初，用赵清献公、吕正献公荐，为广南东路转运判官，改提点刑狱公事。未几而病，亦会水啮其先墓，遂求南康军以归。既葬，上其印绶，分司南京。时赵公再尹成都，复奏起先生，朝命及门，而先生卒矣。熙宁六年六月七日也，年五十有七。葬江州德化县德化乡清泉社。

比勘说明：《事状》第一段是在《行录》第一段的基础上压缩改写而成，主要保留了《行录》对周子个人生平事迹的叙述，而将原来《行录》记述周子父母、妻、子的内容全部删除，至于周子的为官政绩，除了洪州分宁县主簿任上的断狱情况外，其他则后移至第三段（详后）。其中有两点特别值得注意：

一是第一句就指出周子世家"濂溪之上"，这是对《行录》最后一段所叙江州濂溪命名之说的纠正，具体情况详后。

二是"亦会水啮其先墓"，乃依据潘兴嗣为周母所写的《仙居县太君墓志铭》"水坏墓道"补充的。关于这点，朱熹在淳熙六年（1179年）为南康本《太极通书》所写的后序中，曾追溯他在乾道五年（1169年）所编建安本《太极通书》附载的《事状》情况："蒲碣但云'母未葬'，而潘公所谓《郑夫人志》乃为'水啮其墓而改葬'。若此之类，皆从潘志。"① 这说明早在建安本《太极通书》附载的《事状》中已补写这一内容，只是朱熹把"水坏墓道"误记为

---

① 《朱熹文集编年评注》卷76《再定太极通书后序》，第9册，第3686页。

"水啮其墓而改葬"了。

【行录2】先生所著书，有《太极图》《易说》《易通》数十篇，诗十卷，藏于家。先生在南安时，年甚少，不为守所知。洛人程公珦摄通守事，视其气貌非常人，与语，知其为学知道也，因与为友，且使其子颢、颐受学焉。及为郎，故事当举代，每一迁授，辄一荐之。程公二子，皆唱鸣道学，以继孔孟不传之统，世所谓二程先生者，其原盖自先生发之也。在郴时，其守李公初平知先生贤，不以属吏遇之，既荐诸朝，又周其乏困。尝闻先生论学，叹曰："吾欲读书，如何？"先生曰："公老矣，无及也，敦实请得为公言之。"初平逐日听先生语，盖二年而有得。王荆公提点江东刑狱，时已号为通儒，先生遇之，与语连日夜，荆公退而精思，至忘寝食。

【事状2】先生博学力行，闻道甚早，遇事刚果，有古人风。为政精密严恕，务尽道理。尝作《太极图》《易说》《易通》数十篇。在南安时，年少，不为守所知。洛人程公珦摄通守事，视其气貌非常人，与语，知其为学知道也，因与为友，且使二子往受学焉。及为郎，故事当举代，每一迁授，辄以先生名闻。在郴时，郡守李公初平知其贤，与之语而叹曰："吾欲读书，何如？"先生曰："公老无及也，某也请得为公言之。"于是初平日听先生语，二年果有得。而程公二子，即所谓河南二先生也。

比勘说明：《事状》第二段文字集中记述周子的学问及其传授，是对《行录》第二段文字稍加处理，并将第一段总论周子为学为官的几句概括语后移至此段开头而形成的。对此也有两点值得注意：

一是《事状》叙述周子著作时，不同于《行录》"有《太极图》"，而是依据潘志，改为"作《太极图》"。这是朱熹蕴含深意的改动。据其乾道五年（1169年）为建安本《太极通书》所作的后序，他早期对待周子的著作，与长期流传的以《通书》为主为书名而附以《太极图》（包括图说）的形式完全一致，故其乾道二年（1166 年）的长沙本《通书》也如此编排。后来他发现潘志"叙所著书，特以'作《太极图》'为称首"，进而认为《太极图》并非源自道家，而是"先生之所自作"，遂生发出"先生之学，其妙具于太极一图，《通书》之指，皆发此图之蕴"这一认识，进而形成《太极图》（含图说）在前、《通书》在后的编排格局，书名也由《通书》改为《太极通书》（或《太极图通书》）。①朱熹这一改动，是他对周子著作体系和思想认识的一次升华，也再次表明《事状》是在《行录》基础上修改的，附在建安本《太极通书》后面的是《事状》而非《行录》。

二是《行录》最后所谓王安石与周敦颐交往的一段文字，本为二程弟子邢恕叙述其师程颢事时所云，②《事状》将其删去，似说明朱熹不予认同。不过在朱熹所编《伊洛渊源录》卷一《濂溪先生》的"遗事"中，这段文字仍予保留。

【行录1】狱有囚，法不当死，转运使王逵欲深治之，逵苛刻，吏无敢与相可否者，先生独**与之辩**。不听，则置手板归，取告身委之而去，曰："如此尚可仕乎？杀人以媚人，吾不为也。"逵感悟，囚得不死，**且贤先生荐之**。移郴州桂阳令，皆有治绩。**用荐者改大理寺丞，知洪州**南昌县。**南昌人见先生来**，喜曰："是能辨分宁狱者。"于是更相告语："**勿违教命。**"而以污善政为耻也。**改太子中舍人，签书合州判官事，转殿中丞**。一郡之事，不经先生手，吏不敢决，民不肯从。赵**清献**公为使者，小人或谗先生，赵公临之甚威，而先生处之超然也。**转国子博士，通判虔州**，赵公来为守，熟视**先生**所为，执其手曰："今日乃知周茂叔也。"迁尚书虞部员外郎，通判永州。权发遣邵州事，新学校以教其人。**熙宁元年**，用赵公及吕公正献公荐，为广南东路转运判官。三年，

---

① 《朱熹文集编年评注》卷75《周子太极通书后序》，第9册，第3663—3664页。
② 邢恕语见《元公周先生濂溪集》卷6《遗事》，第113页。

转虞部郎中、提点刑狱。**先生**不惮出入之劳、瘴毒之侵，虽荒崖绝岛，人迹所不至**处**，亦必缓视徐按，务以洗冤泽物为己任。**设施**措置，未及尽其所为，而**先生**病矣。

【**事状 3**】南安狱有囚，法不当死，转运使王逵欲深治之。逵苟刻，吏无敢与相可否，先生独**力争之**。不听，则置手板归，取告身委之而去，曰："如此尚可仕乎？杀人以媚人，吾不为也。"逵**亦感悟**，囚得不死。在郴、桂阳，皆有治绩。**来南昌，县人迎**，喜曰："是能辨分宁狱者，**吾属得所诉矣。**"于是更相告语："**莫违教命。**"**盖不惟以抵罪为忧，**实以污善政为耻也。在合州，事不经先生手，吏不敢决；**苟下之，民不肯从。蜀之贤人君子皆喜称之。**赵公时为使者，人或谗先生，赵公临之甚威，而先生处之超然。然**赵公疑终不释。及守虔，先生适佐州事**，赵公熟视其所为，**乃悟**，执其手曰："几失君矣，今日乃知周茂叔也。"于邵州，新学校以教其人。**及使岭表，**不惮出入之勤、瘴毒之侵，虽荒崖绝岛，人迹所不至**者**，必缓视徐按，务以洗冤泽物为己任。**施设**措置，未及尽其所为，而病**以归矣**。

比勘说明：《事状》第三段文字，集中记述周子的为政表现，是把《行录》第一段的相应文字后移至此，并结合蒲碣等内容修改而成的。具体而言：

一是叙述周子出知洪州南昌县，县人所谓"吾属得所诉矣"，是依据蒲碣补充的；叙述周子在合州与赵抃产生芥蒂、在虔州二人冰释前嫌而重归于好的文字，补充内容也来自蒲碣。

二是这两处补充文字，增加了南昌县人"喜曰"、蜀地贤人君子"喜称"的话，更能彰显周子宦业优异的形象。

【**行录 3**】**先生**自少信好古义，以名节自砥砺。其奉己甚约，俸禄尽以周宗族、奉宾友。**在南昌时，得疾暴卒，**更一日夜始苏，或视其家，止一敝箧，**钱不满百。**李初平卒，子幼**不克葬，先生护其丧归葬之。**分司而归，妻子饘粥不给，旷然不以为意也。庐山之麓有溪焉，筑书堂其上，**名之曰"濂溪"**，固语其友清逸居士潘延之曰：**"可仕可止，古人无所必，束发为学，将有以设施可泽于斯人者，必不得已，止未晚也。此濂溪者，异时与子相从于其上，歌咏先王之道，足矣。"**此其出处之本意也。豫章黄庭坚称之曰："茂叔人品甚高，胸中洒落，如光风霁月。**好读书，雅意林壑。**不卑小官，职思其忧，论法常欲与民决讼，得情而不喜。其为使者，进退官吏，得罪者自以不冤。濂溪之名，虽**不足以对其美，然茂叔短于取名，而乐于求志；薄于徼福，而厚于得民；菲于奉身，而燕及惸嫠；陋于希世，而尚友千古。闻茂叔之风，犹足以律贪。则此溪之水，配茂叔以永久，所得多矣。"**识者亦或有取于其言云。

【事状 4】自少信好古义，以名节自砥砺。奉己甚约，俸禄尽以周宗族、奉宾友，**家或无百钱之储**。李初平卒，子幼，护其丧归葬之，**又往来经纪其家，终始不懈。**及分司而归，妻子饘粥或不给，而亦旷然不以为意也。**襟怀飘洒，雅有高趣，尤乐佳山水，遇适意处，或徜徉终日**。庐山之麓有溪焉，**发源于莲花峰下，洁清绀寒，下合于溢江。**先生濯缨而乐之，因寓以"濂溪"之号，而筑书堂于其上。豫章黄**太史庭坚诗而序**之曰："茂叔人品甚高，胸中洒落，如光风霁月。"**知德者亦深有取于其言云**。淳熙六年六月乙巳，后学朱熹谨记。

比勘说明：《事状》最后这段文字，集中记述周子砥砺名节的风范，是将《行录》最后一段文字大做压缩后，补以其他有关文字而成。具体说来：

一是"襟怀飘洒，雅有高趣，尤乐佳山水，遇适意处，或徜徉终日"，是依据蒲碣补充的，其中蒲碣在"高趣"后本有"常以仙翁隐者自许"数字，则被《事状》删去，当是朱熹认为有妨周子的醇儒形象。按，蒲碣这段文字，朱熹之前在修改蒲碣时曾全部删除，《事状》复加补充，反映出朱熹认识的反复性。

二是"庐山之麓有溪焉"以下的文字，《事状》较《行录》压缩改动很大，旨在还原周子命名江州濂溪的本意，并呼应全文开头所谓周子世家道州"濂溪之上"的情况（详后）。

通过上述比勘，我们可总结如下：

第一，朱熹《行录》的成文早于《事状》，绝大多数文字都是潘志、孔记、蒲碣、黄序等原文的摘抄和拼合，初稿痕迹明显；《事状》则是在《行录》的基础上修改而成，修改的痕迹也非常明显。比较而言，《事状》将《行录》第一段叙述周子生平事略和为官政绩的情况析分为二，并按照生平事略、学问传授、为官政绩和义行名节的顺序进行叙述，不但层次更为分明，文字更为简洁，而且更能突出周子的学者形象和道学风采。

第二，从《行录》的由来和《行录》到《事状》的修改过程，可以反映朱熹对周子认识不断深化的历程，这也是朱熹塑造和提升周子形象的过程。朱熹在乾道二年（1166年）与质疑周程授受关系的表叔汪应辰论辩时，曾直言"近世诸公知濂溪甚浅"，特别指出蒲碣"为害又甚"，[1] 与他理想中的周子形象相去甚远。为此，他首先就大刀阔斧地删改蒲碣，并将删改的蒲碣附于其乾道二年的长沙本《通书》之后。不久，朱熹的认识又有所发展。他在乾道五年所写的《太极通书后序》中谈到当时各种版本的《通书》时，认为附载的铭、碣、诗、文"事多重复，亦或不能有所发明于先生之道"，遂择取其中"所记先生行事之实"，"删去重复，合为一编"，为周子重新书写传记。[2]《行录》当是其初稿，不久在此基础上删改成《事状》，附于建安本《太极通书》之后。从删改蒲碣到草成《行录》，再到形成《事状》，朱熹都旨在重新塑造周子的"道学宗主"形象，不过其认识并非一条直线，尤其对蒲碣一些内容的看法存在反复。

---

① 《朱熹文集编年评注》卷30《与汪尚书（己丑）》，第4册，第1464—1465页。
② 《朱熹文集编年评注》卷75《周子太极通书后序》，第9册，第3663—3664页。

二、《行录》的撰写时间及建安本和南康本《事状》之关系

上述比勘已然可以肯定,《事状》是在《行录》的基础上修改而成的。现在要追问的是,《行录》大约是什么时候撰写的呢? 有学者指出,《行录》和《事状》分别是朱熹在乾道五年(1169 年)和淳熙六年(1179 年)两次编定《太极通书》时先后撰写的。① 《事状》落款时间是"淳熙六年六月乙巳",定稿时间清楚;但《行录》是否就是乾道五年编定《太极通书》时所写的呢?

诚如上述,从朱熹在乾道五年和淳熙六年分别为其建安本和南康本《太极通书》所写的后序来看,建安本《事状》已有周母改葬源于"水啮其先墓"、周子"作《太极图》"等明显记载,表明建安本《太极通书》后面附录的不是《行录》而是《事状》。朱熹在南康本《太极通书》的后序中还写道:

> 覆校旧编(按指建安本《太极通书》),而知笔削之际,亦有当录而误遗之者。如蒲碣自言:初见先生于合州,相语三日夜,退而叹曰:"世乃有斯人耶!"而孔文仲亦有祭文,序先生洪州时事曰"公时甚少,玉色金声,从容和毅,一府皆倾"之语。蒲碣又称其"孤风远操,寓怀于尘埃之外,常有高栖遐遁之意",亦足以证其前所谓"以奇自见"等语之谬。又读张忠定公语,而知所论希夷、种、穆之传,亦有未尽其曲折者。按张忠定公尝从希夷学,而其论公事之有阴阳,颇与《图说》意合。窃疑是说之传,固有端绪。至于先生而后得之于心,而天地万物之理,巨细幽明,高下精粗,无所不贯,于是始为此图,以发其秘耳! 尝欲别加是正以补其

---

① 见前引万里《周敦颐任职桂阳县令及周程授受事迹考》。《朱熹文集编年评注》卷98在附载《行录》时,也题"乾道五年",第4579页。

阙，而病未能也。①

这段话很清楚，朱熹认为建安本《事状》有一些"当录而误遗之"的内容，这次"覆校"时，本想加以补正，但因病未果。对比后来收入朱熹文集和现存《伊洛渊源录》的《事状》，朱熹确实没有把他谈到的这几点内容添补进去。既然如此，我们怎么相信他此时收入南康本《太极通书》870 余字的《事状》是大规模地修改所谓建安本《太极通书》1100 多字的《行录》而来的呢？从我们上述的比勘来看，将《行录》改成《事状》，即便抛开下文所述的"濂溪"问题，也是很不容易的，远比补充上述几条"当录而误遗之"的内容要费力得多。

事实上，从朱熹长期没有改动自《行录》和建安本以来的《事状》关于周子濂溪之名由来的叙述来看，建安本和南康本的《事状》可能差别并不大。朱熹在淳熙六年（1179 年）正月为即将刊印的婺源本《太极通书》专门写有一段跋语，②说其"旧记先生行实"（当然包括《行录》），沿用了黄庭坚《濂溪词并序》对濂溪之名由来的不当记述，多年后得到"何君所记"即周子故乡人何弃仲《营道斋诗并序》，③认识到濂溪本是周子故里的溪水名，其江州濂溪是借用故乡水名而已，"以示不忘其本之意"，与其奉行的道义名节无关。但朱熹并没有立即修正，担心"欲加是正，则其传已久，惧反以异辞致惑"，只是把何记作为"遗事"附于《太极通书》之后。后来他又得到"张敬夫所刻先生墨帖后记"即好友张栻淳熙三年（1176 年）为周子《与仲章侄手帖》所写的跋文，④

---

① 《朱熹文集编年评注》卷 76《再定太极通书后序》，第 3687 页。
② 《朱熹文集编年评注》卷 81《书徽州婺源县周子通书板本后》，第 3879—3880 页。《元公周先生濂溪集》卷 8 则题名《濂溪说》，第 140 页。
③ （宋）何弃仲：《营道斋诗并序》，《元公周先生濂溪集》卷 7，第 123 页。
④ （宋）张栻：《跋周子与仲章侄手帖》，《元公周先生濂溪集》卷 6，第 105 页。

以及最近邵武人邹勇为道州州学教授归来后亲口告与朱熹的话及其所作"辩说"即《游濂溪辞并序》，① 进一步证实了何记之说的可靠性。他打算把张、邹之说也一并附于《太极通书》之后，"以证黄序之失"，但婺源本已雕版完成，即将付印，不便补版，他只好专门撰写这篇文字，将有关情况加以说明。最后一句"庶几有补于诸本之阙"，说明朱熹乾道五年（1169 年）的建安本和淳熙六年（1179 年）初的婺源本《事状》，都没有直接纠正对濂溪之名由来的不当记述。

淳熙六年五月，朱熹为其新刊南康本《太极通书》作后序时，再次说到之前的建安本《太极通书》附载的《事状》"所叙濂溪命名之说有失其本意"。于是朱熹就利用其知南康军的机会，重新刊印《太极通书》时，"复加更定"，② 将《行录》和建安本以来《事状》所述濂溪之名由来的不当记述彻底纠正过来，并在《事状》的开头明确周子世家"濂溪之上"，从而形成今天所见朱熹文集和《伊洛渊源录》载录《事状》的面貌。

基于上述情况，我们认为，建安本与南康本的《事状》内容非常接近，朱熹在淳熙六年"覆校旧编"刊印南康本时，主要是对建安本《事状》"所叙濂溪命名之说有失其本意"的情况加以修正，其他方面可能没有作大的改动。既然如此，朱熹乾道五年（1169 年）所编建安本《太极通书》附录的就不可能是《行录》，《行录》必定是比建安本《事状》更早的文字。从上一部分的文字比勘来看，说《行录》是建安本《事状》的初稿，更为合适，时间或在建安本《事状》定稿的乾道五年六月稍前。

---

① （宋）邹勇：《游濂溪辞并序》，《元公周先生濂溪集》卷 7，第 124 页。按，邹勇在"淳熙乙未"即淳熙二年（1175）为道州"郡博"即道州州学教授，见（明）史朝富修、陈良珍纂《永州府志》卷 10，明隆庆五年刻本。

② 《朱熹文集编年评注》卷 76《再定太极通书后序》，第 9 册，第 3686—3687 页。

三、从弃稿到本传：《行录》流传简史

由于朱熹的《行录》只是《事状》的初稿，因此在朱熹所编的《太极通书》和《伊洛渊源录》，及其生前编刻的朱熹文集中，载录的都是《事状》。①朱熹去世后所有的朱熹文集、选集，以及宋刻本周子文集，也遵循了这一安排。

情况的变化发生在朱熹弟子熊节编、再传弟子熊刚大注的《性理群书句解》。正如上一部分所述，此书既以《濂溪先生画像记》为名载录了朱熹的《事状》，又把《事状》的初稿即《行录》也收录进来。从此，朱熹这篇被放弃的初稿《行录》，便堂而皇之地传播开来。从选材的角度来看，熊节的这一做法显然违背师意，但客观上却为我们保留了朱熹撰写《事状》时的一份珍贵初稿。

熊书这一选编情况在宋刻本周子文集中没有得到任何反响，但到明代则迎来了传人。目前所见最早的载录者，是江苏常熟人周木在弘治初年所编的《濂溪周元公全集》。该集既收《事状》，又载《行录》。②不久关中大儒吕柟编《周子演》（后改称《周子抄释》），也沿用了周本的做法。至嘉靖十四年（1535年），本为道州人而迁居江州为周子守墓的周子后裔周伦编有《濂溪集》6卷，在卷四附录收有朱熹的《濂溪先生行实》，实际就是之前流传的《濂溪先生行录》。经笔者比对，周伦江州本的底本是宋末在江州刻的《元公周先生濂溪集》12卷本，但周伦没有依从宋刻本的《事状》，反而载录的是《行录》，且改名

---

① 在朱熹生前就刻印的淳熙本《晦庵先生文集》，前集卷7已载录此文，题名《濂溪先生记》。文字几与后来朱熹文集收录的《濂溪先生事实记》全同，《朱熹文集编年评注》卷98《濂溪先生事实记》的校记中也仅注明有两字之差，见第4579页。
② 关于本部分所述周子文集载录朱熹《行录》《事状》及其题名的变化情况，可集中参见粟品孝编《历代周敦颐文集序跋目录汇编》的相关记录，上海：上海古籍出版社，2020年。

《行实》。其原因如何？依据的是什么呢？

我们注意到，周木编《濂溪周元公全集》时，曾参考弘治四年（1491）周子后裔周冕编的《濂溪遗芳集》；周伦是周冕侄子，他从道州移居江州，应该也带有《濂溪遗芳集》；后来永州府同知鲁承恩编《濂溪志》、道州知州王会编《濂溪集》（他们均未见周木本），都参考过《濂溪遗芳集》，并在书中无一例外地载录了朱熹的《行录》。这一情况说明了什么呢？可以肯定地说，早在周冕编的《濂溪遗芳集》中，已开始收录朱熹的《行录》。至于它是来自家藏，还是得于《性理群书句解》，则不得而知。而且从我们所见各种版本的周子文集来看，自周伦编《濂溪集》之后，明代所有的周子文集，包括各种形式的《濂溪志》和《周子全书》，无一例外地在卷目"事状"中收载《行录》，且均题为《行实》，而原本的《事状》则弃之不顾。

进入清代，最初康熙二十四年（1685 年）吴大镕修、常在编的《道国元公濂溪周夫子志》，仍然沿袭明代《濂溪志》的做法，载录的是《行录》而非《事状》。而且有趣的是，该书将篇名由之前长期行用的《濂溪先生行实》改题为《濂溪先生本传》。显然，在编者看来，朱熹的《行录》在所有周子传记中最为正宗、最为重要，因此要以"本传"相称。一篇弃之不用的初稿，经过数百年的流传后，居然成了"本传"，不能不说是一件奇怪之事。

不过，康熙四十七年（1708 年）理学名臣张伯行编辑《周濂溪先生全集》的出现，则使得这一局面发生了反转。张氏依据明朝周木本重编周子文集，在面对朱熹两篇传记同时并存的情况，取《事状》而舍《行录》。至此，在周子文集编刻流传过程中隐去了近两百年的《事状》，又重新回归。承袭自张伯行本的乾隆二十一年（1756 年）董榕编《周子全书》、光绪十三年（1887 年）贺瑞麟编《周子全书》，虽繁简不同，但载录的也都是朱熹的《事状》。

张伯行本虽然重新恢复了《事状》在周子文集中的地位，但之后新编的周子文集并没有尽而从之。道光十九年（1839 年），周子二十四代孙周诰主要在康熙二十四年《道国元公濂溪周夫子志》基础上编刻的《濂溪志》，虽然把"濂溪先生本传"的篇名还给了正史之一的《宋史》，但却以《濂溪先生事状》的篇名收载《行录》。这又是一个值得注意的新变化。明代的周子文集虽然在卷目"事状"中载录《行实》(《行录》)，但并没有直接将《行实》(《行录》) 改题为《事状》。周诰《濂溪志》则直接以《行录》之实篡夺了《事状》之名。这是《行录》流传以来第一次把朱熹改定的《事状》从内容到形式进行完全的覆盖，可谓又一奇观！数年后的道光二十七年（1847 年），湖南大儒邓显鹤以周诰《濂溪志》为底本编刻《周子全书》时，卷首载录的《濂溪先生事状》也是《行录》的内容。这样，原来改定的《事状》隐身而去，而本为《事状》初稿的《行录》却堂而皇之地变成了《事状》。

结　语

周敦颐在北宋时期名声不显，进入南宋，其学术地位不断升格。这是一个渐进的历史过程，其间凝聚了众多学者特别是理学系统学者长期不懈的努力。① 但也无可否认，"理学集大成者"朱熹在此过程中确实起了十分关键的作用。本文借由学界长期忽视的朱熹《濂溪先生行录》和为学界熟知的朱熹另一篇周子传记《濂溪先生事状》的比勘，并结合其他相关资料的梳理，认为朱熹早在乾道二年（1166 年）已痛感士林"知濂溪甚浅"的现状，决心要改变这一切。他最为认同周子好友潘兴嗣所撰《濂溪先生墓志铭》，而认为周子妻兄蒲宗孟的《濂溪先生墓碣铭》"为害"很大，遂大刀阔斧地对蒲碣全文进行删改，

---

① 如陈来在为杨柱才《道学宗主》一书作序时就反对单纯强调朱熹的表彰之功。见《道学宗主》序二，北京：人民出版社，2004 年，第 9 页。

力求符合他理想中的周子形象，并将删改后的蒲碣附于其长沙本《通书》之后。不久朱熹的思想又有变化，他认为包括长沙本在内的所有《通书》附录的各种"铭、碣、诗、文"，"事多重复"，不利于彰显"先生之道"，于是他又从中择其"所记先生行事之实"，"删去重复，合为一篇"，重新为周子撰写传记。这就是后世流传的《濂溪先生行录》，复经修改后成为《濂溪先生事状》，附于其乾道五年（1169 年）的建安本《太极通书》之后。在草撰《行录》和修改成《事状》的过程中，尽管朱熹仍然保持了主要依从潘志的原则，但对蒲碣部分内容的认识又有修正，重新采纳了他之前曾经删去的部分内容。数年后，他得到了一些新的资料和信息，发现之前依据黄庭坚《濂溪词并序》所述的濂溪之名"有失其本意"，遂在淳熙六年（1179 年）知南康军时又对建安本《事状》复加修改，并附于其新刻的南康本《太极通书》之后。今天所见的各种朱熹文集收载的《濂溪先生事实记》、现存宋本《濂溪先生集》《元公周先生濂溪集》载录的《事状》和现存各本《伊洛渊源录》载录的《（濂溪先生）事状》，就是这个南康本《事状》。从朱熹草撰《行录》到修改成南康本《事状》，历经十余年，从中反映出朱熹对周子生平学行认识的不断深化，也展现了朱熹着力提升周子学术地位的诸多细节。

作为《事状》的初稿，《行录》显然已被朱熹放弃，不见于其生前身后所编的任何文集、选集。而其弟子熊节则不明就里，在其《性理群书》中既以《濂溪先生画像记》为名收其《事状》，又载其《行录》。已知各种宋刻本周子文集没有受到这一影响，但到明清两代，则有不少周子文集在卷目"事状"中收载《行录》（或改题为《行实》）而非《事状》，康熙本《道国元公濂溪周夫子志》不仅袭用这一做法，还将篇名由之前长期行用的《濂溪先生行实》改题为《濂溪先生本传》。更有甚者，道光本《濂溪志》竟以《濂溪先生事状》为名收载《行录》，直接以《行录》之实篡夺《事状》之名，从内容到形式都把朱熹反复修改而成的《事状》完全遮蔽。

最后要说明的是，尽管《事状》多次附载朱熹所编的《太极通书》和《伊洛渊源录》，并长期以《濂溪先生事实记》的名义收载其文集中，但朱熹其实并不完全满意。前已征引的朱熹淳熙六年六月为其南康本《太极通书》所写的后序所谓"覆校旧编，而知笔削之际，亦有当录而误遗之者……尝欲别加是正，以补其阙，而病未能也"，就是一大证明，也说明朱熹直到编刻南康本《太极通书》时，对《事状》也没有最终定稿，留下永远的遗憾。

（原载《朱子学研究》第 41 辑，江西教育出版社，2023 年 12 月）

周敦颐诗文的汇集过程及若干考辨

据周敦颐生前好友潘兴嗣撰《濂溪先生墓志铭》，周子去世后"藏于家"的著作主要有"《太极图》《易说》《易通》数十篇，诗十卷"[①]。这里的《易通》，一般认为就是后来的《通书》。从"数十篇"的表达来看，《太极图》《易说》《易通》这些著作还呈散篇状态，没有整理成卷；而"诗十卷"三字，则说明他的诗已有所汇集和整理。由于周子生前和死后的相当长一段时间学术影响不大，其家人和门人后学也没有及时地对这些著作整理刊印，因此除了他的《太极图》（含图说）和《通书》一直流传外，《易说》很快湮没无闻，包括十卷诗在内的大量诗文也散佚殆尽。因此到南宋朱熹（1130—1200年）生活的时代，除了《太极图》（含图说）和《通书》得到了很好整理刊印外，传世的单篇诗文极少，朱熹在南宋孝宗淳熙六年（1179年）知南康军期间"复加更定"的《太极通书》，也只收录了"世传旧本遗文九篇"[②]。朱熹之后，不少学者继续致力于

---

① 见湖南省濂溪学研究会依据宋刻本整理的《元公周先生濂溪集》卷8，长沙：岳麓书社，2006年，第136页。学者或认为《太极图》《易说》实为一书，应写作《太极图·易说》，见侯外庐、邱汉生、张岂之主编《宋明理学史》上册第一编第二章，北京：人民出版社，1984年，第46页。
② （宋）朱熹撰，郭齐、尹波点校：《朱熹集》卷76《再定周子太极通书后序》，成都：四川教育出版社，1996年，第7册，第3967页。

搜集整理周子诗文，或汇入南宋以来的各种周子文集（除了以"集"为名外，还有《濂溪志》《周子全书》等类别），或汇入《全宋诗》和《全宋文》等诗文总集。梳理这些周子文集和诗文总集，我们发现汇集起来的这些周子诗文，绝大多数确实是极其珍贵的文献，对更为完整地认识周子的生平和思想起到了重要作用；但也有一些误收的现象，影响到对周子及其理学的准确判断。而且我们还发现，现在尚有部分周子诗文散见于其他文献，没有汇入周子文集。基于此，本文着重考察周子诗文由宋迄今的汇集过程①，对其中一些作出重要贡献的学者和著作加以表出、彰显，并对一些误收的情况作出考辨，力图正本清源。期望由此推进周子及其代表的理学文化的深入研究，为形成一个更为精密完善的周子文集贡献绵薄之力。

一、宋朝时周子文集的诗文已形成 41 篇的规模

诚如上述，周子去世时虽有"诗十卷"，但没有及时刊印，很快散佚殆尽。早期以《通书》为总名的周子著作，先后在道州（舂陵本）、永州（零陵本，绍兴二十八年即 1158 年）、江州（九江本，乾道二年即 1166 年）、潭州（长沙本，乾道二年即 1166 年）等地刊印。这些版本均以《通书》四十章为主，后有《太极图》（含《图说》），并附载他人评述性的铭、碣、诗、文。乾道五年（1169 年），朱熹对周子著作进行重新编排，把《太极图》从原来《通书》的附录调整到最前面，形成《太极图（说）》在前、《通书》紧接其后的新格局，书名也由原来的《通书》变成了《太极通书》，先刻印于建安府（建安本），后"加工"后于淳熙六年（1179 年）在南剑州（即以前的延平郡）刊刻（延平

---

① 本文所谓的周子诗文，是除《太极图》（含图说）和《通书》以外的其他周子作品，包括赋、文、书信、诗、行记（或称题名）等文体，历代周子文集或称"遗文"，或名"杂著"。

本）。是年朱熹到任知南康军（治今江西星子县），对《太极通书》"复加更定"，刊印成南康本。全书的结构顺序为："周子《太极图》并《说》一篇，《通书》四十章，世传旧本遗文九篇，遗事十五条，事状一篇。"① 这里值得注意的是"世传旧本遗文九篇"。

所谓"世传旧本"，说明之前以《通书》或《太极通书》为总名的周子著作，很可能已载录周子的单篇诗文，只不过规模不大，最多只有9篇而已。曾迪在宋高宗绍兴二十八年（1158年）正月的《拙堂留题》中，叙述其"零陵本"的由来时，曾说自己"得释菜祝文于邵，又得《通书》《太极图》《拙赋》与夫《墓铭》于先生之家"②，说明"零陵本"至少有周子《邵州新迁学释菜祝词》《告先师文》《拙赋》等文章。朱熹的老师李侗在绍兴三十年（1160年）曾在写给朱熹的信函中说"承惠示濂溪遗文……"，有学者据此说这些濂溪遗文是朱熹"搜辑"所得。③ 笔者认为，说朱熹把得到的春陵本或零陵本《通书》寄给李侗可能更为合适。朱熹在宋孝宗淳熙六年（1179年）曾作《书濂溪先生爱莲说后》，其中有"熹得窃闻而伏读之有年"④，说明他所谓的9篇遗文也包括了周子《爱莲说》。另外，张栻淳熙三年（1176年）说自己在静江府（治今广西桂林）为官时曾从周子家乡人胡良辅处得到周子《与二十六叔等手帖》《与仲章侄手帖》⑤，不知这二帖是否也在"世传旧本遗文九篇"中。

淳熙十六年（1189年）十一月，道州州学教授叶重开首次以文集的形式，编刻《濂溪集》，他在序言中写道：

① 《朱熹集》卷76《再定周子太极通书后序》，第7册，第3967页。据此后序，朱熹集次的南康本书名似仍为《太极通书》。但南宋后期目录学家陈振孙《直斋书录解题》卷9著录此本则为"《周子通书遗文遗事》一卷"（见徐小蛮、顾美华点校本，上海：上海古籍出版社，1987年，第276页），可能是对《太极通书》拆分刊印的结果。
② 见《元公周先生濂溪集》卷11，第207页。
③ 束景南：《朱熹年谱长编》卷上，上海：华东师范大学出版社，2001年，第631页。
④ 见《朱熹集》卷81，第7册，第4192页。
⑤ 见《元公周先生濂溪集》卷6，第105页。

濂溪先生《通书》，传之者日众。舂陵本最先出，板浸漫灭。重开既白诸郡侯，参以善本，补正讹阙，并以南轩、晦庵二先生《太极图说》，复锓木郡斋矣。今序次此编，名之曰《濂溪集》。其间诸本所不登载，四方士友或未尽见，采诸集录，访诸远近得之，以类相从，分为七卷。

这里"采诸集录，访诸远近"所得的内容，应当包括周子的诗文，但是否超出了朱熹南康本9篇的范围，不得而知。

周子诗文的明显增加，来自朱熹晚年弟子度正[①]。据考察，度正的搜访成绩可以用下面的图表来表示。

度正搜访周子诗文情况表

时　　间	度正职任或其他	度正搜访情况
宋宁宗嘉泰四年至嘉定五年间（1204—1212年）	在成都，曾任成都府学教授、知成都府华阳县	得周子《慰李大临才元疏》
宋宁宗嘉定九年（1216年）	升任知怀安军，从嘉定返回成都时	得周子《贺傅伯成手谒》
宋宁宗嘉定十三年至十四年（1220—1221年）	知重庆府	得周子《彭推官宿崇胜院诗序》《与傅伯成手书》

嘉定十四年（1221年）六月，度正在知重庆府期间完成了周子文集的编纂，上表中的这4篇书信和诗序必已进入。这从不久编刻的《濂溪先生大成集》中可以得到反映。嘉定十六年至宝庆二年（1223—1226年），知道州萧一致主持刻印了《濂溪先生大成集》，时间处于度正编定周子文集两年之后的一段时间，应当是把度正刚刚编纂的周子文集付印。此本已佚，但其目录则附在明朝弘治年

---

① 详见拙文《宋儒度正编纂周敦颐文集的渊源、过程及其流传考述》，《湖南科技学院学报》2017年第5期。

间（1488—1505 年）周木编刻的《濂溪周元公全集》后面保存了下来①。据《目录》，《大成集》卷三为《遗文》，汇集的是周子单篇诗文，具体内容依次是：

拙赋

同宋复古游大林寺诗

题浩然

赠虞部谭公昉致仕诗

题大颠堂壁

剑门诗

行县至雩都游罗岩诗

万安香城寺别虞守赵公

题惠州罗浮山

养心亭说

邵州新迁学释菜祝词

告先师文

爱莲说

贺傅伯成手谒

手书

慰李大临才元疏

与二十六叔手帖

与仲章侄手帖

宿崇圣院诗序

---

① 关于此本的情况，可参见粟品孝《明刻〈濂溪周元公全集〉价值略述》，载《徽音永著：徐规教授纪念文集》，上海：华东师范大学出版社，2012 年。

这个编排顺序有些混乱，但归纳其文体，有 1 赋、5 文、5 书、8 诗，总计 19 篇，其中《贺傅伯成手谒》《（与傅伯成）手书》《慰李大临才元疏》和《宿崇圣院诗序》4 篇文章，正是度正搜集所得。

周木编刻的《濂溪周元公全集》后面，还有《濂溪先生大成集拾遗》的目录，内容依次是：

> 游赤水县龙多山唱和诗八首
>
>> 李参政跋尾
>
> 元公家集中诗七篇
>
>> 书堂
>>
>> 虔倅周茂叔同石守游山
>>
>> 江上别石郎中
>>
>> 按部至春州
>>
>> 忆江西提刑何仲容
>>
>> 夜雨书窗
>>
>> 思归旧隐

从中可知这个《拾遗》包括《游赤水县龙多山唱和诗八首》和《元公家集中诗七篇》两部分。这很可能是周敦颐族人周梅叟担任广东连州州学教授期间，约在淳祐元年（1241 年）、二年（1242 年）翻刻《濂溪先生大成集》时补充的。[①] 这里虽然没有《游赤水县龙多山唱和诗八首》的具体细目，但从后来流传情况来看，这里有 4 首是周子的诗，加上家集中的 7 篇，这次新增周

---

① 参见拙文《宋儒度正编纂周敦颐文集的渊源、过程及流传考述》，《湖南科学院学报》2017 年第 5 期。

子诗 11 篇。至此，周子诗文已汇集到赋 1、文 5、书 5、诗 19，总计 30 篇的规模。

又在十多年后，即宋理宗宝祐四年至景定五年（1256—1264 年），有人编刻出不分卷的《濂溪先生集》。此本保存在中国国家图书馆，虽是残本，但目录完整，统计下来的周子诗文格局是：赋 1、文 5、书 3、诗 23，总计 32 篇。较之于以前，书信部分主要是少了《贺傅伯成手谒》《慰李大临才元疏》两篇，或为漏刻；诗方面则新增 4 首，内容是：

题丰都观三首

仙都观

读英真君丹诀

宿山房

题寇顺之道院

其中关于《读英真君丹诀》一诗，南宋晚期眉山人杨栋《东阳楼记》曾有记录，他写道："余曩登平都山，访濂溪周子旧游，乱碑中得小片周子题两绝句，点画劲正，犹存温厉之气，官合阳时笔也。其一《咏阴仙丹诀》云：'始观丹诀信希夷，盖得阴阳造化机。子自母生能致立，精神合后更知微。'"[①] 比对后来的周子文集著录情况，这里的《咏阴仙丹诀》就是上面提到的《题丰都观三首》之二的《读英真君丹诀》。杨栋这一记文，说明《濂溪先生集》新增的这几首周诗，是有根据的，而且《题丰都观三首》或许就是由杨栋首先发现的。

---

① （宋）邓牧：《洞霄图志》卷 6《碑记门》。此据傅增湘辑、吴洪泽校补《宋代蜀文辑存校补》卷 93，重庆大学出版社，2014 年，第 6 册，第 2955 页。

十多年之后，也就是在宋度宗咸淳六年（1270 年）后不久，江州（治今江西九江市）地区编刻了规模远远大于之前各种周子文集的《元公周先生濂溪集》十二卷，其中卷六为《遗文》，包括赋 1、文 5、书 6、诗 24、行记 5，总计 41 篇。其中的 6 封书信，是在原来《濂溪先生大成集》那 5 封的基础上新增《回谒黄司录君庆牒》而成。此牒在度正《年表》中提到，说是"见遗事"，当为度正搜集，这次由编者从原来的《遗事》中移入《遗文》。24 首诗篇中，只是在《濂溪先生集》23 篇的基础上新增《书舂陵门扉诗》。该诗附有南轩跋语，说明张栻（号南轩先生，1133—1180 年）时代已经发现，直到此时可能才汇入文集流传。而且，这次汇入的诗篇中，在目录上已去掉之前《游赤水县龙多山唱和诗八首》和《元公家集中诗七篇》这些概括性的说法，其中《游赤水县龙多山唱和诗八首》已改为如下的明确诗题：

书仙台观壁诗

　　附费琦和诗

游山一道观三佛寺诗

　　附费琦和诗

喜同费长官游诗

　　附费琦和诗

　　呈谢签判殿丞宠示游山之什　琦

和前韵

当然，这次《遗文》部分最大的变化是增加了周子 5 篇"行记"方面的内容，标题分别是：

东林寺题名

淡山留题 ①

大云岩留题 ②

三洲岩留题 ③

星岩留题 ④

以上是我们所知周子诗文在宋代的汇集情况，可知最后刊印的《元公周先生濂溪集》最为完整。不过需要说明的是，12 卷本《元公周先生濂溪集》与不分卷的《濂溪先生集》在部分诗文的标题上并不一致。如《元公周先生濂溪集》在著录《万安香城寺别虔守赵公诗》后有一注文："别本云：清献自虔州赴召，舟至造口，同游香林寺，石刻可考。《大成集》以为万安香城，非也。"这里的"别本"，大约就是不分卷的《濂溪先生集》或其底本，《濂溪先生集》此诗标题正是《香林寺饯赵虔州》。从这里的"石刻可考"表述来看，不分卷的《濂溪先生集》的著录当更为确切。

总括宋代汇集起来的这 41 篇诗文，早在朱熹编的南康本《太极通书》中已有"世传旧本遗文九篇"，其中当有曾迪搜集到的《邵州新迁学释菜祝词》《告先师文》《拙赋》，以及朱熹很早就读到的《爱莲说》，至于张栻搜集到的《与二十六叔等手帖》《与仲章侄手帖》是否汇入，还不得而知；朱熹晚年弟子度正至少新搜周子《慰李大临才元疏》《贺傅伯成手谒》《与傅伯成手书》《回谒黄司录君庆牒》（最初放在《遗事》类中）和《彭推官宿崇胜院诗序》共 5 篇文章；周子族人周梅叟又汇集到《游赤水县龙多山唱

---

① 正文中作"淡山岩扃留题"。

② 正文中作"连州城西大云岩留题"。

③ 正文中作"德庆府三洲岩留题"。

④ 正文中作"肇庆府星岩留题"。

和诗八首》和《元公家集中诗七篇》共 11 篇周诗；杨栋曾得见《题丰都观三首》之二的《读英真君丹诀》，或许这 3 首诗也全部是由杨栋发现的。其中度正的贡献可能尚未全部反映出来，宋末学者黄震在读《周子后录》时曾说：

> 《后录·补遗》《遗文》凡二十二，皆蜀人度正遍求于故家遗俗之传，梯访于高崖危嶝之刻，亦可谓忠厚之至者矣。公之文，不特诗文书帖见录，而贺傅者之名刺亦见录。公之文所及，不特亲党交游见录，而守坟之周兴全家姓第皆见录。然则片言只字，余音遗迹，使后世皆宝爱之而不忘，此其所本固自有在。①

这里说周子的 22 篇遗文都是度正搜访所得，自然有所夸大，但度正以"忠厚"的态度，对有关周子的所有文字都注意收录，"片言只字"都不放过，则属事实。因此笔者估计度正的搜访可能远远大于我们上面所说的 4 篇书信和 1 篇序文的规模，是值得特别彰显的学者。

二、明朝时周子文集新增《任所寄乡关故旧》《春晚》《牧童》3 诗，误收《宿大林寺》（或题《宿崇圣》）《天池》2 诗

元朝未见周子文集的刊印。进入明朝，最早将周子诗文汇集刻印的，已知是周子后人周冕，他在弘治四年（1491 年）编刻有《濂溪遗芳集》。此书已遗，从后来的论著中，可知此书至少将宋本的《夜雨书窗》1 诗析为 2 首，变

---

① （宋）黄震著，张伟、何忠礼主编：《黄震全集》第 4 册《黄氏日抄》卷 33《读本朝诸儒理学书·周子后录》，杭州：浙江大学出版社，2013 年，第 1248—1249 页。

为《夜雨书窗》和《石塘桥晚钓》①。但从我们前面叙述来看，《夜雨书窗》出自周子《家集》，后人不宜擅自拆分。

稍后不久，周子在苏州的另一后人周木在宋本《元公周先生濂溪集》的基础上编刻《濂溪周元公全集》十三卷，此书在赋、文、书、行记方面完全承袭了宋本，但在诗的数量上则从宋本的 24 首增加至 29 首，这新增的 5 诗有两种情况：

一是将宋本的《夜雨书窗》1 诗分为《书窗夜雨》（正文中还是《夜雨书窗》）和《石塘桥晚钓》2 诗，这是沿袭《濂溪遗芳集》的编排而来。

二是新增 4 首：《任所寄乡关故旧诗》《春晚诗》《牧童诗》《宿大林寺诗》。这 4 首是依据《濂溪遗芳集》而来，还是另有所本？现在还不清楚。不过其中《宿大林寺诗》是误收，实际是周子友人彭思永的《宿崇圣院诗》，周子只是为其写有诗序，这里将序言作者误为诗歌作者了。这一失误影响深远，后来不少周子文集都把彭思永这首诗系于周子名下。

因此，周木本实际上在宋代的基础上新增了《任所寄乡关故旧诗》《春晚诗》《牧童诗》这样三首诗。

嘉靖五年（1526 年）吕柟编《宋四子抄释》②，其中有《周子抄释》。此书较宋末 12 卷本《元公周先生濂溪集》和明代周木的 13 卷本《濂溪周元公全集》都有些简化，没有"行记"方面的内容，其他诗文也有所削减，但将周子《游赤水县龙多山唱和诗八首》之一的《游山上一道观三佛寺》改为《经古寺》（不知是否沿自《遗芳集》），则为后来很多周子文集所沿袭。

嘉靖十四年（1535 年），由周子后人周伦编、黄敏才刻印的《濂溪集》六卷，新增《天池》一诗：

---

① 见明人周木重辑《濂溪周元公全集》卷 6《石塘桥晚钓》小字注文，明弘治间刻本。
② 丛书集成初编本。

斯须暮云合，白日无余晖。金波从地涌，宝焰穿林飞。

僧言自雄夸，俗骇无因依。安知本地灵，发见随天机。

此诗是误入，实际是朱熹《北山纪行十二章》中的一首①。这新增的《天池》一诗也有很深远的影响，后为多种周子文集误加承袭。

值得注意的是，这个六卷本的《濂溪集》有些诗的标题与之前的很不同，如有《静思篇》一首，实际是以前周子文集中的《思归旧隐》诗，不知周伦编时依据什么改动？但后来的很多文集也加沿用。

嘉靖十九年（1540年）鲁承恩编刻《濂溪志》，已佚，但该书对周子的书信曾有拆分，主要是将《与二十六叔手帖》析为《付二十六叔》和《又书与三十一叔》，将《与仲章侄手帖》分为《与仲章手帖》和《与仲章六月四日书》，后来不少文集也误加沿袭。②

后来周子文集在明代还有不少刊刻，已完整地出现了别集、专志、全书三大系列，但从目前流传的各种版本来看，明朝只是在宋朝的基础上新增了3首诗（最早见于周木编刻的《濂溪周元公全集》），其他增加的诗文或是误植，或是拆分的结果。

三、清朝时周子文集新增行记 5 则，
误收《暮春即事》《观易象》2 诗

清朝时周子文集的版本也不少，诗文方面主要是沿袭明朝以来的内容，直

---

① 见《朱熹集》卷 7，第 342 页。

② 鲁承恩《濂溪志》这一情况，万历二十一年胥从化编刻《濂溪志》时写的《叙例》中已有说明，万历三年崔惟植刻的《宋濂溪周元公先生集》十卷本就加以承袭，影响到后来不少周子文集。

到道光十九年（1839 年）周子后人周诰编刻的《濂溪志》才有新增。周诰《濂溪志》在著录周子诗文时，本于康熙时张伯行编的《周濂溪先生全集》①，在诗的数量和排序上有微小的变化，主要变化是新增《天池》《暮春即事》《观易象》3 诗，共计 31 篇。其中《天池》前面已考，为朱熹作品，非周子所作。《暮春即事》《观易象》二首呢？这两首诗后来为邓显鹤所继承，他在《沅湘耆旧集》前编卷十九中著录周子诗 31 首②，其中就有这两首，并将它们与《书春陵门扉》《牧童》和《春晚》放在一起，写有如下案语：

> 显鹤谨案：先生诸诗，从近人所刻《濂溪志》采出。已上五首，旧列卷末。今案合州度周卿所作《年谱》，略为诠次，以《书春陵门扉诗》为首，而以《暮春即事》四首次之，以诸诗皆似未出山之前里居读书时语也。

邓氏认为是周子年少之作。邓氏后来又将其编入《周子全书》③，改口说《暮春即事》《观易象》二诗是周子在邵州为官时所作，其案语为：

> 显鹤谨案：先生在邵州无诗，已上二首，旧列卷末，前编移入卷首。今案《年谱》：先生改定《同人说》寄傅者，自邵州递发。又显鹤来为濂溪院长，即取先生"闲坐小窗读《周易》"语，名其斋为读易窗。故以此两诗列《任所寄乡关故旧》之后，窃以为先生在邵时作也。

中华书局 1990 年出版的点校本《周敦颐集》依据邓显鹤《周子全书》、北

---

① 此本是在明朝周木本《濂溪周元公全集》的基础上重编的，参见拙文《周敦颐文集三个版本的承续关系》，《宋代文化研究》第 20 辑，成都：四川大学出版社，2013 年。
② （清）道光二十四年邓氏小九华山楼刻本。
③ （清）道光二十七年新化邓氏开雕于邵州濂溪精舍出景濂堂。

京大学出版社 1998 年出版的《全宋诗》依据邓显鹤《沅湘耆旧集前编》，将此二诗辑入。其实，这两首诗并非周子作品。

《暮春即事》早在宋末元初金履祥（1232—1303 年）所编《濂洛风雅》卷五中即载录，当时著录为叶平岩的《书事》①。叶平岩就是叶采。长期在民间流传的童蒙读物、传为南宋刘克庄所编的《千家诗》（因刘克庄号后村，故又称为《后村千家诗》）也将此诗系于叶采名下，《全宋诗》卷四一一在将此诗系于周子名下时，就在按语中如此说明②。明清时代的诸多文献如明人谢榛《诗家直说》卷一③、《四溟诗话》卷一④，清人厉鹗《宋诗纪事》卷四十九⑤、王棻主持编纂的《永嘉县志》卷三十四《艺文志十》⑥都将此诗系于叶采名下。康熙时人章藻功《思绮堂文集》卷十《题徐静谷秋林读易图》⑦在"坐以小窗，岂惟《周易》"一句下有小字注："叶平岩诗：闲坐小窗读《周易》"。因此，这首诗说是叶采的作品，更为合适。

《观易象》诗在明清佛教典籍中有著录，但系于北宋名臣陈瓘（字莹中，号了翁，又号华严居士，南剑州沙县人）名下。如明朝释大壑《南屏净慈寺志》卷六《檀护》⑧有陈瓘小传，"公初尚杂华，颇有所诣。及谒灵源清公，执闻见以求解。会师曰：执解何宗何日？偶谐离心意，识而参绝，凡圣路而学，然后可也。公从是开悟，因呈偈曰：'书堂兀坐万机休，日暖风柔草木幽。谁

① 《四库全书存目丛书》编纂委员会编：《四库全书存目丛书》集部第 289 册，济南：齐鲁书社，1997 年，第 272 页。
② 北京大学古文献研究所编、傅璇琮等主编：《全宋诗》卷 411，北京：北京大学出版社，1992 年，第 8 册，第 5066 页。
③ 明万历刻本。
④ 清海山仙馆丛书本。
⑤ 文渊阁《四库全书》本，台北：商务印书馆，1983 年，第 1485 册，第 74 页。
⑥ 清光绪八年刻本。
⑦ 清康熙六十一年刻本。
⑧ 明万历刻清康熙增修本。

识二千年远事，如今只在眼睛头。'"大约同时的释心泰《佛法金汤编》卷十三①也有相同的记载。后来的吴之鲸《武林梵志》卷八②和清代释际祥《敕建净慈寺志》卷二十八③均加承袭。至清儒编的《宋元学案》卷十二，黄百家则依据《性学指要》，将其归入周子名下，他写道：

> 《性学指要》谓："元公初与东林总游，久之无所入，总教之静坐月余，忽有得，以诗呈曰：'书堂兀坐万机休，日暖风和草自幽，谁道二千年远事，而今只在眼睛头。'总肯之，即与结青松社。"④

黄百家的依据是否可靠呢？据笔者检核，明人罗鹤的笔记体作品《应庵随录》依据尹氏《性学指要》等书，"文致周程诸儒皆以僧为师"⑤。如果尹氏《性学指要》等书确有此诗，罗鹤自然不会放过，但他根本没有载录此诗，特别是在引录尹氏《性学指要》，明确提到周子从游问学东林禅师一事时，完全不见此诗踪迹。因此，笔者目前不能信从黄百家的说法，自然也不认同周诰和邓显鹤的意见。

值得注意的是，周诰《濂溪志》还较张伯行本多了1则行记，是历代周子文集没有著录的。他在记述时将原来的《淡山岩句留题》的标题改为《含浑洞留题》，而保留的《淡山岩句留题》标题下的内容则为新增。

虽然邓显鹤《周子全书》依据周诰《濂溪志》新增周子诸诗并不可信，但

① 明万历二十八年释如惺刻本。
② 文渊阁《四库全书》本，第588册，第166页。
③ 清光绪中钱塘丁氏嘉惠堂刊本。
④ （清）黄宗羲原著，全祖望补修，陈金生、梁运华点校：《宋元学案》卷12《濂溪学案》，北京：中华书局，1986年，第1册，第524页。
⑤ （清）纪昀、陆锡熊、孙士毅总纂，四库全书研究所整理：《钦定四库全书总目（整理本）》卷128，北京：中华书局，1997年，下册，第1705页。《应庵随录》现收载《四库全书存目丛书》子部第104册，据中山大学图书馆藏明万历刻本影印，济南：齐鲁书社，1995年。

他新增的 4 首行记，则是很大的贡献，标题分别是：

> 淡山岩题名
>
> 朝阳岩题名
>
> 华严岩题名
>
> 淡山岩重题名

另外，邓显鹤《周子全书》还著录有一首《淡山岩题名》(题名与前同)，实际是周诰《濂溪志》卷二的《淡山岩扃留题》，只是文字上有新增。这也说明邓显鹤绝非简单的沿袭，而是实实在在地下了新功夫的。

四、近些年学者新发现和新搜集的周子诗文及其真伪

近二三十年来，随着学者所见资料的扩大，一些过去从未被汇集的题署周敦颐的诗文被重新发现或汇集起来。其中有真有假，值得研究者注意。

(一)谢先模先生所谓的"周敦颐佚诗三首"实非周子所作

20 世纪 80 年代，谢先模先生曾发表《周敦颐佚诗三首》[①]，依据道光六年（1826 年）编纂的《奉新县志》，辑录周子《百丈寺》诗三首：

> 好风吹上最高台，雨洗青天万里开。
>
> 落碧半空山鬼泣，也应胜似锡飞来。

---

① 载《求索》1988 年第 4 期。

绝顶茅庵老此生，寒云孤木独经行。

世人那得知幽径，遥向高峰礼磬声。

浮生不定若蓬飘，林下真僧偶见招。

觉后始知身是梦，更闻寒雨滴芭蕉。

　　笔者没有见到道光《奉新县志》，但查得同治十年（1871 年）的《奉新县志》①，该书卷四《建置·寺观》著录此周子三诗，应该是沿袭道光《奉新县志》而来。后来同治《南昌府志》卷十四《典祀》②、光绪《江西通志》卷一百二十一《胜迹略·寺观》③均加承袭。

　　其实，这三首诗都不是周子作品。第一首诗早在明代嘉靖《九江府志》卷十五《诗文志》中已有著录，说是本府同知姜辂的《天池寺诗》："好风吹上最高台，雨洗青天万里闲。落笔半空山鬼泣，也应胜似锡飞来。"④两相对比，仅有二字不同：前为"万里开""落碧"，此为"万里闲""落笔"。

　　第二首诗为唐人崔峒的《题兰若》诗。清代康熙《安平县志》卷九有著录："绝顶茅庵老此生，寒云孤木伴经行。世人那得知幽径，遥向青峰礼磬声。"⑤两者也只有三字之差：前为"此僧""独经""高峰"，此为"此生""伴经""青峰"。

　　第三首诗也是唐诗。北宋前期大型类书《文苑英华》卷二百三十六，以及

---

① （清）吕懋先修、帅方蔚纂，同治十年刻本。
② （清）许应鑅修、曾作舟纂，同治十二年刻本。
③ （清）曾国藩修、刘绎纂，光绪七年刻本。
④ （明）冯曾修、李汛纂，嘉靖刻本。
⑤ （清）陈宗石纂修，康熙二十六年刻本。

北宋计敏夫写的《唐诗纪事》卷五十二均收录，以为是徐凝（睦州人，元和中官至侍郎）的《宿冽上人房》，文字全同于上。清朝汇集的四库本御定《全唐诗》卷四百七十四同样如此著录。①

（二）江西分宁县清水岩留存有 2 则周子题名石刻

约 20 世纪 80 年代，在江西省分宁县清水岩曾发现周敦颐的题名石刻二则，反映到 1991 年 10 月海天出版社出版的新编《修水县志》中，该书卷二十九《文物》部分的第一章第四节"石刻"部分写道："清水岩石刻。清水岩在距县城 15 公里的清水岩乡，内有摩崖石刻 8 处，其中有宋代著名理学家周敦颐的题名石刻 2 处。"② 但具体文字内容没有著录。直到 1997 年《文献》杂志第 2 期刊载江西九江师专图书馆吴悴先生的《新见周敦颐石刻题名二则》，方公诸于世，内容是：

修水清水岩石刻

彭思永季长、边民晦明、周惇实茂叔，庆历癸未仲夏十日同游此。

游三岩

彭思永季长、边民晦明、裴造俊升、周惇实茂叔、蒲蓴子西、列正辞信卿、刘湛信升，同游三岩，皇宋庆历癸未夏季十九日识。

吴悴先生并写道："清水岩距县城 15 公里，为一自然风景区。内有两个天然巨型溶洞，内有涓涓清流长年不息，故名清水岩。清水岩一带溶洞遍布，三

---

① 三书均为文渊阁《四库全书》本，分见第 1335 册第 204 页、1479 册第 801 页、1427 册第 717 页。

② 此据前辈学者许怀林先生赐示，谨致谢忱！

岩为其中一个溶洞。考《周子年谱》，周敦颐康定元年，初任分宁主簿，庆历初年到任。与石刻题名时间相符。据《分宁志》记载，彭思永为分宁知县，庐陵人，举进士。《程明道文集》中有传。"这是符合事实的。这两则题名的可靠性还可以从"周惇实"这一名字得到证实。周惇实是周敦颐的原名，后避宋英宗赵实讳，改名周惇颐；南宋避宋光宗赵惇讳，一般又写作周敦颐。这两则题名还保留了他的原名，应非后人杜撰。按照宋本《元公周先生濂溪集》的体例，这些属于周子"行记"之作。

（三）《全宋诗》新增《题清氛阁》1 诗

《全宋诗》在著录周子诗篇时，主要是依据文渊阁四库本《周元公集》而来，末尾则依据邓显鹤《沅湘耆旧集前编》一书，辑入《暮春即事》《观易象》二首，从我们上一部分的考述来看，这两首均非周子作品；另外还依据《诗渊》一书，新增《题清氛阁》1 诗：

> 风雅久沦落，哇淫肆自陈。波澜嗟已靡，汗漫□无津。
> 纷葩混仙蕊，谁可识清真。先生李郑辈，□态非拟伦。
> 后生不识事，愈非句愈珍。至今桐庐水，相与流清新。
> 蝉联十一世，奕叶扶阳春。十年问御史，邂逅章江滨。
> 自惭无所有，衰叹徒欣欣。樽酒发狂笑，微言入典坟。
> 稍稍窥绪余，每每露经纶。因知相有术，源委本清淳。①

《诗渊》为明朝初期类书，编者失名，以稿本传世，现有影印本，一般认

---

① （明）佚名编：《诗渊》,（北京）书目文献出版社据明抄稿本影印, 1985 年, 第 4 册, 第 2026 页。

为具有很高的可信度。但这首诗的作者标为"宋敦颐",不知是否确为周子作品？

（四）《全宋文》新辑周子箴文、铭文各 2 篇，行记 1 篇，其中 2 篇铭文绝非周子所作

《全宋文》在汇集周子文章方面作了大量努力，除了收载《太极图说》《通书》外，就是大量的单篇文章。其中为之前各种周子文集缺载的主要是箴文、铭文各 2 篇，行记（或称题名）1 篇。[①]

两篇铭文分别是《主静铭》和《谨动铭》，出自《永乐大典》卷八二六九。其实这两篇铭文绝非周子所作。《永乐大典》在著录这两篇铭文时，分别注明道："宋《周濂溪集》附录篇载《南安书院主静铭》""《周濂溪集》附录篇载《谨动铭》"。[②] 既然放在《周濂溪集》的"附录"部分，那自然不是周敦颐的作品了，传世的各种周子文集的附录均不著录周子作品就是明证。

两篇箴文分别是《守性箴》和《守中箴》，均出自南宋王霆震的文章选本《古文集成》卷五十四[③]，应是可信的。

《全宋文》新收的周子行记是《阳春铜石岩题名》，内容为：

> 转运判官周惇颐茂叔，熙宁二年正月一日游。登仕郎、行县事梁邻令工刊，住持监院僧瑞监。

这里《全宋文》编者依据的是道光《广东通志》卷二○七。实际上，早在

---

① 曾枣庄、刘琳主编：《全宋文》卷 1073，上海：上海辞书出版社，合肥：安徽教育出版社，2006 年，第 49 册，第 278、293—294 页。
② （明）解缙等：《永乐大典》卷 8269，北京：中华书局影印本，2012 年第 2 版，第 4 册，第 3847 页。
③ 文渊阁《四库全书》本，第 1359 册，第 374 页。

南宋理宗淳祐年间知广州府方大琮就已发现这一题名，并在《与田堂宾（灏）书》中有著录，只是没有记"登仕郎"以下文字。[①]后来道光《肇庆府志》卷二十一《金石》、民国《阳春县志》卷十二《金石》也有完整著录。此刻在民国仍存，《阳春县志》以为"铜石岩石刻"之一，并著录其形制道："前三行半，共一十八字，字径二寸，在岩半壁，与祖判（按指通判祖无择）题名相连；后二行径八九分，俱正书。"

（五）网载周子《汝南周氏宗谱序》

据"中华周氏网"载，周子曾为《汝南周氏宗谱》作序。此序是由湖南道县濂溪周氏宗亲理事会周祖保于 2003 年 4 月发现，抄录于湖北京山县某山区小村，具体内容是：

《汝南周氏宗谱》序　　（宋）周敦颐

古之赐姓也，或以功、以爵，或以族世，或以字谥。周为有邰苗裔。氏以国者，周自平王少子烈得姓，始此矣。嬴氏迁鼎，既著版图，溢宇内汝南称最，繇汝徙楚南道州。考以上世系皆可稽，无俟更饰为记。颐少获希夷先生学，毅然以斯道为己任，于勋名澹如也。嘉祐时，过舅氏郑署，谬以一言清疑谳，为有司物色，先司理南安，历康郡知事，惴惴焉虑不称当官。幸际圣天子澄清吏治，访求俊父，凡山林薮泽之中，片雨寸光，靡不罗试奏。颐固樗陈材，何忍效市隐为也。道迳于夏，挈羁南郡，卜莲峰下，构斗室栖之。说者谓秋水兼葭，可以啸老于斯，颐则以为不然。盖望天之或假以年，候异日秒涤尘净，扶蔾返濂水，过城则愀然，入社则喟然，

---

① （宋）方大琮：《铁庵集》卷 22《与田堂宾（灏）书》。此据曾枣庄、刘琳主编的《全宋文》卷 7386，第 322 册，第 13 页。

望故庐而依先人之墓，涓然而泣，情不自禁，如列御寇之所云者，此颐志也。今寿未逮下，精神口散，筋骨牵掣而关若不楗。计为国家报效，宗祖光昭者，殆未可逆臆矣！深虑诸子狃于康，视道为畏途，一传再传，道之庐舍陵寝，其不等于麦秀禾黍者几希薄！书之暇勉取宋谱，嗣续公志而再加编辑，生殁先后暨嘉言懿行，依本纪作为坊表。劳动阡〔陌〕所系，尤重载之务详；为作别传，以昭世守。设诸子无志旧乡，可于此牒识道之梗概。若后有贤者，望昆仑之墟，穷星宿之海，开卷了然，不类乎晋之谈，颐其后卷幸矣。古云：狐死首丘有味乎，其言之也。识之哉，毋忽！

皇宋神宗五年岁次壬子秋月裔孙敦颐沐手书于南康之署内。[1]

此序是否为周子所作，似还有疑问，如文中说"嘉祐时，过舅氏郑署，谬以一言清疑谳，为有司物色，先司理南安"，时间上就与周子生平事履不符。依据宋以来的各种周子年谱，周子"司理南安"在庆历四年（1044 年），而非"嘉祐（1056—1063 年）"之事。

（六）王晚霞博士著录湖南永州市 2 篇周子题名石刻

王晚霞博士在 2011 年发表《周敦颐石刻题名考述》一文[2]，搜集考订周子石刻题名甚多，其中依据清代陆增祥《八琼室金石补正》[3]而来的两篇周子题名石刻为之前各种周子文集和《全宋文》所缺载。

一是《八琼室金石补正》卷一百的九龙岩题名石刻中的第六条，内容是：

治平四年五月七日，自永倅往权邵守，同家属游。舂陵周惇颐 记。

① 见中华周氏网 http://www.chinazhou.com，周宗贵的个人空间 http://www.chinazhou.com/?1833。
② 参见王晚霞《周敦颐石刻题名考述》，《成都大学学报》2011 年第 4 期。
③ （清）陆增祥：《八琼室金石补正》，北京：文物出版社，1985 年。

编者陆增祥介绍说：此碑"高一尺四寸有余，广三寸，两行，行十二十三字，字径一寸，正书"。似为作者亲见。九龙岩在今湖南永州市东安县城东一百里地，此题至今保存完好。要说明的是，邓显鹤在《周子全书》中著录《淡山岩重题名》时曾有案语提到这个九龙岩题刻，他说："（治平四年）五月七日来权邵守，同家属去永州百里，过洪陵寺，游九龙岩，题名刻石，未见拓本。"大约正是因为"未见拓本"，所以他在《周子全书》中并没有单独著录周子九龙岩题刻。

二是《八琼室金石补正》卷一百三著录的含晖洞题名。本卷著录有两篇含晖洞题名，内容相近，均署治平四年三月六日，一则较详，已在宋本著录，题为《淡山岩句留题》；一则较简，内容是：

> 周惇颐、区□邻、陈赓、蒋瓘、欧阳丽，治平四年三月六日同游道州含晖洞。

编者说此刻"高一尺二寸五分，广一尺五寸，六行，行五字，字径一寸六分，正书"。含晖岩在永州市道县以南四里。此刻在《八琼室金石补正》作者著录时已"磨灭"，未见周子文集和《全宋文》收录。

（七）笔者新发现周子《天池》《观巴岳木莲》和《冠鳌亭》3诗

笔者近些年在探究周敦颐与蜀学关系时，曾在巴蜀地方史志中新发现周子3首诗，为历代周子文集和《全宋诗》（含《订补》）失收。[1] 具体情况是：

---

[1] 参见拙文《周敦颐与北宋蜀地学者的交往——附周敦颐佚诗三首》，《西华大学学报（哲学社会科学版）》2013年第5期。

（1）天池

清和天气年能几，短蕮轻纱近水涯。

风似相知偏到袖，鱼如通信不惊槎。

笑凭山色倾新瓮，醉傍汀阴数落花。

啸傲不妨明月上，一行归路起栖鸦。

按：此据明代曹学佺《蜀中广记》卷十八①。清初陈焯编《宋元诗会》卷十九题为《吟天池》②，内容与此同。光绪《铜梁县志》卷十四《艺文志》则题为《游南峰天池》，文字略有出入，第三句"笑凭"作"笑含"、第四句"栖鸦"作"楼鸦"。又，清代《御定佩文斋广群芳谱》卷五十三引及"枝悬缟带垂金弹，瓣落苍苔坠玉杯"二句，题为宋濂作。③

（2）观巴岳木莲

仙姿元是华巅栽，不向东林沼上开。

嫩蕊晓随梅雨放，清香时傍竹风来。

枝悬缟带垂金弹，瓣落苍苔坠玉杯。

若使耶溪少年见，定抛兰桨到岩隈。

按：此据明代曹学佺《蜀中广记》卷十八。清初陈焯编《宋元诗会》卷十九题为《观巴岳木莲》，文字略有不同，第三句"枝悬"作"枝县"、第四句"兰桨"作"兰浆"。道光《夔州府志》卷三十六《艺文志》题为《木莲

---

① 文渊阁《四库全书》本，第591册，第222页。
② 文渊阁《四库全书》本，第1463册，第272页。
③ 文渊阁《四库全书》影印本，第846册，第522页。

花》，文字也略异：第二句"嫩蕊晓"作"异蕊每"，第四句"使耶溪"作"是濂溪"。①光绪《合州志》卷十五《艺文志》、光绪《铜梁县志》卷十六《杂记》则题为《铜梁山木莲花》，文字内容也小异，第一句"元是"作"疑是"，第二句"嫩蕊晓"作"异芷每"，第四句"耶溪"作"濂溪"。

（3）冠鳌亭（绵竹）

紫宵峰上读书堂，深锁云中久不开。

为爱此山真酷似，冠鳌他日我重来。

按：此据明代杨慎《全蜀艺文志》卷十二②。原本"绵竹"作"锦竹"，据雍正《四川通志》卷二七、卷三九改。乾隆《合州志》③卷七《艺文志》、光绪《合州志》卷十五《艺文志》和（同治）《直隶绵州志》卷七《舆地》④、卷十四《古迹》、民国《绵竹县志》卷一《舆地》⑤亦收录。

以上这4首诗不见于历代周子文集，是否确为周子所作，有待进一步考证。

总括近些年的发现和汇集情况，可知尚有诗4篇、文3篇、行记5篇还没有被汇入周子文集，当然其中也还有些疑问。

五、中华书局点校本《周敦颐集》收录周子诗文的局限与补正

结合前面的考述，我们再来审视中华书局1990年出版的点校本《周敦颐

① （清）恩成修、刘德铨纂，清光绪十七年刻本。
② 四川大学出版社2003年点校本。
③ （清）宋锦修、刘桐纂，清乾隆十三年刻本。
④ （清）董贻清修、何天祥纂，同治十二年刻本。
⑤ 王佐修、黄尚毅纂，民国九年刻本。

集》，就会发现该集所收周子诗文的若干局限。

《周敦颐集》是以清末贺瑞麟辑《周子全书》为基础，参照其他一些版本整理而成的。周子诗文集中置于卷三《杂著》中，按文体归类，依次是文 5 篇、书信 6 札、赋 1 篇、诗 31 首、题名 10 篇。前三者完全同于宋本《元公周先生濂溪集》，后来的文集不曾新增，现在"文"方面可以增加《全宋文》新增的《守性箴》和《守中箴》两篇，以及"周氏宗亲网"上登载的《汝南周氏宗谱序》1 篇，当然还需要加注说出疑问所在。

诗 31 首则有以下问题：一是第 4 首《书窗夜雨》和第 5 首《石塘桥晚钓》，实际是一首诗，出自周子"家集"，在宋代的周子文集各种版本中均以《书窗夜雨》为题著录，直到明朝弘治四年（1491）的《濂溪遗芳集》才拆分为二首，现在应该复其旧貌。二是第 29 首《宿大林寺》为周子好友彭思永所作，明代周木编刻《濂溪周元公全集》时已将其混入，现在应当剔除。三是第 30 首《暮春即事》、31 首《读易象》二首，点校者说"仅见于邓（显鹤）本，其他各本均不载。是否误入，待考"。点校者没有见到稍早的周诰《濂溪志》，不知道周诰《濂溪志》已著录二诗；而且根据我们前面的考述，可以确证它们是误入周子文集的。因此也应当加以剔除。经过这样的处理，31 首诗就变成了 28 首。加上《全宋诗》补充的《题清氛阁》1 首（作者尚有疑问）、笔者新辑的《天池》《观巴岳木莲》和《冠鳌亭》3 首，这样总数可以增至 32 首。

题名 10 篇可信，但不全面，现在至少可以增补 5 篇，分别是：江西分宁县清水岩留存周子题名 2 则、湖南永州市周子题名 2 则、广东阳春县铜石岩周子题名 1 则，具体内容见前述。

由于中华书局点校本《周敦颐集》整理于 20 世纪 80 年代初，限于客观条件，点校者依据的传世周子文集版本有限，对历代周子文集的版本源流不完全清楚，甚至对珍贵的宋本都不曾接触；而且近二三十年周子诗文又有若干新的发现，也有必要甄别汇入。因此，我们认为现在有必要新编周子文集的诗文部分，本着实事求是的原则，将后人拆分的诗篇恢复，剔除混入的诗篇，并增加一些新发现的诗文，特别是要根据宋本的著录文字加强校勘。当然还需要遵从疑者存疑的态度，对一些有疑问的诗文加以收录，并出注说明，以待学者进一步研判。

（原载《宋史研究论丛》第二十三辑，河北大学出版社，2018 年 12 月）

周敦颐宗族的迁徙

宋元明时期江州周氏宗族的迁徙及相关问题考述

——以族谱记载的周敦颐后人为中心

　　宋代大儒周敦颐本是道州营道县（治今湖南道县）人，晚年居于江州（治今江西九江市），死后亦葬于此，因而其后人便定居于江州。但到明代中期，江州（时称九江府）地方官却要从道州把周子十三世孙周伦请来为周子守墓。这不禁让人生出疑问：在江州的周子后人是什么时候重新回到道州的？是否全部离开？如果不是，那么留居江州的其他周子后人又到哪里去了呢，以至明朝要从道州往江州派遣周子守墓人？还有，从元明以来的各种周氏族谱、文集和苏州本地的一些文献来看，苏州有一支周子后裔，是江州周兴裔（周子四世孙）之后。其说是否可信？如何形成？厘清这些问题，或可为我们认识周敦颐的历史地位和影响、把握周氏宗族的发展轨迹和分布地域、理解我国古代宗族的迁徙流转和存续演进，提供更为准确深入的认识。

一、江州周子后裔迁回道州的时间

《明史·儒林传》曾为周子后裔中第一位被朝廷授予翰林院五经博士的周冕立传，言其生平事略曰：

> 周冕，先贤元公周子十二代孙也。其先，道州人，熙宁中，周子葬母江州，子孙因家庐山莲花峰下。景泰七年，授冕翰林院五经博士，子孙世袭，还乡以奉周子祀事。①

这段文字很容易让人认为，周冕本是住在九江府，明代景泰七年（1456）被朝廷授予翰林院五经博士后，回到道州，承奉周子祭祀之事。其实，此说不足凭信，周冕的祖先早已从江州回到道州，周冕是土生土长的道州人。当时朝廷授予周冕翰林院五经博士的朝廷文档中，明确有"湖广永州府道州起送周濂溪嫡长子孙周冕到部""欲将周冕填注翰林院五经博士，仍回原籍湖广永州府道州，以奉祭祀"等语。②

那么，周冕的祖先又是什么时候从江州回到道州的呢？

元明以来，在周子宗族内外有一种说法，就是周敦颐二子周寿和周焘的后人是分别住在江州和道州的。如元儒欧阳玄在为道州路重修濂溪书院作记时就说："先是，周子有子二人，长子司封郎中寿，次子徽猷阁待制焘。寿之后迁居江州，焘之后居道州。"③ 这种泾渭分明的分居情况可信吗？

明代中期修成的《瑞昌县志》著有《周寿传》，其中写道：

---

① （清）张廷玉等：《明史》卷284《周冕传》，北京：中华书局点校本，1974年，第7303页。
② （明）周木重辑：《濂溪周元公全集》卷首《历代褒崇礼制》，日本名古屋市蓬左文库藏明弘治刻本。
③ （元）欧阳玄：《圭斋文集》卷5《道州路重修濂溪书院记》，四部丛刊本。

周寿字元翁，濂溪先生之伯子也。家世舂陵之营道。熙宁间，先生知南康军，元翁侍焉，熙宁六年壬子六月七日先生殁于任。寿偕弟焘字次翁者，茔先生于太君母夫人墓左，从遗命也，在（江州）德化县清泉社三起山。明年癸丑，次翁归道州，守先业。元翁以墓祀留，登元丰壬戌黄裳榜进士，领司封郎中，子孙因于其故庐家焉。①

这里不但把欧阳玄所谓的周子二子分居说讲得更为具体，而且明确说次子周焘是在周子安葬的次年即熙宁七年（1074 年）回到道州，承袭先业的。明代中期永州府同知鲁承恩编《濂溪志》，见《周氏族谱》中有《元公家本行实》，内有周敦颐遗命，言其卒葬江州，"寿当留此，以看守祭扫；焘还故里，奉蒸尝，守丘垄"。② 这一说法在周子宗族内长期流传。如明代晚期苏州的周子十七世孙周与爵父子在所编的《元公世系遗芳集》的跋语中就说："元公生二子，长曰寿，次曰焘，皆补太庙斋郎。……焘之一枝世居营道，而寿则从元公，徙居九江。"③ 清代后期道州的周子二十四孙周诰在新编周子《年谱》的末尾省去了周寿一系曾居江州的历史，直言其"生子六，从官居吴中"，但仍说周焘"生三子，居道州"。④ 实际情况果真如此吗？

① （明）刘储修、谢顾纂：（隆庆）《瑞昌县志》卷 6《侨寓·周寿传》，明隆庆四年刻本。
② （宋）黄鲁直：《元公家本行实》，（明）鲁承恩编：《濂溪志》卷 4，韩国首尔大学奎章阁藏本。此本原为五册，现存四册（卷 3 至卷 10），最早由鲁承恩于嘉靖十九年（1540 年）、其弟子钱尚青略作增补后刻于嘉靖二十五年（1546 年），后又有少量增补，其中最晚一文是李发《谒元公奠文》（卷 10），时在"万历拾柒年"即公元 1589 年。此本由韩国首尔大学哲学系郭沂教授嘱其研究生杨雨溪同学代为复制，谨此致谢！
③ （明）周与爵、周希皋、周希夔：《元公世系遗芳集跋》，（明）周与爵重辑：《宋濂溪周元公先生集》卷 15《周元公世系遗芳集》末，中国国家图书馆藏万历四十二年刻本。按，一些藏本如美国哈佛大学燕京图书馆藏本卷末的《元公世系遗芳集跋》则仅署周与爵名，文字很短，并无这段引文。
④ （清）周诰编：《濂溪志》卷 3《年谱》，清道光十九年爱莲堂刻本。后来邓显鹤编《周子全书》卷首下《年谱》亦承袭此说，道光二十七年景濂堂刻本。

南宋中期赵汝谊在淳熙四年（1177 年）来知道州后①，曾处理一起土地纠纷案。说是周子先茔的墓田，在守墓人和知情人相继去世后出现了流转，并导致周子族人和周子舅家何氏之间的长期纷争。赵汝谊成功处理好后，"令先生江州后裔亦闻之"。②道州的土地纠纷案结果要通报周子的"江州后裔"，说明此时周子后人还住在江州，没有回到道州。特别是此时周子"故宅基尚属何氏"，居住者何揖"于淳熙十一年以其地归于（周）意之曾孙兴嗣"。③周子故宅不还于周子后人，而要归于周子从弟周意之后，更说明直到淳熙十一年（1184 年），周子后人也还没有从江州回到道州。

上段引文中的周子"江州后裔"，当时有哪些人呢？据时知南康军的朱熹所见，至少有周子曾孙直卿、正卿、彦卿和玄孙涛等人。淳熙六年（1179），朱熹为周子《爱莲说》作跋，称"先生曾孙直卿来自九江，以此说之墨本为赠"。④两年后即淳熙八年（1181 年），朱熹罢知南康军后受邀到江州濂溪书堂讲说《太极图》，其时"先生之曾孙正卿、彦卿，玄孙涛为设食于光风霁月之亭"。⑤三十多年后的嘉定六年（1213 年），吏部员外郎李埴路经江州拜谒濂溪祠堂，曾与周子五世孙周澹等人"唔语久之"。⑥

以上 5 人姓名，在现存的两部宋刻周敦颐文集保留的周氏族谱部分内容中

---

① 赵汝谊及本节后文提及的官员来知道州的时间，均见（明）虞诚修、胡琏等纂（洪武）《永州府志》卷 10《宋朝（道州）太守题名》，明洪武十六年刻本。此本由湖南科技学院国学院张京华教授复印自日本，再由其同事彭敏博士重新复制后转赠笔者，谨致谢忱！
② （宋）章颖：《濂溪田记》，载湖南省濂溪学研究会依据宋刻本整理的《元公周先生濂溪集》卷 10，长沙：岳麓书社，2006 年，第 188 页。
③ （宋）龚维蕃：《道州重建故祠记》，《元公周先生濂溪集》卷 10，第 183 页。
④ （宋）朱熹撰，郭齐、尹波点校：《朱熹集》卷 81《书濂溪先生爱莲说后》，成都：四川教育出版社，1996 年，第 4192 页。
⑤ 《朱熹集》卷 7《山北纪行》，第 343 页。又可参见《朱熹集》卷 84《书濂溪光风霁月亭》，第 4363 页。
⑥ （宋）李埴：《留题书堂》，《元公周先生濂溪集》卷 8，第 151 页。

均有记载①，且知直卿、正卿和彦卿都是周敦颐次子周焘的长子周絪之子，是亲兄弟；周涛为直卿长子，周澹为彦卿之子。他们当时还全部住在江州。

就在李埴到江州拜谒濂溪祠堂的前一年，即嘉定五年（1212 年），方信孺来道州，他"访求濂溪之裔，得兴嗣之子鏞，以为学宾"②，就是任命周鏞为道州州学学宾。诚如前述，周兴嗣为周子从弟周意曾孙。方氏专门访求周子后裔，却只得到周子从弟周意之后，说明此时周子后代也还没有从江州回到道州。嘉定十年（1217 年），龚维蕃来知道州，他在考究濂溪祠堂故基时，"延见群士，扣濂溪所向，皆言今祠非故基。其后访于鏞，尽阅累世契券，亲至其地，质于乡邻族党，始得其实"。③ 这段文字见于他次年写成的《道州重建故祠记》，访求的还是周子从弟周意后人。这说明，至少在嘉定十一年（1218 年）时，周子后裔仍然没有从江州回到道州。

不久，即嘉定十三年（1220 年），道州官府在州城附近的虞帝庙旁建立濂溪书院。数年后魏了翁作记，虽言周子故居祠堂"旁近皆周氏子弟"，但明确提到之人仍是"先生之裔孙鏞"。④ 说明魏了翁作记时，周子后裔也还没有从江州迁回道州。

十多年后的端平三年（1236 年），史复祖来为道州守。当时魏了翁的记文尚未上石，于是"先生诸孙、贡士晔者，手其文为请"，史氏遂为之作跋并刻石。⑤ 这里所谓的"先生诸孙"，可作两种理解：一是周子的直系后人，二是周子的族人。同样的，知道州杨允恭在景定四年（1263 年）创办小学，旨在教育

---

① 关于这两部宋刻本周子文集的基本情况，参见拙文《现存两部宋刻周敦颐文集的价值》，《四川大学学报（哲学社会科学版）》2010 年第 3 期。

②③ （宋）龚维蕃：《道州重建故祠记》，《元公周先生濂溪集》卷 10，第 183 页。

④ （宋）魏了翁：《道州建濂溪书院记》，《元公周先生濂溪集》卷 10，第 184 页。

⑤ （宋）史复祖：《〈道州濂溪书院记〉跋》，（明）周木重辑：《濂溪周元公全集》卷 11，日本名古屋市蓬左文库藏明弘治刻本。

众多的"周氏子孙"。① 这里的"周氏子孙"也可如此两解。笔者认为,前者的可能性是存在的。这一点,明代中期永州府同知鲁承恩编《濂溪志》卷五载录的《周氏族谱》(下称鲁本《族谱》)②,可以佐证。

鲁本《族谱》节录自明朝初年周壎(周子九世孙)初编、景泰七年(1456年)周冕重编、后又有所添补的《周氏族谱》。其中"濂溪宗派后图"的一些注文很值得注意,就是很多人名旁有小字注文"载故居碑末"。经统计,共有周子兄周砺后人利万(二十五世【此指图表中的世系,下同】)、利万子不比(二十六世)、孙天瑞、天然(二十七世),周子次子周焘的孙子政卿(名下注"即正卿")的儿子洵(名下注"即正雷",二十六世)及洵的儿子应隆、应贵、应初(二十七世)、彦卿(儿子是周澹)的孙子应奎、应喜、应宗,以及周子叔父周怀辂的后代元泰、元亮(二十六世)、安国、安润(二十七世)、永传、永兴(二十九世)等17人。为什么要在他们的人名旁注上"载故居碑末"?笔者认为,这可能是重要的提示,说明当时族谱编修者亲见这些人名尚存周子故居的一通石碑之上。周子兄周砺、叔父周怀辂的后代应该一直住在道州,他们的名字"载故居碑末"并不奇怪。关键是,前面我们说周焘孙子正卿、彦卿还住在江州,他们的子孙怎么也"载故居碑末"呢?笔者认为,这可能是重要的提示,说明正卿、彦卿的子孙已经从江州迁回了道州,而且至迟在周子五世孙周洵时回来的。

这一点我们还可以从宋末冯梦得的《江州濂溪书院后记》一文中得到辅证。该文有一段周子六世孙周振之向时任沿江制置副使、知江州兼江西路安抚

---

① (宋)赵栟夫:《濂溪小学记》,(明)鲁承恩编:《濂溪志》卷九,韩国首尔大学奎章阁藏明刻本。

② 鲁承恩编的《濂溪志》卷5在节录此谱时,并无"周氏族谱"四字,但在卷10载录有明朝洪武戊午(1378年)张韶的《周氏族谱序》,系为周壎初编此谱时的序言,由此可知此谱名为《周氏族谱》。

使的贾似道请求经济帮助的文字①，非常重要，兹录如下：

> 淳祐六年，今太傅平章魏公，开阃溢府。元公之五世孙振之者，膝行
> 以请曰："惟先君元公，得不传之学以授二程，而道以大明。迄今二百载，
> 于其子孙弗振。洵之子无责焉耳，澹之后无传。余为沆之次子曰振之者，
> 余季也。湛之子一之，涛之子成之，是皆有志于学者，而未有以赡养之。"②

这段话涉及的周振之5位父辈，即洵、澹、沆、湛、涛，其中涛、澹已见
前述，分别为朱熹和李埴所识，这5人又同时见于宋刻本《元公周先生濂溪
集》卷首《濂溪先生周元公世家》。结合这份《世家》和《后记》，我们可以把
以上诸人的世系图示如下：

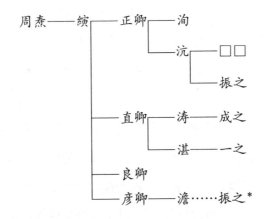

* 周振之过继给没有子嗣的周澹，后文有引述。

淳祐六年（1246年）周振之呈请中的"洵之子无责""澹之后无传"语，
很值得注意。前述鲁本《族谱》中"载故居碑末"的周焘后人中，恰好全

---

① 本文所述贾似道的官职和任职时间，均见（元）脱脱等《宋史》卷474《贾似道传》，北京：
中华书局点校本，1977年，第13780—13781页。
② （宋）冯梦得：《江州濂溪书院后记》，《元公周先生濂溪集》卷10，第174—175页。

是洵、澹之后。这一巧合说明了什么呢？笔者认为，"洵之子无责"是隐晦地表达周洵已经带着子辈离开江州、回到道州去了。也正因为如此，所以周洵及其三子的名字刚好就"载故居碑末"。冯氏《后记》既言"澹之后无传"，又说"以振之嗣澹后，奉媚母叶氏以居"，说明此时周澹已死，妻子叶氏尚在，但没有留下子嗣。这又怎么解释鲁本《族谱》中还有周澹的三个儿子，且均"载故居碑末"呢？笔者认为，这三子可能是周澹的别宅子，或妾生子之类，在周澹死后不容于主母，而跟随周洵一家迁回道州；也可能非周澹亲生，而是周洵带回的其他三位侄子，冒充周澹之后，并在道州重建他们的谱系。

如果上述说法成立，那么周子次子周焘的后裔就是在南宋晚期从江州迁回道州发展的，具体是在嘉定十三年（1220 年）濂溪书院建立之后至淳祐六年（1246 年）周振之呈请官府资助之前的一段时间。非常幸运的是，我们还查到了载录周洵子嗣名字的这块"故居碑"的碑文，见录于清末陆增祥《八琼室金石补正》卷 120，题名《杨允恭寿祠记》①。此碑是周氏子孙感念知道州杨允恭在景定四年（1263 年）创办小学的功德，而为其建立的生祠碑，记文由当时道州濂溪书院山长滕巽真所写。虽然由于年久剥蚀之故，碑文已经缺失部分文字，以至我们没有见到前述周洵三子的名字，但周子兄周砺后人周利万、不比、天然，周澹之子应喜、应宗，都赫然在碑文之末。其中鲁本《族谱》图表中的不比名下特别注有"书院主祠宗学讲书今载故居高峰碑末"十余字。因杨允恭即号高峰，所以可以确定鲁本《族谱》其他人名下所谓的"载故居碑末"的"故居碑"，即是"故居高峰碑"之简写，也就是这块《杨允恭寿祠记》碑。

---

① 《八琼室金石补正》系民国十四年（1925 年）吴兴刘氏希古楼刊本，影印本收载中国东方文化研究会历史文化分会编《历代碑志丛书》第九至十一册，南京：江苏古籍出版社，1998 年。这里的《杨允恭寿祠记》，见第十一册第 510—512 页。

这块碑文文末明记"书院斋长周正雷",与鲁本《族谱》"濂溪宗派后图"所列周洵名下注文"即正雷载故居碑末书院斋长"也相合。[①] 因此,我们前面判断江州周子后裔回迁道州的时间在南宋晚期,是可以肯定的。

那么,他们为何要离开江州返回道州呢?目前尚未见直接的资料信息。不过鲁本《族谱》的"濂溪宗派后图"不列直卿、良卿后人,也不列周洵弟周沆后人(包括过继给周澹的振之),似乎反映出周洵父子与他们关系交恶,以至要愤然出走,重返道州,而在家谱续修中竟然也完全不列他们的名字了。周振之所谓"洵之子无责",或许可作如此理解。当然,他谈到的经济困难(详下一部分),可能也是一个重要理由。

上述这些江州周子后裔,全是周子次子周焘之后,他们直到南宋晚期也只有部分人回到道州,因此前述元明以来周子宗族内外所谓周寿、周焘二子及其后裔长期分居江州和道州的说法,不足为凭!

从江州迁回道州的周氏族人后来发展如何呢?从目前所见资料来看,他们在宋元时期还比较平淡,在周氏族谱之外能够见其名者很少。除了上述史复祖在嘉熙元年(1237年)的《〈道州濂溪书院记〉跋》中提到的周晔可能是周子后人外,所知还有前述元代欧阳玄在《道州路重修濂溪书院记》中提到的周子八世孙周善溥,当时道州路长官曾举荐其出任濂溪书院山长;还有元末明初的周子九世孙周壎,弘治《永州府志》卷四将其作为"隐逸",述其传略曰:

---

① 实际上,此碑文也见录于鲁本《濂溪志》的卷9,题名《濂溪小学高峰杨公寿祠记》,只是删去了碑文文末落款以下的全部文字,以至完全不见周氏子弟姓名。而且,鲁本《族谱》的周正雷小传中记其"生于乾道八年五月,终于绍定四年辛卯",有误。因为清末陆增祥《八琼室金石补正》卷120依据原碑过录的《杨允恭寿祠记》文末明确记有"书院斋长周正雷",说明为杨允恭立生祠的景定四年(1263年),周正雷尚健在。又《八琼室金石补正》卷121还依据石碑过录有知道州赵栉夫在咸淳七年(1271年)所写《濂溪大富桥记》(此记亦见鲁本《濂溪志》卷9,惜缺落款以下的文字),在记文末列有"主祠周正雷",说明此时周正雷仍在世。

　　周壎，字伯和，濂溪先生九代孙也。性好学，善谈易数，长于诗词。当元季，隐营山之阴。洪武初，有司以明经举送京师。告老归，赐赍，以寿终。①

可见周壎有一定学养，在元末动乱之际隐居，入明后以明经之士被举送京师，不久告老归乡。鲁本《族谱》有其小传，内容与上述文字基本相同，并云其"年八十一终于家"，确为高寿。从鲁本《族谱》所载周冕所写的《周氏支系》，还可看出在元明更替之际，在道州的周氏宗族曾遭到很大冲击，谱牒也有破坏，幸存的周壎从京城归来后便有重修之举：

　　（周壎）慨念元季室家轶于兵燹，谱有漫灭者，恐失其全，而详加纂集，以贻厥后。②

鲁本《族谱》还清晰地记载有周壎的世系源流，可图示如下（这里仅止于周冕，支派不列）：

　　周敦颐——焘——缤——正卿——洵——应斗③——仁孙——宗文——壎——泰赍——文裔——冕

在周氏宗族发展史上，周壎只是昙花一现，没有得到任何实质的官位和特权，真正对这一宗族发展带来重要帮助的，就是本节开头说到的明代景泰七年

---

① （明）姚昺纂修：(弘治)《永州府志》卷4《隐逸·周壎传》，明弘治七年刻本。
② （明）周冕：《周氏支系》，（明）鲁承恩编：《濂溪志》卷5，韩国首尔大学奎章阁藏明刻本。
③ 在鲁本《族谱》的"濂溪宗派后图"中，应斗名下未注"载故居碑末"，或许是立碑时应斗已经故去。

（1456年）朝廷授予周子十二世孙周冕为翰林院五经博士这一重要事件。由于这是可以世袭的职务，在政治经济上享有一定的特权，因此对于周氏宗族发展特别是确保道州的周子后人的持续稳定发展，发挥了重要作用。之后除明末清初有一段空白期外，周冕在道州的嫡系后人都长期享有这一特权，绵延四百多年。

二、南宋留居江州的周子后裔之发展移徙与明朝中期道州周伦之回迁江州

从前引冯梦得《江州濂溪书院后记》一文可知，在淳祐六年（1246年）江州地区还住有相当一批周子后人，但在经济上都有一定困难。带头呈请的周振之（周子六世孙）除了说他们几位"有志于学者，而未有以赡养之"的情况外，还说其"先君无恙时，荣［此似为衍字］筑室少府岭下，其肯曰：予有后，弗弃基，弗念弗庸，以质以鬻。今殆为他姓所得，思欲更葺数椽，辟燥湿寒暑，以奉吾亲。"① 说明当时江州周氏经济上确实比较窘迫，以至周振之父亲生前不准典卖的家产也差点全部"为他姓所得"。为此，时任沿江制置副使、知江州兼江西路安抚使的贾似道采取了一系列扶危济困的措施，《后记》写道：

> 公（贾似道）恻然，亟命山长潘君之定订其支派，为之纤悉经纪，胪为四位，以振之嗣澹后，奉孀母叶氏以居；索所质鬻之地，官代为酬直，拓隘展狭，增造楹舍，仍给没官田三百亩。②

即让当地濂溪书院的山长潘之定在确定周子后裔支派的基础上，把资助对

①② （宋）冯梦得：《江州濂溪书院后记》，《元公周先生濂溪集》卷10，第175页。

象分成四份，分别是周沆长子（佚名）、周涛子成之、周湛子一之和过继给周澹的周振之（本为周沆次子）四家，朝廷为他们把原来典卖出去的土地赎回，并增扩房舍，给田三百亩。

不久贾似道"易镇上流"①，升任京湖制置使兼知江陵府，享有"调度赏罚，得以便宜施行"②的大权，继续在经济上给予周子后人帮助：

> 又拨军资库不系省钱壹拾万缗，为市良田八百亩。若位得二百，给据立石，禁典卖，蠲二税。比成之等置到皇甫等田八十四亩，余更饬属县买补元数，以成初志。③

即是再从军费中拨出 10 万缗钱，为他们买取 800 亩良田，四个家庭各得 200 亩，禁止典卖，免除夏秋二税。最后一句话是说等到周成之买到了周边皇甫氏等人家的 84 亩田后，其余的（还差 716 亩）应督促属县官府协助买田，补足元数（800 亩），以完成"为市良田八百亩"的初志。不仅如此，"他如修筑墓墙、开填书院、溪涧等"方面，贾似道也给予资助，"为钱肆阡叁百缗有奇"。经此努力，周子后裔的生活条件和周边环境大为改善，所谓"由是而元公之庐肯堂矣，坟有识矣"④。

即便后来贾似道入朝为相，他还在继续关心周子后裔并给予提携：

> 尔后魏公入相，天子进位，辨章军国机事之暇，犹眷眷不忍忘。且援褒录勋贤后嗣之典，授成之以初品官，俾主德化之学，掌元公祠。⑤

---

①③④⑤ （宋）冯梦得：《江州濂溪书院后记》，《元公周先生濂溪集》卷 10，第 175 页。
② 《宋史》卷 474《贾似道传》，第 13781 页。

即授予周成之管理其家乡江州德化县学的教官，并负责濂溪祠堂。根据冯文后面所谓"官其后嗣于秉钧十年之后"①。可判断此时约是咸淳四年（1268年），因为贾似道是在开庆元年（1259年）以两淮宣抚大使的身份率军援助鄂州（治今武汉）抗击蒙古军队时"即军中拜右丞相"②的。

虽然有贾似道为代表的官府的连续支持，但从有关文献来看，江州周子后人至少在科举上并没有可观的表现，未见有金榜题名者；政治上也未见有什么作为。所以在南宋后期的数十年里，江州周子后裔依然处于周振之所谓的"弗振"状态。即便在咸淳六年（1270年）朝廷为江州增加贡举名额③，情况也未见改观。这当然与宋朝国运将终有关。

而且，自此以后的数百年里，我们不仅在历史文献中难以见到江州周子后裔的活动，甚至到明朝中期江州（时称九江府）的地方官还发现当地已无周子后人，只好向当时的湖广布政使司方面申请道州周子后人回来为周子守墓，湖广方面最终在弘治十六年（1503年）派遣周伦（周子十三世孙）携带全家回到九江府。此事最初是由九江府朝廷在弘治十五年（1502年）向江西按察司金事王启提出来的，王启转述说：

> 据本府呈，宋儒濂溪周元公先生世家道州，因过浔阳，爱其山水之胜，遂筑书堂于庐山之阜，今在本府德化县五里许。……至于其没，又葬于栗树岭下，仅去五里许。先生之母与其二夫人皆葬其内，则先生之魂魄固安于是矣。……及文公守南康，先生子孙自九江府奉《爱莲说》墨本于文公，则知当时曾有子孙。至国朝监察御史徐杰、项璁，按察副使焦宏，

---

① （宋）冯梦得：《江州濂溪书院后记》，《元公周先生濂溪集》卷10，第175页。
② 《宋史》卷474《贾似道传》，第13781页。
③ （宋）方逢辰：《江州咸淳增贡额记》，《元公周先生濂溪集》卷10，第178页。

两次修举，今皆圮坏，其子孙亦无一人为守祀事。①

从南宋中期朱熹（文公）知南康军时"曾有（周子）子孙"，到弘治十五年时"其子孙亦无一人为守祀事"来看，周子原来寓居的江州故地已没有周子后裔居住了。所以当时就有官员提议："差人赍文湖广布政使司，转查真派子孙，劝谕前来。"②

湖广方面在层层传达和多方努力后，最终派遣前述翰林院五经博士周冕的侄子周伦与他的父亲和二子一起过来九江府，并在德化县得到了一定数量的守祀墓田：

> 湖广布政使司咨据永州府道州营乐乡四都里老何添成等呈，依会勘得周元公十二代宗子周贤、男周伦、长孙仕爵、仕禄，的系真派，起送前来。遂将德化县德化乡一图、民田三十一亩三分陆、地六亩一分，发给养赡守祀。③

其具体的起送时间是"弘治十六年七月二十一日"。④这里虽然提到周伦的父亲周贤，但实际上周伦才是当时法定的守祀人。所以在周伦来九江后的"三四年间"，江西提刑按察司提督学校副使邵宝在奏疏中说是"于湖广道州取其裔孙周伦前来守墓"。⑤后来所有的文献无不说当时的守祀人是周伦（或作周纶）。

---

①②③ （明）王启：《崇先贤以励风教文移》，（明）周伦编：《濂溪集》卷4，中国国家图书馆藏明嘉靖十四年黄敏才刻本（三册本）。
④ 《崇奉先贤下帖》，（明）鲁承恩编：《濂溪志》卷9，韩国首尔大学奎章阁藏明刻本。
⑤ （明）邵宝：《表崇道学大儒墓祀疏》，（明）周伦编：《濂溪集》卷4，中国国家图书馆藏明嘉靖十四年黄敏才刻本（三册本）。

　　南宋后期江州尚有不少周子后裔，并得到地方和朝廷的扶持，而两百多年后居然没有周子后裔在江州故地居住，反要申请道州方面派人过来守墓。那么，南宋留居江州的周子后人到哪里去了呢？这方面我们从江西的地方志获得了一些线索。

　　明代中期纂修的嘉靖《九江府志》有《周敦颐传》，记载道："子寿依而居之。元末避兵，复居瑞昌檀木冲，今邑周姓者多其后也。"① 稍后的隆庆《瑞昌县志》卷六《周寿传》记述更为具体，时间并前移至宋末：

　　　　宋之际（季），翁（按指周寿，字元翁）九世孙铅得避兵居本县王仙乡之檀木冲，有先生《太极图》墨本并家世谱藏。厥孙文显尝以训其子孙曰勉曰电曰霆者，每朔望披阅庄诵，以示守。弘治癸亥，都宪林公、提学邵公上疏修先生墓，以先生营道人，访先生子孙于道。时道以次翁（按指周焘）十三代孙曰纶者应焉。纶至，访元翁之裔，得霆、电数辈，知其为濂溪十四代孙，遂为疏，岁时同奉祀事。②

　　依此记载，则留居江州（具体在德化县）的周子后人在宋元更替之际遭到兵乱冲击，其中周子长子周寿的九世孙周铅得等人（上一部分所述南宋中后期江州周子后人均是周子次子周焘后人，因此笔者怀疑周铅得也应是周焘之后）避居江州属下的瑞昌县王仙乡之檀木冲，在元明时期一直延续；周子十三代孙周伦（县志作纶）弘治十六年（1503年）从道州迁来守墓后，和他们重新联系上，并"同奉祀事"。

---

① （明）冯曾修，李汛纂：（嘉靖）《九江府志》卷13《人物志·周敦颐传》，明嘉靖六年刻本。
② （明）刘储修，谢顾纂：（隆庆）《瑞昌县志》卷6《周寿传》，明隆庆四年刻本。后来的清雍正《瑞昌县志》卷4、同治《瑞昌县志》卷8的《周寿传》、同治《九江府志》卷43《周寿传》亦加沿袭，文字微异。

清代同治十一年（1872 年）编的《德化县志》，载有卒于同治四年（1865
年）的德化县贡生何之曙所作《周俊薰复兴濂溪祀事记》一文，其中写道：

> 公（周敦颐）九世孙铅德，当伪汉窃据江州时，抱公所作《太极图》
> 逃之王仙乡居焉，今土人尚名周家边。其孙文显迁居清塘燕窝庄。显子
> 四，长孟嘉，次端，次雄，次甫，嘉之后居清塘，甫之后仍守田庄，端、
> 雄之后，丁口繁而庄落星散。①

这段话叙述周子后人避乱离开江州故地（德化县）的时间与嘉靖《九江府
志》同，是在元末，所谓"伪汉窃据江州"是指元末群雄之一陈友谅在至正
十八年至二十一年（1358—1361 年）占据江州期间（先称汉王，后称大汉皇
帝，国号汉）；但内容上更接近隆庆《瑞昌县志》，说是周子后人周铅德（德、
得二字相通）避乱逃居瑞昌县王仙乡，并同时提到周铅得（德）的孙子周文显。

那到底哪一种记载更接近事实呢？笔者认为是同治《德化县志》。此虽晚
出，但其中《周俊薰复兴濂溪祀事记》提到周铅德及其孙子周文显、曾孙四人
名讳，并明记他们的迁居、散居地名，应该依据的是周家世代相传的族谱，可
信度较高。此其一。其二，隆庆《瑞昌县志》所谓的宋末这一时间，与对应
的周寿（或应是周焘）九世孙周铅得似乎不协调。为什么呢？因为前述周子六
代孙周振之在淳祐六年（1246 年）向江州官府申诉他们兄弟几位"有志于学
者，而未有以赡养之"，说明他们还是学生，似乎还没有成年，至多也就 20 出
头，至元军"下江州"②的德祐元年（1275 年）正月，基本上只能到周子第七

---

① （清）陈灏修，吴彬纂：(同治)《德化县志》卷 11《建置·坛庙》，清同治十一年刻本。
② （元）刘一清著，王瑞来校笺考原：《钱塘遗事校笺考原》，北京：中华书局，2016 年，第
224 页。

代的样子，即便有第八代，年纪也尚幼，不太可能出现《瑞昌县志》所谓宋末即有"翁（周寿）九世孙铅得"的情况。更重要的是，《瑞昌县志》记周子十三代孙周伦在弘治十六年（1503年）迁来后，曾联系到周铅得后人、周子十四代孙"霆、电数辈"。从宋末德祐元年（1275年）到明朝中期的弘治十六年（1503年），接近230年，怎么可能只有这五六代人呢？相反，从元末（此特指1358—1361年间）到弘治十六年（1503年），接近150年内有五六代人则更为合理。

据此，笔者认为，江州德化县故地的周子后人应该是在元末的兵乱中被冲散，九世孙周铅得等人逃至附近瑞昌县王仙乡居住，并形成"周家边"这样的聚居点，之后又有迁居，且出现"丁口繁而庄落星散"这样的散居情况；大约一个半世纪后，周伦从道州迁居德化县为周子守墓，与周铅得后人"霆、电数辈"重新相认，共续濂溪血脉。

另外，明朝初期徽州歙县的唐文凤曾在一文中提到周子"绪胤"即周子后裔周启宗，说他在周子当年修筑的江州濂溪书堂旧址新建濂溪书屋，作为"修读之所"。[1] 此周启宗是否确为周子在江州的后裔、是否还住在江州故地，目前未见更多的记述，暂存疑于此。

三、苏州周子后裔的由来和世系

苏州有一支周子后裔，这在始于明代的一些周子文集（及其著录的族谱和世系图）和苏州地方文献都有明确记载，且均言其始祖是来自江州的周兴裔，系周子长子周寿之后，周子的四世孙。记载最详备的是周子十七世孙周与爵在

---

[1] （明）唐文凤：《濂溪书屋铭》，（明）程敏政编：《唐氏三先生集·梧冈文稿》卷29，明正德十三年张芹刻本。

万历四十二年（1614 年）编纂的《宋濂溪周元公先生集》。该书卷二的《元公世系图》出自"世谱"，清楚地记载了苏州周子后裔的世系源流：

> 周敦颐——（长子）寿——（五子）季仲——兴裔、兴宗——（兴裔之后）昺、昱——玙、珧——（昺、玙之后）才——文华、文英——（文英之后）南——敏——汝、浦、渊、源——（汝之后）经、维、（浦之后）纲——（纲之后）璧、奎、参——（奎之后）钺——讚——侣——与相、与国、与爵

其中在"兴裔"名下简介其生平事迹道：

> 字克振，除授武功大夫，驻扎平江，奏立敕建元公祠于苏郡胥台乡，后御金虏对垒，殉节王事，敕葬常熟虞山东麓，子二：昺、昱。①

这一叙述比较简略。周与爵还编有家族文集性质的《濂溪先生世系遗芳集》，附载其《宋濂溪周元公先生集》的卷十一至卷十五。其中卷十二有记述周兴裔的《和州观察使武功大夫行实》一文，内容更为充实，明言其为"濂溪先生之曾孙"，"世居营道濂溪，徙居九江，祖讳寿，父季仲"；在叙述其生平事履后又记其后人："子昺为迪功郎，荫常熟县尉。……曾孙才，迪功郎。祖孙四世祔葬虞山。"② 这些内容把周兴裔与其先辈周敦颐、周寿、周季仲，与其后人周昺、周才等人的血缘联系，以及周兴裔家族由道州而江州、而苏州（时

---

① （明）周与爵辑：《宋濂溪周元公先生集》卷 2《元公世系图》，中国国家图书馆藏万历四十二年刻本。
② （明）周与爵辑：《宋濂溪周元公先生集》卷 12《和州观察使武功大夫行实》，中国国家图书馆藏万历四十二年刻本。

称平江府）常熟县的迁居情况，都作了明确表述。

周与爵编纂《宋濂溪周元公先生集》已在明朝晚期，之前的一些周子文集实际已载录苏州周子后裔的一些世系。如前述鲁本《周氏族谱》的"濂溪宗派后图"，就记有苏州周子支系，与周与爵本《世系图》相合。兹整理如下：

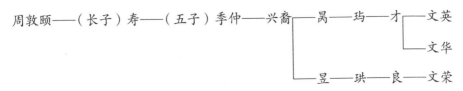

周敦颐——（长子）寿——（五子）季仲——兴裔——昺——玙——才——文英
——文华
——昱——珙——良——文荣

文华——景凤、景麟——通、宏、达——允、充、兑——中、直、恭
文英——南——敏——汝、浦、渊、源——经、维、纲、继*

*周南之父"文英"在图表中漏刻，兹据其他相近资料补充。

除了不列"兴裔"之弟"兴宗"和世系要短促一些外，这里的其他内容反较周与爵本《世系图》要详细。承袭鲁承恩本而来的万历二十一年（1593年）本《濂溪志》卷10《濂溪世系》，也同样载录了上述世系名录。

尽管这些周子文集所列苏州周子后裔的世系非常清晰，前后连贯，不可轻易否定，但我们如果对比现存两部宋刻周子文集载录的《家谱》《世家》，就不能不对周季仲与周兴裔的联系产生疑惑。为什么呢？因为这两部宋刻周子文集对周子长子周寿一支的记录，都止于其子辈季仲一代，对兴裔及其后人只字不提。

南宋晚期的《濂溪先生集》首列《濂溪先生周元公家谱》，在记载周寿的六子中，有五子记其卒或卒岁，不言其子嗣，仅第五子季仲之下明言其"娶陶氏，二子未名"。[①] 更晚的宋刻十二卷本《元公周先生濂溪集》卷首有《濂溪先生周元公世家》，载录情况与上述《家谱》略同，记载周寿六子的具体情况

———————————
① 佚名编：《濂溪先生集》卷首《濂溪先生周元公家谱》，中国国家图书馆藏宋刻本。

也大体相同，季仲之下述其"娶陶氏，二子"，已删"未名"二字，但并未列出具体的名字；周寿六子下面画有矩形方框，内有"此六位遭建炎之厄，不知去向"的说明文字。这让人难以置信。为什么呢？因为既然"不知去向"，怎么除季仲外，四人都有明确的年岁：长子伯逵"年三十"、次子虞仲"年四十五"、四子季友"年三十九"、六子季次"年三十"。且从年岁来看，他们显然也不是在建炎年间（1127—1130 年）一同或先后失踪、死去的。①

虽然这段说明文字可疑，但这两部宋末编印的周子文集所载周子世系情况均出自周氏族谱，似乎确实能够反映出周寿一支在南宋初期的战乱中遭到了沉重打击，与周焘一支似乎失去了联系，以至他们在族谱中的情况就定格在南宋初期周寿儿子一辈了，后来的族谱（限于宋末的江州周氏）再也没有记载他们后人的名字，甚至季仲二子究竟是什么名字，直到宋末周子文集编修时也不清楚。

不仅宋代的周子文集和族谱没有载录周季仲二子的名字，笔者遍检其他宋代文献，亦不得见，甚至连周兴裔的名字也没有。周兴裔及其与周季仲的父子关系，目前最早的记载见于元代。

上述周兴裔曾孙周才，是宋末元初人，元人郑僖（天趣）曾为其撰写《墓志铭》，言其世系情况是：

周敦颐——寿——季仲——兴裔——禺——玙——才——文华、文英——景凤、景麟、南

这与上述周子文集和族谱所载相合。而且这篇《墓志铭》在记述了周才的"六世祖惇颐""五世祖寿""高祖季仲"之后，还写道：

---

① 《元公周先生濂溪集》卷首《濂溪先生周元公世家》，第 1 页。

曾祖兴裔，武功大夫、和州观察使、带御器械，扈跸南渡。始居余杭
之石濑，复领侍卫马军都虞候，驻扎平江。没于王事，敕葬常熟虞山之
东。祖曷迪功郎，常熟县丞，因家焉。①

这是目前所见关于周兴裔的最早记载，内容与前述周与爵《宋濂溪周元公
先生集》卷12《和州观察使武功大夫行实》相合；虽然文字更简单，但联系前
后文通而观之，周季仲与兴裔的父子关系、周兴裔周曷父子由江州而至苏州常
熟县定居的情况，还是非常清楚的。

但这篇《墓志铭》对周兴裔的叙述似乎有些不合常理，颇让人生疑：

第一，周兴裔在随宋高宗南渡时已是"武功大夫、和州观察使、带御器
械"，之后又"领侍卫马军都虞候，驻扎平江"，是典型的高级将领；他之"没
于王事"，亦属光荣之烈士；得皇帝"敕葬"，更是流芳之举。如此地位和名
声，何以不见载于周氏族谱？何以在浩如烟海的南宋文献中只字不提？特别是
考虑到宋高宗一朝文献传世甚富的背景，更是让我们不敢相信当时有此高官。

第二，周才卒于元朝"元贞乙未"即公元1295年，"年五十有七"②，则其
生年当在南宋宝祐五年（1257年），此距周兴裔活动的两宋之交足有一百多年，
若非周兴裔、周曷、周玙三代都是高龄得子，则从周兴裔到周才岂止短促的
四代？

基于上述疑点，笔者认为，周兴裔其人作为周子四世孙、作为苏州地区周
氏始祖，我们固然不宜否定，但至少他的光荣历史、他迁居苏州常熟县的时间
则需重新考量。或许这样的推测更接近事实：周兴裔的父辈在遭遇南宋初期的
战乱中要么死去，要么流落他方，年幼的周兴裔后来转徙各地，一生艰难，卒

---

①② （元）郑天趣：《故宋沿江制机检查水步兵周君墓志铭》，（明）都穆编：《吴下冢墓遗文》
卷1，中国国家图书馆藏清鲍始知不足斋抄本。

葬苏州常熟县虞山，时间或许已至南宋中期的光宗（1189—1194 年在位）前后；后来其子周昺出任常熟县尉，遂在此定居；其后人周才及其子周文英在经历宋元更替之后迁居苏州城（详后述），出于在新朝（元朝）新居（苏州城）更好发展的需要，便开始重新塑造其始迁之祖周兴裔，附会出上述种种光辉。

那么，周才父子的塑造是凭空想象，还是有原型可依呢？

有趣的是，笔者在翻检文献时，发现同样葬于苏州常熟县虞山的南宋武将周虎的事迹，颇与此周兴裔相似。南宋名臣刘宰曾为周虎撰《故马帅周防御圹志》，言其"世家临淮"，靖康之乱后"南徙于苏"，是庆元二年（1196 年）的武状元；开禧三年（1207 年）"知和州"时曾大败金军；"明年四月，特转武功大夫。……（嘉定）四年闰二月，除侍卫马军都虞候。五年五月，除带御器械，兼干办皇城司"；"官自秉义郎十转而至和州防御使"，卒后葬于"常熟县虞山之阳"。① 稍加比照即可发现，此周虎的诸多官名和葬地，与上述周兴裔何其相似乃尔！可见周才父子对周兴裔的塑造，当是借用了周虎其人。

朝代的变迁，居地的转徙，周虎后人的平庸化（已不见文献记载），这些正好给予了周才父子塑造祖先形象时嫁接的机会。无数事实证明，历史人物一旦被改写塑造，其新的形象便会长期流传以至固化。苏州始祖周兴裔这一重塑的高大形象，便在之后的周氏家族中代代流传。

如明朝初期的东阁大学士吴沈在为周才之孙周南（或称周南老，元末明初人）作《墓碣铭》时，一方面延续了之前的世系记载：

周敦颐——寿——□——兴裔——昺——玙——才——文英——南老——敏——汝、浦、渊、源

---

① （宋）刘宰：《漫塘文集》卷 32《故马帅周防御圹志》，民国嘉业堂丛书本。

一方面又继承了前辈对周兴裔的塑造:

> 至(寿)孙兴裔,和州观察使、侍卫马军都虞候、驻扎平江等处,死
> 节王事,敕常熟虞山之麓葬焉,故今为姑苏人。先生高祖讳昺,迪功郎、
> 常熟县尉。①

尽管苏州周子后裔的始迁之祖周兴裔并没有家族内部塑造的这么高大,迁居苏州常熟县的时间可能不是南宋初期而是南宋中期,但这支周氏是周敦颐直系后人的看法,则在元明时期的苏州地区得到了广泛认可。如常到周南老家论道的书画名家倪瓒,与周南老及其儿子周敏(字逊学)关系至密,明确说周敏是"宋道国公濂溪先生之裔"②。与周南老一同诵诗读书的陈基在明朝开国的洪武元年(1368年)为周南老作记,云其"裔出故宋汝南周先生元公"③。为周敏作传的时人金珉也说"其上世道州春陵人",是"濂溪先生之十世孙"④。不仅民间如此,朝廷也予以认同。如王直在为周南老孙辈周浦建立的崇本堂作记时就说:"正统元年(1436年),朝廷尊崇儒道,凡圣贤子孙皆复徭役,其秀茂者收录之,恩礼至厚也。先生(周敦颐)子孙之在姑苏者,初由道而徙,郡守况侯验其实,皆复之。"⑤同时,从前述明朝中期编纂的鲁本《族谱》详载苏州周子世系来看,道州方面的周子后人这时也认同了这支苏州周子后裔。

但是,从明初以来的一些苏州地方文献,对苏州周子后裔世系的记载却存

---

① (明)吴沈:《周先生墓碣铭》,(明)钱谷编:《吴都文粹续集》卷39,文渊阁《四库全书》影印本。
② (元末明初)倪瓒:《清閟阁遗稿》卷11《题天香深处卷后》,明万历刻本。
③ (明)陈基:《拙逸斋记》,(明)周与爵辑:《宋濂溪周元公先生集》卷14,中国国家图书馆藏万历四十二年刻本。
④ (明)金珉:《天根月窟道者传》,(明)周与爵辑:《宋濂溪周元公先生集》卷14,中国国家图书馆藏万历四十二年刻本。
⑤ (明)王直:《崇本堂记》,(明)钱谷:《吴都文粹续集》卷14,文渊阁《四库全书》影印本。

在一些混乱的情况，有必要加以重新梳理辨析。如洪武十二年（1379年）编修的《苏州府志》，有周才、周文英小传，所言周才生平事迹基本上与前引《周才墓志铭》一致，应是同一人无疑，但这里却说"尝领沿江制机检察水步兵"的周才是"宋吏部尚书武仲五世孙"，其子周文英是"武仲七世孙"（"七"应为"六"之误书）。① 根据这两篇传记，可以把他们的系谱图示如下：

周武仲——□——昺——□——才——文英

周武仲在洪武《苏州府志》卷33中也有传记，明言其为福建浦城人，在南宋初卒于扬州官舍，"卜葬"于苏州吴县；卷四十四又言其墓在吴县，"杨中立铭"。杨中立即理学家杨时，其《龟山集》卷36确有为周武仲所写的《周宪之墓志铭》，内容与洪武《苏州府志》卷33的《周武仲传》相同。

洪武《苏州府志》卷2有"道山"条，说在"在（吴）县东南二十里落星泾上，山左有濂溪先生道国公祠。……裔孙文英葬祠侧"。这里明确把周文英列为周子"裔孙"。《府志》卷44又有周兴裔墓的记载："宋武功大夫、和州观察使周兴裔墓，在虞山北积善乡。孙才沿江制机检察水步兵，才夫人史氏，同祔焉。在常熟县。"这里把周才作为周兴裔之"孙"，完全不提周武仲，似乎与其无关了。显然，洪武《苏州府志》关于周才、周文英先辈的记载前后有异，疑问明显。之后弘治年间（1488—1505年）编修的《常熟县志》卷4也有周才（作周材）小传，承袭了洪武《苏州府志》所谓周才是宋"吏部尚书武仲五世孙"的记载。②

正德年间（1506—1521年），苏州名臣王鏊又编修《姑苏志》，卷50有周

---

① （明）卢熊纂修：(洪武)《苏州府志》卷10《周文英传》、卷37《周才传》，明洪武十二年刊本。
② （明）杨子器编：(弘治)《常熟县志》卷4《周材传》，清钞本。

武仲、周才小传，与洪武《苏州府志》的传记基本相同，其中说周武仲"子孙多居于吴。曾孙昺为常熟尉，昺孙才"①，虽与洪武《苏州府志》所言周才为"武仲五世孙"有一代之差，但说周才是周武仲之后则是一致的。《姑苏志》卷34也有周兴裔墓的记载："和州观察使周兴裔墓，在虞山北积善乡。孙沿江制机检察水步兵才祔。"这两处关于周才先辈的记载明显有异，应当是承袭自洪武《苏州府志》，遂留下相同的矛盾。

不过有趣的是，正德《姑苏志》卷27的"濂溪祠"条，利用正统年间（1436—1449年）名臣王直的记文写道："初，茂叔孙兴裔以和州观察使驻扎平江，奏立祠于吴县胥台乡，后其裔孙文英、南老屡复而卒废。"②这里直言周兴裔、周文英、周南老都是周敦颐（字茂叔）后裔。卷54还有周南老小传，云其"本道州人，濂溪先生之后，宋季徙吴。祖才，父文英"。这便出现了前后记载的矛盾，前引《姑苏志·周才传》说周才、周文英是周武仲之后，这里又说是周敦颐后人。之后隆庆年间（1567—1572年）苏州人张昶编纂《吴中人物志》，卷9有周才小传，内容与正德《姑苏志·周才传》同，仍说周才是周武仲"五世孙"。③

应该说，从洪武《苏州府志》开始以来的这些苏州地方文献，对苏州周子后裔世系的记载是存在矛盾的。其实，对比前引周才、周南老墓铭，周才、周南老绝非宋史部尚书周武仲之后，而是周子四世孙即江州周兴裔后人。

那么，这些矛盾的记载是如何形成的呢？前及元末明初书画名家倪瓒的一些记载，或可释此疑惑。他在专为周南老儿子周敏的天香深处画卷作跋时，既言其是"宋道国公濂溪先生之裔"，又说他"有八世伯祖寓建宁之浦城，登绍

---

① （明）王鏊纂：（正德）《姑苏志》卷50《周武仲传》，文渊阁《四库全书》影印本。
② 王直的记文名《崇本堂记》，今载（明）钱谷《吴都文粹续集》卷14，文渊阁《四库全书》影印本。
③ （明）张昶编：《吴中人物志》卷9《逸民·周才传》，明隆庆四年张凤翼、张燕翼刻本。

圣四年乙未科，仕至礼部尚书"。① 联系到前及杨时《周宪之墓志铭》所谓周武仲"为浦城人""绍圣四年登进士第"和官至"吏部尚书"等信息来看，这位"八世伯祖"必是前述福建浦城人周武仲（卒葬苏州吴县，子孙亦家于此）。周武仲与周敦颐两家及其后人在宋代不见有交集，而这里的周武仲已是周敦颐后人周敏的"八世伯祖"。这说明了什么呢？笔者认为，说明入元之后均居吴县同为周姓的这两家很可能已经通谱，按辈分周武仲是周敏的"八世伯祖"。

两家通谱是有基础的。杨时《周宪之墓志铭》述周武仲先世说："其先本周苗裔，平王东迁，次子烈封汝坟，秦灭周，以汝坟为郡，子孙因家焉。"② 而周敦颐在当时即有"汝南周茂叔"之称，南宋度正所作《周子年表》，述其先世也说："维周氏之先，自帝喾生后稷，至太王邑于周，后遂以为氏。汉兴，封周后于汝南，先生盖其后也。"③ 这里的"汝坟""汝南"实际是同郡，两者关系最简明的表述是唐朝杜牧所记："周平王次子烈封汝坟侯，秦以汝坟为汝南郡，侯之孙因家焉，遂姓周氏。"④ 大约正因为如此，同居吴县、同以汝南为郡望的这两家周氏遂在元代通谱为一个宗族了。上引鲁本《族谱》的周冕《周氏支系》也写道："盖周始自姬……以国为姓。平王东迁，以子烈封汝南侯……子孙繁盛，散处他郡，有居浦城阳陵者，其一明经进士虚舟者，来处之遂昌。唐永泰中，次子崇昌、廉白二州太守者，从道之宁远，卒葬旺冈。……子墀登进士第，为集贤殿学士。七世而从远适营道县濂溪保，读书治赀产而占籍焉。"这里虽着重于其祖宗周敦颐先世之由来，但明显将周武仲所居之浦城县与周敦颐所居之营道县联系了起来，这在宋代周敦颐的墓铭和年表中都不曾有过，应

---

① （元末明初）倪瓒：《清閟阁遗稿》卷11《题天香深处卷后》，明万历刻本。
② （宋）杨时：《龟山集》卷36《周宪之墓志铭》，文渊阁《四库全书》影印本。
③ （宋）度正：《濂溪先生周元公年表》，《元公周先生濂溪集》卷末，第231页。
④ （唐）杜牧：《樊川集》卷7《唐故东川节度使检校右朴射兼御史大夫赠司徒周公墓志铭》，《四部丛刊》本，上海：上海书店出版社重印本，2015年。

该是元代两家通谱之后的产物。

正因为周敦颐和周武仲两家已经通谱，周敏认周武仲为"八世伯祖"，两支周氏关系至密，所以倪瓒在为周敏天香深处画卷作赋时，又直言周敏是"有宋尚书之子孙"。①不过联系到前述"八世伯祖"说，这里的"子孙"只是泛称，并非直系后裔。明乎此，我们就不难理解上述洪武《苏州府志》以来的一些地方文献对周敏先辈周才、周文英或记为周敦颐之后，或记为周武仲之后了，后者实际是将本是泛称的"有宋尚书之子孙"加以坐实而误记罢了。只是可怪的是，鲁本《族谱》居然在"濂溪宗派后图"中的周敦颐子辈中录有周武仲，列为周敦颐父辈周怀铎次子周彦之子，又在"谱传类"中专列周武仲传，末尾明言"备载龟山杨先生所撰墓志云"，则明显是乱点鸳鸯谱了！

四、苏州周子后裔的居地变迁

从前引洪武《苏州府志》和正德《姑苏志》对周兴裔墓的描述来看，从周兴裔到周才四代人，死后都葬于常熟县虞山，即前引《和州观察使武功大夫行实》所谓的"祖孙四世祔葬虞山"。这似可说明，他们一直是住在常熟县的。具体在常熟县哪里呢？前引弘治年间编《常熟县志》卷4《周材传》载："其先汝南人，祖昺为常熟尉，遂家县之吴塘里焉。"这是说从周昺开始，就住在常熟县的吴塘里。前引元人郑僖《周才墓志铭》说其晚年"筑室吴塘之曲"，"择名师以教二子"。②这说明直到周才之时，他们一家还住在吴塘里。

有记载表明，周才后来又携子文英离开了常熟吴塘，迁居吴县。前及元末

---

① （元末明初）倪瓒：《清閟阁遗稿》卷6《赵善长氏妙于绘事以荆关法为逊学周君画天香深处图复赋此篇》，明万历刻本。

② （元）郑天趣：《故宋沿江制机检查水步兵周君墓志铭》，（明）都穆编：《吴下塚墓遗文》卷1，中国国家图书馆藏清鲍始知不足斋抄本。

明初与周才后人周南老、周敏过从甚密的倪瓒，在专为周敏天香深处画卷作跋时写道：周敏"高祖始来居吴，祖紫华先生……葬常熟虞仲山下。后二十七年，冢为盗所发……因改葬吴县道山之原"。① 这里的"祖紫华先生"即是周文英，因此"高祖"必是周才。其意是说从周才开始就迁居吴县了，其子周文英原来葬在常熟县虞山祖茔，后改葬吴县道山，裨便已经"居吴"的子孙们守墓祭祀。

周才之时已迁吴，还可从周文英年轻时与道士幸先生一段交往的记述中得到佐证。史载："至元戊子，幸先生过吴城，至紫华家。"② 据前引《周才墓志铭》，周才卒于"元贞乙未"即 1295 年，则"至元戊子"即 1288 年尚健在。这就进一步证明早在周才之时他们一家已迁居吴县，而且是住在县城（"吴城"）。具体时间可能在宋末，如记述周文英幼子周南老生平的《拙逸公行实》开首曰："拙逸讳南老，字正道，本道州人，濂溪先生九世孙。宋季，徙居于吴。祖才，父文英，自有传。"③

由上可知，迁居常熟县的周异一系在周才（周子七世孙）时已"徙居于吴"，具体时间在"宋季"，具体地点在吴县县城。由于吴县与苏州同治一城，所以王直在为周南老孙辈周浦建立的崇本堂作记时，曾说周文英死后"祔于道山，子孙因家苏城中"④，即全家居住在苏州城。

三百余年后，至明代晚期周子十七世孙周与爵，有感"家庙规制陋隘，非所以副历朝隆重之典"，遂向官府呈请重建濂溪祠堂。在苏州和长洲县官府的

---

① （元末明初）倪瓒：《清閟阁遗稿》卷11《题天香深处卷后》，明万历刻本。前引吴沈《周先生墓碣铭》说周南老死后"葬吴县星泾道山先茔之次"。这里的"先茔"，即指其父周文英茔。
② （明）张昶编：《吴中人物志》卷11《列仙·周文英传》，明隆庆四年张凤翼、张燕翼刻本。
③ （明）周与爵辑：《宋濂溪周元公先生集》卷13《拙逸公行实》，中国国家图书馆藏万历四十二年刻本。
④ （明）王直：《崇本堂记》，（明）钱谷：《吴都文粹续集》卷14，文渊阁《四库全书》影印本。

支持下，经过一年的营建，"濂溪世祠" 终于在万历二十七年（1599 年）二月落成，地点在长洲县城弦歌里。[①] 自此之后，至少周与爵一家就迁居长洲县城弦歌里了，所以为周与爵《周元公世系遗芳集》作序的时人徐可行说：与爵 "侨居长洲之弦歌里，祀守元公祠，以世其统"。[②] 由于长洲县也与苏州同治一城，所以实际上 "世其统" 的周与爵一家还是住在苏州城里。

结　语

至此，我们已将江州周氏宗族在南宋至元明时期数百年间的迁徙情况作了尽可能翔实的梳理，从中可见这一宗族虽有 "理学开山" 在其前，但后续的发展绵延仍然很不容易。他们迁徙的原因复杂，有宋以来官僚常见的 "以官为家"[③]，有历史上普遍的躲避战乱的无奈，更有以名贤后裔身份移徙守墓、祭祀祖先的旧俗。具体说来，两宋之交的战乱是对江州周氏宗族的第一次巨大冲击，周子长子周寿一系遭受重创，其六子中五子在族谱中不见有子嗣，第五子季仲之子周兴裔（周子四世孙）或背井离乡，艰难一生，在南宋中期的光宗（1189—1194 年在位）前后卒葬苏州常熟县虞山，是苏州周子后裔的始祖；后其长子周昺因任常熟县尉之故，遂家于此。留居江州的其他周子后裔，目前所见主要是周焘一系，则在南宋后期再度发生迁徙，周焘长子周绩后人周洵（周子五世孙）携全家返回道州发展；继续留居江州的周子后裔虽然得到以权臣贾似道为代表的朝廷扶持，但长期处于 "弗振" 的状态，并在元朝末年的兵乱中

① 参见（明）申时行《重建濂溪先生世祠记》，顾其志《宋周元公祠记》，诸寿贤《苏州府重建濂溪祠碑记》，胡士容《重修濂溪周先生祠记》，均载（明）周与爵辑《宋濂溪周元公先生集》卷 11，中国国家图书馆藏万历四十二年刻本。

② （明）徐可行：《周元公世系遗芳集序》，（明）周与爵辑：《周元公世系遗芳集》卷首，附载《宋濂溪周元公先生集》卷 11 前，中国国家图书馆藏万历四十二年刻本。

③ （宋）文天祥：《文山先生全集》卷 10《跋李氏谱》，四部丛刊本。

散走他方。这应该是江州周氏宗族遭受的第二次巨大冲击，目前仅知周子九世孙周铅得逃至江州瑞昌县，继续繁衍发展，以至原来的江州故地竟长期没有周子后裔居住。直至明代中期，才在江西和湖广两地各级官府的协调下，从道州请回周子十三世孙周伦，在江州（时称九江府）为周子守墓，时在弘治十六年（1503 年），之后周伦与避居瑞昌的周子后裔相认，"同奉祀事"，共续濂溪血脉。而在南宋中期迁至常熟县的周昺一系，也因各种原因而在苏州地区内多次迁徙，其孙周才（周子七世孙）亲历宋元更替之际的战乱，晚年携子周文英迁居吴县，住在县城，"子孙因家苏城中"。至十七世孙周与爵时，因在万历二十七年（1599 年）于长洲县城弦歌里新建濂溪世祠，遂以"祀守"身份而侨居弦歌里。吴县、长洲县和苏州府同治一城，所以实际也可说从周子七世孙周才时，就已开始家于苏州城里了。另外，常熟县、吴县和长洲县在明代都是苏州府属邑，因此还可以说，苏州这支周子后裔，从江州周兴裔（周子四世孙）卒葬苏州地区开始，直到十七世孙周与爵辈，历经宋元明三朝数百年，长期都在苏州地区绵延发展。其间是否有族人外迁，现在还不得而知；晚明以后他们又如何迁转，则待另文探究。

据笔者所见，一些文献还有江州周氏宗族在宋代迁居其他地方的记载。如清乾隆二十八年（1763 年）广东人周星聚在为其族人仿刻明万历二十一年（1593 年）本《濂溪志》作序时就说："初，先生通判广州，粤人赖之，后归庐山，其一子遂家于粤，吾粤所以有先生真派者由此。"[①] 此说以为周子二子中已有一子迁居广东。清末周以均等纂《浙江会稽越城周氏支谱》，说自己是周子次子周焘的第二子周絪之后，并说周絪改名周彝，"绍圣丁丑进士，积官礼部

① （清）周星聚：《修濂溪志书序》，周南等重修：《濂溪志》卷首，河南省新乡市图书馆藏清乾隆二十八年刻本。此本由河南师范大学历史文化学院乔东山博士代为查阅，并得到河南省新乡市图书馆副馆长王慧敏先生帮助，谨此致谢！

侍郎，出知祥符，留居东镇关外"，^① 即迁居开封府的祥符县（治今河南开封市祥符区）；其子周靖在宋室南渡后先居杭州，后迁绍兴府诸暨县（治今浙江诸暨市）盛厚里的紫岩山；之后子嗣繁衍，散居各地。清代乾隆年间周复源等纂修的《江苏无锡锡山周氏世谱》（清乾隆五十七年刻本），自认为其始祖是周子六世孙周应（谱称"四一公""溪园公"），开庆元年（1259 年）进士，历知建康府事、制置安抚使，在南宋晚期由道州迁居无锡（治今江苏无锡市），"占籍锡之景云乡"。^② 这些族谱内容丰富，信息量大，是研究周氏宗族文化的重要资料，但关于其始祖及其迁徙路线的记载是否可靠，成因如何，则还需要其他更多资料的发掘和佐证。

（原载《西北大学学报》2022 年第 2 期）

---

① 《旧谱自序》，（清）周以均等纂《浙江会稽越城周氏支谱》卷首，光绪三年木活字本。
② （宋）陆秀夫：《溪园公行略》，（清）周复源等纂修《江苏无锡锡山周氏世谱》卷首，乾隆五十七年刻本。

周敦颐与四川

周敦颐与北宋蜀地学者的交往

——附周敦颐佚诗三首

北宋中期，即宋仁宗嘉祐元年（1056年），被后世奉为"理学开山"的周敦颐入蜀为官，出任川东军事要地合州（治今重庆合川）的签书军事判官厅公事，四年后离任。此时的周敦颐虽然还缺乏南宋以来的耀眼光芒，但在学术思想和气象上已展露出不寻常的一面。早在20多岁时，周敦颐出任洪州分宁县（治今江西修水）主簿，受命外出代管附近的袁州庐溪镇市征局时，就吸引了不少当地学子，所谓"袁之进士多来讲学于公斋"[1]。30岁时，周敦颐为南安军（治今江西大余县）司理参军，得到代理南安军通判的程珦的特别赏识，以为"气貌非常人"，"果为学知道者"[2]，并命二子程颢、程颐兄弟从其问学，奠定了他们后来成为理学名儒的根基。学养不凡的周敦颐入蜀后也很快与一批蜀地学者建立了联系，相互间进行学术的切磋砥磨和传承授受。据记载，当时与周敦

---

[1] （宋）周敦颐：《彭推官诗序》，载湖南省濂溪学研究会依据宋刻本整理的《元公周先生濂溪集》卷6，长沙：岳麓书社，2006年，第102页。

[2] （宋）程颢、程颐著，王孝鱼点校：《二程集·河南程氏文集》卷12，北京：中华书局，1981年，第651页。

颐有交往的蜀地学者中，有姓名可考者八人，大体分为三类：一是周氏的同事和属僚，即时任知合州的何涉、任铜梁县令的吕陶、赤水县令的费琦和石照县令的王梦易；二是当地和附近的部分士子，所知有合州人张宗范、何平仲和遂宁人傅耆；三是周氏的姻亲蒲宗孟。另外，后来周敦颐还与成都人李大临有过交往。周敦颐与这批蜀地学者的交流讲论，丰富了正在崛起的蜀学的内涵，特别是在南宋理学大发展的情势下，这一历史积淀更成为四川地区乃至全国理学发展的重要推动力量，影响深远。过去虽然已有一些学者（包括笔者）谈及这一问题①，但限于资料，论说尚有不足。兹谨在深入发掘有关资料的基础上，草成本文，冀对此问题的研究有所推进。最后笔者将搜得的三篇周敦颐佚诗也一并附上，希望有助于相关的研究。

一、周敦颐与同事何涉、属僚吕陶等人的交往

周氏初入蜀时，由何涉任知合州，二人曾有一年多的共事时间②。何涉（生卒年不详）字济川，南充人，著有《济川集》等。其人并非俗吏，而是有相当的学术涵养。《宋史》本传谓其"泛览博古，上自'六经'、诸子、百家，旁及山经、地志、医卜之术，无所不学。一过目不复再读，而终身不忘。人问书传中事，必指卷第册叶所在，验之果然"，"长厚有操行，事亲至孝，平居未尝谈人过恶。所至多建学馆，劝诲诸生，从之游者甚众。虽在军中，亦尝为诸将讲《左氏春秋》，狄青之徒皆横经以听"。③周氏与学养如此深厚之人相处，自然免

---

① 参见胡昭曦、刘复生、粟品孝《宋代蜀学研究》，成都：巴蜀书社，1997年，第72—73页；蔡方鹿《宋代四川理学研究》，北京：线装书局，2003年，第24—34页。
② （宋）度正：《濂溪先生周元公年表》"嘉祐三年"条，《元公周先生濂溪集》卷末，第234页。
③ （元）脱脱等：《宋史》卷432《何涉传》，北京：中华书局点校本，1977年，第12842—12843页。

不了学术的切磋。而且，周氏门人傅耆在给周氏（时在合州）的一信中写道："唱和诗、《济川集》皆已写讫……即得拜纳也。"①这又表明，周氏曾读过何氏的文集，二人还有诗歌的唱和。基于这些因素，我们似乎可以说，周敦颐与何涉交往的学术含量可能不低，说不定周氏还多少受到何氏思想的影响。

吕陶（1027—1103 年）字元钧，号净德，成都人，皇祐元年（1049 年）进士。他比周敦颐小 10 岁，时任合州铜梁县令。今存《贺周茂叔弄璋》和《送周茂叔殿丞并序》两篇诗文，反映出他们二人的交往情况。其中《送周茂叔殿丞并序》是为送别周氏离任所写，由一首五言律诗和一篇长序组成。其序对周氏学问、政事和人品都有很高的评价：

> 舂陵周茂叔，志清而材醇，行敏而学博，读《易》《春秋》探其原，其文简洁有制，其政抚而不柔。与人交，平居若泛爱。及其判忠谀、拯忧患，虽贲育之力，莫亢其勇。潴之深，流必长；趋之端，适必远。广而充之，斯民有望焉。然而常自诵曰："俯仰不怍，用舍惟道。行将遁去山林，以全吾思。"其信道笃而自知明欤！②

这些评价在潘兴嗣的《濂溪先生墓志铭》、蒲宗孟的《濂溪先生墓碣铭》和清江孔延之的《邵州新迁州学记》③中大体也能找到，除了说明吕陶对周氏确实相当了解外，不足为奇。

该文更为重要的信息是，吕陶对周氏在当时的学术地位和未来的可能走向

① （宋）傅耆：《与周茂叔书》，《元公周先生濂溪集》卷 6，第 103 页。
② （宋）吕陶：《送周茂叔殿丞序并诗》，《元公周先生濂溪集》卷 7，第 117—118 页。按，文渊阁《四库全书》影印本吕陶文集《净德集》卷 29 所收《送周茂叔殿丞并序》的文字与此略异，"其文"无"其"字，与下文"其政"不偶；"信道笃"为"信道焉"，与下文"自知明"也不相应，显非善本，此不从。
③ 分见《元公周先生濂溪集》卷 8，第 135—136 页；卷 6，第 101 页。

有独到的认识。他在序文的开头就说："君子能信道，不能必信于人；能自知，不能必知于人。得乎中不夺于外，环视天下而轻重在己，死生贵贱，否泰休戚，未尝少迁其思索，以戾其趣尚，故能也。"接着在列举了一些古人的例证后又说："君子之道，虽晦必明，虽屈必伸。盖圣人之待天下，必推之以至公而教存焉。"后文又有"或知之，或不知之，其君子之所不能欤！以君子之所不能，于君子何损益焉？惟知者可与言其然，惟不知者亦可与辩其不然"，最后的诗篇中还有"未易泛沧浪，时平斯道尊"之语。综括这些语言来看，无非是说，周敦颐属于"信道""自知"一类的"君子"，具有坚定的道学操守，精神风貌不同凡响；其人其学虽然在当时不易为人所知，但作为"君子之道"，"虽晦必明，虽屈必伸"，终有大放光彩、"时平斯道尊"的一天。联系到周氏在生前与身后、北宋和南宋迥然不同的地位，吕陶的这一说法无疑带有很强的预见性，而这恰是当时其他学者没有意识到的。

吕陶为文反对"侈词夸说"，主张"资治理之用"，治学则"以简易为宗"①，实与周敦颐为文简洁、主张"文以载道"的思想相通。结合周、吕二人的交往经历，说吕陶接受了周氏思想的一些影响，或许并不过分。

周敦颐与成都人费琦（1027—1080年）的交往也值得注意。费琦时任合州赤水县令，与吕陶"同郡又同为皇祐中进士"，"家甚贫，能力学，为辞章，声名闻闾里，举乡进士，在第一"②，可见是有学术水平的。他与周敦颐曾一起游龙多山，有唱和诗篇8首③。其中《喜同费君长官游》两篇唱和诗意在抒发各自的志趣爱好，颇可玩味。周氏云：

　　　　寻山寻水侣尤难，爱利爱名心少闲。此亦有君吾甚乐，不辞高远共跻攀。

① （宋）吕陶：《净德集》卷10《应制举上诸公第一书》，文渊阁《四库全书》影印本。
② （宋）吕陶：《净德集》卷24《朝散郎费君墓志铭》，文渊阁《四库全书》影印本。
③ 均载《元公周先生濂溪集》卷6，第106—107页。

费琦和诗云：

　　平生癖爱林泉趣，名利萦人未许闲。不是儒流霁风采，登山游骑恐难攀。

这两篇唱和诗反映出二人具有共同的淡薄名利、喜爱山水的志趣，他们一生主要都任官州县，沉沦下僚，似乎与此不无关系。其中费琦对周敦颐"儒流霁风采"的评价，与后来常被引用的黄庭坚"光风霁月"的论评也有相近之处。

另外费琦对周敦颐的才思敏捷也叹赏不已，曾将其与西汉大辞赋家司马相如并提，有诗为证："夫君落笔尽珠玑，不比相如意思迟。从此合阳须纸贵，夜来新有爱山诗。"①其中在"不比相如意思迟"一句下自注："君只于肩舆往还，遂成三章，其俊敏如此。"

至于荣县人、合州石照县令王梦易（？—1086年）②，曾为周敦颐所写、刻于温泉寺的《彭推官诗序》"题额"，二人也必有交往。只是岁月荒远，已不见有更多记载了。

二、周敦颐与当地及附近士子傅耆等人的学术交往

傅耆（生卒年不详）字伯成，遂宁人，嘉祐六年（1061年）进士③，累官至知汉州。他"尝从周子游而接其议论"④，是周敦颐最得意的蜀中门人。现存有傅耆写给周氏的书信5封、与周氏唱和的诗篇2首，周氏写给傅耆的书信1

---

① （宋）费琦：《呈谢签判殿丞宠示游山之什》，《元公周先生濂溪集》卷6，第107页。
② 王氏情况见张商英《王梦易墓表》，载傅增湘《宋代蜀文辑存》卷14，香港：龙门书店影印本，1971年。
③ （明）万历《四川总志》卷11《潼川府·科第》将傅耆误为傅奇。许肇鼎《宋代蜀著作存佚录》又将其进士及第年份误为皇祐六年。成都：巴蜀书社，1986年，第159页。
④ （宋）度正：《书晦庵太极图解后》，《元公周先生濂溪集》卷3，第49页。

封、手谒 1 件①，从中反映出二人有较密切的学术交往。傅耆"少有俊才，年十四，荐于乡"②，深得时任遂宁府小溪县县令陆氏（周敦颐妻党）的赏识。陆氏在"解官东归"、路过合州时特地向周敦颐作了推荐，周氏遂主动致书与其联系，傅耆也特地到合州面见了周氏。虽是初次谋面，但傅耆却为周氏所展现的渊深学识大为折服，自称"曩接高论，固多余意，行思坐诵，默有所得。俾不遂溺于时习，而失于古道也"，并表示"必待再卜言侍，以卒其业焉"。这里的"时习"，当是致力科举。我们知道，早在庆历年间，当十五六岁的二程问学于周氏之后，即"厌科举之业，慨然有求道之志"③。可知傅氏之说反映了周氏一贯的重求道轻科举的教化思想。不过，正如二程没有即刻放弃科举一样，傅氏也没有完全脱除"时习"，自称"不得已"而"为时事所役，不克专一于道。日来复多作雕刻无益之词，以混吾常习"。尽管如此，周氏还是经常把自己的作品寄给傅耆学习，注意对傅氏的"开发"诱导，傅在回信中有"屡得观雄文，以为模范"之语。其中对周氏写于合州的《说姤》一文深为佩服，称其"意远而不迂，词简而有法"，认为堪与唐朝大文学家元结（字次山，719—772年）的文章媲美，"以之杂元结集中，俾识者观之，不能辨其孰周而孰元"④。即便是离开四川后，周氏仍然将自己的一些文章寄给傅耆。如在邵州（治今湖南邵阳）为官时，就把新近改过的《同人说》一文寄给时在嘉州（治今四川乐山）任官的傅耆，傅耆读后很受启发，认为"较以旧本，改易数字，皆人意所不到处"，并发出"宜乎使人宗师仰慕之不暇也"的感叹。⑤《说姤》又作《姤

---

① 均载《元公周先生濂溪集》卷 6，第 103—105 页；卷 7，第 117 页。
② （宋）度正：《濂溪先生周元公年表》，《元公周先生濂溪集》卷末，第 234 页。
③ （宋）程颢、程颐：《二程集·河南程氏文集》卷 11，第 638 页。
④ 周敦颐可能也受到来自元结的影响，参见杨金砖《周敦颐对元结、柳宗元文风人品的承继》，《现代语文》2006 年第 10 期。
⑤ 以上引文均见傅耆《与周茂叔书》《答卢次山书》，《元公周先生濂溪集》卷 6，第 103—104 页。

说》，与《同人说》一样，都是属于解《易》之作。这些作品或认为是周氏散佚的《易说》部分，或认为是其《易通》(即《通书》)的部分内容。不管怎样，"尤善谈名理，深于《易》学"①的周氏是以自己最擅长的《易》学授与傅氏，这就不能不说明他对傅氏的看重，也表明傅氏所得乃是周氏学术的精髓所在。

傅氏多次面谒周氏，又长期通过书信往来讨论学术、交流思想，故自感收获很大。他在《和周茂叔席上酬孟翱太博》一诗中这样写道："升堂听高论，惟愁日景促。经义许叩击，诗章容往复。荷公引重语，珉珉变良玉。……清谈已忘倦，佳篇又相勖。毕力为徒弟，强勉攀高蹠。"师生切磋共进的生动图景可谓跃然纸上。傅氏并表示愿意追随周氏的"行道"实践："异时公行道，其势不可独。首愿策疲蹇，助公施蕴蓄。舒张太平策，散作苍生福。此心答此惠，庶几不忝辱。"②尽管傅氏的学术探求并没有达到一流的水准，但还是名声在外，以至引起了侍父入蜀的理学家程颐的关注，程颐特地拜见了傅耆，并"手刺谒谢，为礼亦恭"③。通过傅氏，二程对周氏的学术特别是《易》学可能有更多的了解，而这一点还是研究周程授受之说的学者迄今尚未注意及之的。

除了傅耆以外，合州也有一些士子从游周氏，所谓"先生在合，士之从之者众矣"④。今所知有张宗范和何平仲。其中张氏较为突出，周氏称其"有行有文"，名其所居之亭曰"养心"，并作《养心亭说》，对张氏进行劝勉。其说为：

> 孟子曰："养心莫善于寡欲。其为人也寡欲，虽有不存焉者，寡矣；

---

① （宋）潘兴嗣：《濂溪先生墓志铭》，《元公周先生濂溪集》卷8，第136页。
② （宋）傅耆：《和周茂叔席上酬孟翱太博》，《元公周先生濂溪集》卷7，第117页。
③ （宋）度正：《性善堂稿》卷15《跋伊川先生帖后》，文渊阁《四库全书》影印本；（宋）朱熹著，郭齐、尹波点校：《朱熹集》卷84《跋度正家藏伊川先生帖后》，成都：四川教育出版社，1996年，第4319页。
④ （宋）度正：《濂溪先生周元公年表》，《元公周先生濂溪集》卷末，第234页。

其为人也多欲，虽有存焉者，寡矣。"予谓养心不止于寡焉而存耳。盖寡焉以至于无，无则诚立明通。诚立，贤也；明通，圣也。是圣贤非性生，必养心而至之。养心之善有大焉如此，存乎其人而已。

此说"大抵与《通书·圣学章》相表里"①，符合理学家"修养至圣"的思想，对张氏及当地其他士子均有教育感化作用。当时与周敦颐过从甚密的当地士子何平仲写有《题张氏养心亭诗》《留题养心亭诗》《和刘职方游张氏园亭诗》（已佚）②，说明此亭在当时是有影响的。

何平仲还写有《赠周茂叔》《闻茂叔中年有嗣以诗贺之》和《题茂叔拙赋》三首诗篇③。其中《赠周茂叔》有云："智深大《易》知幽赜，乐本咸池得正声""几年天下闻名久，今日逢君眼倍明"，反映出对周氏学问特别是其《易》学的推崇。而《题茂叔拙赋》云："伪者劳其心，关机有时阙。诚者任其真，安知拙为拙。舍伪以存诚，何须俟词说。"则意在发挥周氏《拙赋》宁拙勿巧、以拙为美、崇尚真诚的思想。

三、周敦颐与姻亲蒲宗孟的学术交往

蒲宗孟（1028—1093年）字传正，阆州新井（治今四川南充）人。皇祐五年（1053年）进士，官至尚书左丞。其父蒲师道为天圣八年（1030年）进士，家中藏书甚富。嘉祐四年（1059年），蒲氏有事路过合州，"与周君语，三日三

---

① （宋）魏了翁：《鹤山先生大全文集》卷44《合州建濂系溪先生祠堂记》，四部丛刊本。按：笔者过去曾说张宗范写有《养心亭题说》，"与《通书·圣学章》相表里"，并被朱熹编入《通书·附录》（见《宋代蜀学研究》，巴蜀书社1997年版，第73页），实际是对魏了翁记文的误读。今特此更正。
② （宋）度正：《记养心亭说后》，《元公周先生濂溪集》卷6，第99—100页。
③ 均载《元公周先生濂溪集》卷7，第121页。

夜。退而叹曰：世有斯人欤！"①对周氏一见推服。其时周氏刚刚丧偶，蒲氏遂在次年以其妹嫁之。因有这层姻亲关系，他们的交往当更密切。但现存资料不多，在他们的诗章往复中，仅存蒲氏英宗治平三年（1066年）正月写寄给周氏的10首诗篇②。当时周敦颐赴任永州（今属湖南）通判，路过武昌时作书给蒲宗孟，并以一轴新诗相寄，蒲氏得书后写下了这10首诗篇。其中第三首说周氏"喜静心长在，耽诗性最欢"、第七首说周氏"山水平生好，尝来说退居"，反映出周氏主静、喜诗、好山水之乐等一贯的生活情趣。第十首涉及学术："诗社久零落，所传毛、郑余。先生守章句，后辈老虫鱼。大义谁窥觎，微言尚阔疏。烦君来就索，但恨未成书。"反映出蒲氏鄙弃章句训诂、注重微言大义的经学思想，而且说明他当时正在致力于《诗经》的研究，并与周氏有所交流。蒲氏的《诗经》学后来似有成书，时人冯山（遂宁人）《与蒲宗孟传正察推》诗载："十篇《诗总解》，金玉自磨戞。往时草草读，恨不见本末。全编使我尽，万漏都一括。诸君好诗学，论议每相轧。破碎失本源，十尝见七八。圣途久荒废，怜君力锄铍。"③这里的《诗总解》，似指蒲氏作品，冯山对其评价颇高。

蒲宗孟与周敦颐交往结出的最大硕果当是蒲氏为周氏撰写的《墓碣铭》。此文虽然受到南宋朱熹的批评与删改④，认为其中谈及的周氏支持变法、喜好山水、喜好与方外人士交往等情况有损周氏的纯儒角色，但实际上却真实地记录了周氏的生平事迹，是珍贵的第一手资料。

另外，周敦颐晚年在寓居江西时曾与成都人李大临有交往。李大临（1010—1085年）字才元，嘉祐二年（1057年）进士，官至知制诰。为官"清

---

① （宋）蒲宗孟：《先生墓碣铭》，《元公周先生濂溪集》卷8，第136页。
② 均载《元公周先生濂溪集》卷7，第120页。
③ （宋）冯山：《安岳集》卷1《与蒲宗孟传正察推》，文渊阁《四库全书》影印本。
④ 蒲氏原文和朱熹的删改情况，均见《元公周先生濂溪集》卷8《先生墓碣铭》，第136—138页。

整有守"，直言敢谏，是著名的"熙宁三舍人"之一。他在出任江南西路转运使时，曾"以诗谒先生于濂溪书堂"。诗云："帘前翠霭逼庐山，门掩寒流尽日闲。我亦忘机澹荣利，喜君高躅到松关。"① 展现了他们淡泊名利的共同志趣。周氏很重这份友情，在李母过世时专作《慰李大临才元疏》②，表达哀思。至于他们是否还有学问上的相互探讨，则未见记载。

综上考述，周敦颐在四川虽然只有四年多的居官生涯，但却结识了不少有学问的蜀中之士，有的还保持了长期的学术交往，从而与蜀学发生了初步的联系。同事何涉"泛览博古""无所不学"，"从之游者甚众"；属僚吕陶、费琦也是"力学"之人；姻亲蒲宗孟出自书香门第、官宦世家，也很有学问。他们与周氏过从往还，自然或受周氏学术之惠，或对周氏学术有增益之功，同时也丰富了蜀学的内容。而周氏又依靠其渊深的学识吸引了一些蜀中弟子，如"少有俊才"的傅耆、"有行有文"的张宗范，周氏或通过面谈、或通过书信文章来"开发"劝勉他们，促使他们学更精进，从而有助于蜀学的向前发展。而且，从周氏的交往面来看，这些学者的籍贯散布于川东、川西和川北各地，通过他们，周氏的学术思想也开始在四川零星地传播，并成为南宋四川理学更大发展的基础。当然，由于此时理学才逐渐兴起，周氏的学术取径和学术成就还不大为人所知，所以周氏在当时的学术地位很低，之后相当长一段时间也没有学者加以抉发和宣扬，故而周氏对北宋蜀学的影响十分有限。况且当时蜀学还处于草创阶段，眉山三苏尚未崛起，整个四川地区的学术文化发展水平还比较有限，反映到周敦颐这些讲友、弟子们身上，就是成就不高，没有跻身一流，有些后来甚至默默无名，所以周氏对北宋蜀学的影响基本上没有明显的延续和扩展，当时一些有关周氏行迹的文字和实物甚至也逐渐消伏。

① （宋）李大临：《濂溪谒周虞部》，《元公周先生濂溪集》卷7，第121页。
② 载《元公周先生濂溪集》卷6，第104页。

虽然如此，我们却不能低估周氏入蜀为官这一历史事实。南宋时期，伴随理学的迅猛发展，周敦颐的学术影响不断扩大，学术地位和政治地位不断上扬，终至升格为理学的开山祖师，被赐谥为"元"，其所开创的理学也由民间的社会思潮而升格为朝廷"正学"，并在全国形成扩展普及之势。在这一潮流中，一些蜀地学者作出了重要贡献，其中的动力就有周氏在合州任官这一事实。譬如曾广泛搜集整理周氏遗文遗事而编纂周氏《文集》和《年表》的理学家度正（1166—1235 年），就是合州人。他在《书文集目录后》曾有这样一段自述："正往在富沙（福建路建宁府郡名，治今福建建瓯市，度正 1197 年从朱熹所学之地），先生（指朱熹）语及周子在吾乡时，遂宁傅耆伯成从之游，其后尝以《姤说》《同人说》寄之。先生乃属令寻访，后书又及之。正于是遍求周子之姻族，与夫当时从游于其门者之子孙……"后又在《书濂溪先生周元公年表后》说："正少时得明道、伊川之书读之，始知推尊先生。而先生仕吾乡时，已以文学闻于当世。遂搜求其当时遗文、石刻……"①可见度正最终能完成周氏《文集》和《年表》的编纂，是与周氏曾在其家乡合州任官这一事实的激励分不开的。著名理学家、蒲江人魏了翁（1178—1237 年）在任潼川府路提点刑狱公事兼权转运判官时，汲汲于周敦颐政治地位的提升，曾专门上书为周氏请谥并获得成功。他之所以以"一介外小臣"而敢于上书，就因为周敦颐任官的合州恰在其管辖范围，正如他自己所说："臣曩者本为周［敦］颐尝仕本部，故冒致易名之请。"②度正、魏了翁的这些活动，是以蜀人的身份并主要是在蜀地进行的，因此不仅推动了宋代理学的发展，也丰富了蜀学的内涵，特别是促进了蜀中理学的向前发展。

---

① （宋）度正：《书文集目录后》，《元公周先生濂溪集》卷 8，第 142 页；《书濂溪先生周元公年表后》，《元公周先生濂溪集》卷末，第 238—239 页。
② （宋）魏了翁：《鹤山先生大全文集》卷 12《奏乞早定程周三先生谥议》，四部丛刊本。

最后，笔者将搜得的周敦颐三首佚诗抄录于下。这三首诗不见于历代周敦颐文集，也为新出的《全宋诗》（包括《订补》）失收，是否确为周敦颐所作，笔者不敢妄断。希望有关学者加以研究，并辨其真伪。

（1）《天池》①

清和天气年能几，短葛轻纱近水涯。风似相知偏到袖，鱼如通信不惊槎。

笑凭山色倾新瓮，醉傍汀阴数落花。啸傲不妨明月上，一行归路起栖鸦。

（2）《观巴岳木莲》②

仙姿元是华巅栽，不向东林沼上开。嫩蕊晓随梅雨放，清香时傍竹风来。

枝悬编带垂金弹，瓣落苍苔坠玉杯。若使耶溪少年见，定抛兰桨到岩隈。

（3）《冠鳌亭》（绵竹）③

紫宵峰上读书堂，深锁云中久不开。为爱此山真酷似，冠鳌他日我重来。

（原载《西华大学学报》2013 年第 5 期）

---

① 此据明代曹学佺《蜀中广记》卷 18，文渊阁《四库全书》影印本。清初陈焯编《宋元诗会》（文渊阁《四库全书》影印本）卷 19 题为《吟天池》，内容与此同。光绪《铜梁县志》卷 14《艺文志》则题为《游南峰天池》，文字略有出入，第三句"笑凭"作"笑含"、第四句"栖鸦"作"楼鸦"。又，清代《御定佩文斋广群芳谱》（文渊阁《四库全书》影印本）卷 53 引及"枝悬编带垂金弹，瓣落苍苔坠玉杯"二句，题为宋濂作。

② 此据明代曹学佺《蜀中广记》卷 18。清初陈焯编《宋元诗会》卷 19 题为《观巴岳木莲》，文字略有不同，第三句"枝悬"作"枝县"、第四句"兰桨"作"兰浆"；光绪《合州志》卷 15《艺文志》、光绪《铜梁县志》卷 16《杂记》则题为《铜梁山木莲花》，文字内容也小异，第一句"元是"作"疑是"，第二句"嫩蕊晓"作"异芷每"，第四句"耶溪"作"濂溪"。

③ 此据明代杨慎慎辑、刘琳、王晓波点校《全蜀艺文志》卷 12，成都：四川大学出版社，2003 年。按原本"绵竹"作"锦竹"，据雍正《四川通志》卷 27、卷 39 改。光绪《合州志》卷 15《艺文志》亦收录。

四川学者与周敦颐"理学开山"地位的建构

周敦颐的"理学开山"地位究竟是怎么建立起来的,其具体过程如何,目前学界似乎还缺乏翔实的描述。本文不拟全面讨论这一问题,特从区域文化的角度,来观察在周敦颐"理学开山"地位的建构过程中,四川学者起了怎样的作用。

一、吕陶对周敦颐学问的独到认识

南宋朱熹曾说:"濂溪在当时,人见其政事精绝,则以为宦业过人;见其有山林之志,则以为襟怀洒落,有仙风道气,无有知其学者。惟程太中(程珦)独知之,宜其生两程子也。"① 此话影响很大,却并非经过严密论证得出的结论,而且一些学者引述时往往还有意忽略甚至否认后面一句:"惟程太中独知之",即朱熹认为二程的父亲程珦是当时周敦颐学问的唯一知音。其实,除了程珦外,当时一些四川学者也对周敦颐的学问备极推服,成都人吕陶就是其

① (宋)黎靖德编,王星贤点校:《朱子语类》卷93,北京:中华书局,1986年,第2357页。

中之一。

　　吕陶（1027—1103 年）是周氏签判合州（治今重庆合川）时的属僚，与周氏接触较多，了解直接。今有《贺周茂叔弄璋》和《送周茂叔殿丞并序》两篇诗文反映他们二人的交往情况。其中《送周茂叔殿丞并序》是为送别周氏离任所写，对周氏学问、政事和人品都有很高的评价，特别对周氏在当时的学术地位和未来的可能走向有独到的认识。他在序文的开头就说："君子能信道，不能必信于人；能自知，不能必知于人。得乎中，不夺于外。环视天下，而轻重在己。死生贵贱，否泰休戚，未尝少迁其思索以戻其趣尚，故能也。"接着在列举了一些古人的例证后又说："君子之道，虽晦必明，虽屈必伸。盖圣人之待天下，必推之以至公而教存焉。"后文又有"或知之，或不知之，其君子之所不能欤？以君子之所不能，于君子何损益焉！惟知者可与言其然，惟不知者亦可与辩其不然"，最后的诗篇中还有"未易泛沧浪，时平斯道尊"之语。[①]综括这些语言来看，无非是说，周敦颐属于"信道""自知"一类的"君子"，具有坚定的道学操守，精神风貌不同凡响；其人其学虽然在当时不易为人所知，但作为"君子之道"，"虽晦必明，虽屈必伸"，终有大放光彩、"时平斯道尊"的一天。联系到周氏在生前与身后、北宋和南宋迥然不同的境遇，吕陶的这一说法无疑带有很强的预见性，而这恰是当时其他学者所少有的。

二、张栻致力于周敦颐"理学开山"形象的塑造

　　进入南宋以后，伴随理学的迅猛发展，周敦颐的学术地位不断上扬，终由北宋的普通学者而升格为理学的开山祖师，其所开创的理学也由民间的社会思

---

① （宋）吕陶：《送周茂叔殿丞序并诗》，载湖南省濂溪学研究会依据宋刻本整理的《元公周先生濂溪集》卷7，长沙：岳麓书社，2006 年，第 117—118 页。

潮而升格为朝廷"正学"。在这一升格潮流中，各地的理学家都作出了自己的努力，其中四川学者的贡献不可小视。首先值得注意的是汉州绵竹（今四川绵竹）人张栻。

张栻（1133—1180 年）是南宋孝宗年间（1163—1189 年）崛起的理学名儒，同时并兴的还有朱熹和吕祖谦，三人合称"东南三贤"。他们都积极致力于理学思想的深入发展和周氏理学开山形象的树立，其中朱熹贡献最大，无人可比，与朱熹经常讲道切磋的张栻也有不凡之处。

在"三贤"崛兴以前的南宋高宗时期（1127—1162 年），周敦颐的学术地位已逐渐有所上升。先是朱震在绍兴六年（1136 年）将周氏《太极图说》进献朝廷，并在进书《表》中把周氏的《通书》与程颐《易传》、邵雍《皇极经世》、张载《正蒙》等易学名著相提并论，①这是公开宣扬周氏学术的开始，不过还没有将周氏抬高到理学开山的地位。继而周氏《通书》（附《太极图说》）在建阳麻沙、道州春陵和永州零陵等地先后印刻，其间洛学后裔胡宏、祁宽写有《通书序略》《通书后跋》，进一步宣扬周氏学术，其中胡宏的评价最高，他对"道学之士皆谓程颢氏续孟子不传之学"的道统说提出问题，明确指出："周子启程氏兄弟以不传之学，一回万古之光明，如日丽天，将为百世之利泽，如水行地，其功盖在孔孟之间矣。"并谓周氏《通书》，"包括至大，而圣门之事业无穷矣。故此一卷书，皆发端以示人者，宜度越诸子，直与《易》《诗》《书》《春秋》《语》《孟》同流行乎天下。"②他还在为张载《正蒙》一书作序时，将周氏与邵雍、二程和张载一同视为宋代新兴的"贤哲"，③与后来朱熹论定的

① （宋）朱震著，王婷、王心田点校：《朱震集·周易集传·进书表》，长沙：岳麓书社，2007年，第1—2页。
② （宋）胡宏著，吴仁华点校：《胡宏集·杂文·周子通书序》，北京：中华书局，1987年，第161—162页。
③ 《胡宏集·杂文·横渠正蒙序》，第162页。

理学系谱中的北宋五子完全一致。这些说明胡宏已把周氏视为宋代理学的"发端"之祖了。

张栻是胡宏的及门弟子，继承并发展了胡宏推崇周氏、视之为理学"发端"之祖的思想，并利用孝宗之际理学高压政策完全解除、理学思想快速发展的机缘，大力宣扬周氏学术，积极致力于周氏"理学开山"形象的树立。

一是通过诠释和刊印周氏著作、兴建周氏祠堂，并撰写有关序跋、记文或像赞的方式，来宣扬周氏学说、扩大周氏影响，着力建构其理学开山的形象。他曾为周氏《太极图说》做注，写成《太极图解》1卷。此书或名《太极解义》，旨在"解周元公太极之义"，即阐发周敦颐的《太极图说》。是书虽非定稿，不如朱熹《太极图说解》知名，但在南宋时已有刻本，南宋的两部目录学著作即尤袤《遂初堂书目》、赵希弁《郡斋读书志·附志》均有著录，宋刻本《元公周先生濂溪集》也曾提到，说明它对周氏学术的宣扬是有贡献的。张栻在《太极图解序》中还特别颂扬了周氏上承孟子、下启二程的道学开山之功，他说：

> 二程先生道学之传，发于濂溪周子。而《太极图》乃濂溪自得之妙，盖以手授二程先生者。……其言约，其意微，自孟氏以来未之有也。《通书》之说，大抵皆发明此意。……道学之源，实出乎此。①

张栻又在严州为官时，将朱熹所订的周氏《太极通书》刊于学宫，"以示多士"，并在《后跋》中写道："先生生乎千有余载之后，超然独得夫《大易》之传。"②他还在广西静江为官时，建立起崇祀周氏和二程的三先生祠堂，亲自

① （宋）张栻：《太极图解序》，《元公周先生濂溪集》卷1，第9页。
② （宋）张栻著，杨世文点校：《张栻集·新刊南轩先生文集》卷33《通书后跋》，北京：中华书局，2015年，第1272页。

撰写祠记和像赞，或言周氏"得其（孔孟之道）传于千载之下"①，或言"于惟先生，绝学是继"②。这些都旨在建立周氏"理学开山"的崇高地位。

二是利用他人建立有关周氏的祠堂和学校之机，撰写记文或铭文，直言其在理学史上的"发端"之功。留存至今的有《道州重建濂溪周先生祠堂记》《永州州学周先生祠堂记》《濂溪周先生祠堂记（韶州）》《南康军新立濂溪祠记》，以及《邵州复旧学记》和《南剑州尤溪县学传心阁铭》。这些记文或铭文在内容上自然各有侧重，但有一点则是相同的，即南宋后期理学家黄震所观察到的："南轩之为记，多言其（周敦颐）发端之功"。③最典型的莫过于作于淳熙五年（1178年）的《道州重建濂溪周先生祠堂记》，其中写道：

> 世之学者，考论师友渊源，以孔孟之遗意复明于千载之下，实自先生发其端。……盖自孔孟没，而其微言仅存于简编……言学而莫适其序，言治而不本于学，言道德性命而流入于虚诞，吾儒之学其果如是乎哉？陵夷至此，亦云极矣。及吾先生起于远方，乃超然有所自得于其心，本乎《易》之太极、《中庸》之诚，以极乎天地万物之变化。其教人使之"志伊尹之志、学颜子之学"。推之于治，先王之礼乐刑政可举而行，如指诸掌。于是河南二程先生兄弟从而得其说，推明究极之，广大精微，殆无余蕴……先生发端之功，顾不大哉！④

表面上看，张栻完全认同了其师胡宏所谓周氏是宋代"理学开山"之祖的

① 《张栻集·新刊南轩先生文集》卷10《（静江府学）三先生祠记》，第917页。
② 《张栻集·新刊南轩先生文集》卷36《三先生画像赞·濂溪先生》，第1321页。
③ （宋）黄震著，张伟、何忠礼主编：《黄震全集》第四册《黄氏日抄》卷33《读本朝诸儒理学书·周子后录》，杭州：浙江大学出版社，2013年，第1250页。
④ 《张栻集·新刊南轩先生文集》卷10《道州重建濂溪周先生祠堂记》，第906—907页。

提法，甚至都用"发端"一词加以表述，但在具体内容上则有不同。最大的区别在于，胡宏对周氏《太极图》评价较低，如他在《周子通书序》中首先写道：

> 推其道学所自，或曰传《太极图》于穆修也。修传《先天图》于种放，种放传于陈抟。此殆其学之一师欤？非其至者也。①

这里"或曰"的内容，实指朱震在《进易书表》中所言。胡宏既用"或曰"，又说仅是"其学之一师""非其至者"，显然对《太极图》"并不十分推崇"②。而且，胡宏也没有把《太极图》与周氏的另一部易学著作《通书》协调起来。

张栻则与此不同。他对周氏《太极图》评价极高，认为"《太极图》乃濂溪自得之妙"③，"自得"二字否定了胡宏所引、朱震所谓的《太极图》传于陈抟的道家途径，净化了周氏的儒家形象；张氏进而认为《太极图》是周氏整个学术的"纲领"所在④，"其言约，其意微，自孟氏以来未之有也"⑤，所以还专门做注进行诠释。在此基础上，张氏认为，《太极图》与《通书》是有机联系、相互贯通的整体，《通书》之说"大抵皆发明"《太极图》之"意"⑥。张栻的这些解读未必符合周氏原意，但显然更有利于周氏"理学开山"形象的树立。

---

① 《胡宏集·杂文·周子通书序》，第 160 页。
② 邓广铭：《关于周敦颐的师承与传授》，原载《纪念陈寅恪先生百年诞辰学术论文集》，北京：北京大学出版社，1989 年，后收入《邓广铭全集》第八卷，石家庄：河北教育出版社，2005年。此据后者，第 26 页。
③⑤⑥ （宋）张栻：《太极图解序》，《元公周先生濂溪集》卷 1，第 9 页。
④ 《张栻集·新刊南轩先生文集》卷 33《通书后跋》，第 1272 页。

三、度正对周敦颐著述事迹的搜求与整理

经过张栻、朱熹等人的努力，周氏理学开山的形象已逐渐树立起来，以至他的著作到处都有，崇祀他的祠堂遍地皆是。但是，围绕周氏的还有两个重要问题没有很好解决，一是其著述散佚较多，事迹缺漏不少，需要进一步加以搜求和整理，以使其形象更为完整丰满；二是其理学开山的地位还仅流于民间和地方，还没有得到朝廷的正式认可。而对这两个问题的解决，四川学者都起了至关重要的作用。先看第一个问题。

在南宋前期，已有一些学者对周氏著作进行过整理。据朱熹《太极通书后序（建安本）》，"胡氏所传篇章，非复本次，又削去分章之目，而别以'周子曰'者加之"。[①] 这说明，南宋高宗时期的胡宏曾对《通书》的篇章结构做过调整。又据同时的祁宽《通书后跋》，他曾将源自程颐所定的《通书》与周氏家传的"旧本"《通书》做过比勘，"校正舛错三十有六字，疑则阙之"。[②] 继起的朱熹则多次对周氏著作进行整理和刊印，这在他的《太极通书后序（建安本）》《再定太极通书后序（南康本）》《通书后记》《又通书后记》等序跋中都有反映，以至有"晦庵更定周子之书，至于再三，极其精审"之说[③]。也有一些学者注意访求周氏遗文遗迹，如孝宗时邹旉曾到周氏家乡舂陵为学官，"访先生遗迹"，得周氏二帖于"诸生胡元鼎之家"。[④] 后来张栻到广西静江为官，与周氏家乡很近，也曾"因其乡之士何士先来访，属以寻访先生旧迹"，得周氏"二帖及周氏家谱石刻"。[⑤] 不过整个说来，张栻、朱熹之时主要还侧重于对周

---

① （宋）朱熹著，郭齐、尹波点校：《朱熹集》卷75《周子太极通书后序》，成都：四川教育出版社，1996年，第3943页。
② （宋）祁宽：《通书后跋》，《元公周先生濂溪集》卷4，第72页。
③ （宋）叶重开：《舂陵续编序》，《元公周先生濂溪集》卷8，第142页。
④ （宋）邹旉跋语，见《元公周先生濂溪集》卷6，第105页。
⑤ （宋）张栻跋语，见《元公周先生濂溪集》卷6，第105页。

氏理学开山形象的树立，对周氏遗文遗事的搜求和整理并不够，像朱熹的整理甚至还颇有武断之嫌，如"凡铭、谒、诗、文，附见诸旧秩者，悉从删去"①，甚至对蒲宗孟所写的《铭文》大肆篡改，使周氏的形象遭致扭曲。这些说明，对周氏的著述事迹还必须做进一步的搜求和整理。在这方面，南宋中期崛起于蜀中的学者度正贡献最为突出。

度正（1166—1235 年）是合州巴川（今重庆铜梁）人，合州是周氏入蜀为官之地，所以度正自小就对周氏怀有一份特殊的情感；他又曾不远万里，从学于朱熹，秉承了朱熹推重周氏的思想。基于此，度正在搜求和整理周氏的遗文遗事方面非常用心。他写于嘉定十四年（1221 年）六月的《书文集目录后》曾有这样一段自述：

> 正往在富沙（引者按，福建路建宁府郡名，治今福建建瓯市），先生（指朱熹）语及周子在吾乡时，遂宁傅者伯成从之游，其后尝以《姤说》、《同人说》寄之。先生乃属令寻访，后书又及之。正于是遍求周子之姻族，与夫当时从游于其门者之子孙，始得其《与李才元（即李大临）漕江西时慰疏》于才元之孙，又得其《贺傅伯成登第手谒》于伯成之孙，其后又得所序彭推官诗文于重庆之温泉寺，最后又得其在吾乡时所与傅伯成手书。于序见其所以推尊前辈，于书见其所以启发后学，于谒、于疏又见其所以笃于朋友庆吊之谊。故列之《遗文》之末。又得其同时人往还之书，唱和之诗，与夫送别之序，同游山水之记，亦可以想象其一时切磋琢磨之益，笑谈吟咏之乐，登临游赏之胜，故复收之《附录》之后。而他书有载其遗事者，亦复增之。如近世诸老先生崇尚其学，而祠之学校，且记其本末，

---

① （宋）叶重开：《春陵续编序》，《元公周先生濂溪集》卷8，第 142 页。

推明其造入之序，以示后世者，今亦并述之焉。①

写于嘉定十四年（1221 年）八月的《书濂溪先生周元公年表后》又说：

    正少时得明道、伊川之书读之，始知推尊先生。而先生仕吾乡时，已以文学闻于当世。遂搜求其当时遗文、石刻，不可得。又欲于架阁库访其书判行事，而郡当两江之会，屡遭大水，无复存者。始仕遂宁，闻其乡前辈故朝议大夫知汉州傅者曾从先生游，先生尝以《说姤》及《同人说》寄之，遂访求之，仅得其目录及《长庆集》，载先生遗事颇详。久之，又得其手书、手谒二帖。其后过秭归，得《秭归集》（为蒋概著）；之成都，得李才元（即李大临）《书台集》；至嘉定，得吕和叔（即吕陶）《净德集》；来怀安，又得蒲传正（即蒲宗孟）《清风集》，皆载先生遗事。至于其他私记、小说及先生当时事者，皆纂而录之。②

综合这两段自述可知：第一，度正之重视搜求周氏的遗文遗事，既有师命的力量，也有其生长于周氏宦游之地的缘故；第二，他对周氏遗文遗事的搜求不但很早，而且长期坚持，用心甚勤；第三，在搜罗的基础上，他还努力整理、编纂，或"列之《遗文》之末"，或"收之于《附录》之后"，终至集录成册，形成了一个较早的周氏文集；第四，本着细大不捐的原则，凡是与周氏生平思想相关的材料，不论大小轻重，尽量予以网罗。之所以如此处理，度正自

① （宋）度正：《书文集目录后》，《元公周先生濂溪集》卷8，第142页。曾枣庄、刘琳主编的《全宋文》卷6869据《永乐大典》卷22536亦收载，题名《书濂溪目录后》，见该书第301册，第143页，上海：上海辞书出版社，合肥：安徽教育出版社，2006年。这里引录的个别文字已据《全宋文》订正。
② 见整理本《元公周先生濂溪集》卷末《濂溪先生周元公年表》跋语，第238—239页。

有其解释，他以孔门后学记录孔子言行为例，说有些内容"若非学者之所急"，"然洙泗门人记夫子微言奥义，皆具载于《论语》。而夫子平日出处之粗迹，则亦见于《家语》《孔丛子》等书而不废。正今之备录此篇，其意亦犹是尔。学者其亦谨择之哉！"①这使周氏的形象更为丰满逼真。度正这种细大不捐的纂录原则，的确使周氏的形象更为丰满。黄震就给予了非常积极的肯定，他说：

> 《后录·补遗》遗文凡二十二，皆蜀人度正遍求于故家遗俗之传，梯访于高崖危嶝之刻，亦可谓忠厚之至者矣。公之文，不特诗文书帖见录，而贺傅者之名刺亦见录。公之文所及，不特亲党交游见录，而守坟之周兴全家姓第皆见录。然则片言只字，余音遗迹，使后世皆宝爱之而不忘，此其所本固自有在。②

对此，有学者也高度评价道：朱熹虽然是编定、研究周氏著作用心最勤、成绩最著之人，但在"搜访遗稿遗迹"方面，度正的"用心和成绩都超过了乃师"。③

度正不但努力搜求遗稿，而且还致力于周氏《年谱》（即《濂溪先生周元公年表》）的编订。据度正自己所说，《年谱》的初订开始于周氏的同乡杨齐贤，但颇多失误，"其载先生来吾乡岁月颇自差舛，甚者以周恭叔事为先生事，又以程师孟送行诗为赵清献诗"，于是度正便自己重修《年谱》，成为现存最早的年谱。当然，"其所载于先生入蜀本末为最详，其他亦不能保其无所遗误"，他希望有志之士今后能够"垂意搜罗，补而修之，使无遗缺"。④

---

① （宋）度正：《书文集目录后》，《元公周先生濂溪集》卷 8，第 142 页。
② 《黄震全集》第 4 册《黄氏日抄》卷 33《读本朝诸儒理学书·周子后录》，第 1248—1249 页。
③ 梁绍辉：《周敦颐评传》，南京：南京大学出版社，1994 年，第 69 页。
④ 见整理本《元公周先生濂溪集》卷末《濂溪先生周元公年表》跋语，第 239 页。

度正不但搜求不遗余力，而且还本着巨细无遗的原则，将所得资料都纂而录之。如其晚年患眼病，不能多写字，编类《濂溪家世年表》时自己口述，由其子弟笔录。写至"买平纹纱衫材挎蒲绫袴"一段时，子弟不解，停笔质疑，问度正："不太苛细否？"度正援《论语·乡党》记孔子饮食细事之例，发了一通议论，说："此固哲人细事，如食之精，脍之细，鱼之馁，绀緅之饰，红紫之服，当暑之絺绤，《乡党》皆备书之，今读之，如生于千载之前，同堂合席也。岂可忽乎！"①

经过度正的搜求和整理，特别是《文集》的编纂和《年谱》的编定，周氏的形象无疑更为完善，也有助于周氏"理学开山"形象的建构。

四、魏了翁等人对周敦颐朝廷"正学"地位的诉求

经过张栻、朱熹等人的努力后，周敦颐的"理学开山"形象已取得广泛的社会认同，理学已发展成为强大的社会思潮，但由于王安石"新学"依然是朝廷"正学"，理学仍然处于在野的地位，因此周氏在政治上没有任何荣誉，既无谥号、爵位，也没有从祀孔庙。周氏的这种政治地位，与其"理学开山"形象很不相符，也不利于理学的推广普及和朝廷"正学"地位的树立。为此，一些信奉理学并有心使其成为官学的学者便试图提高周氏的政治地位，他们主要是从请求赐谥和请求从祀等方面进行努力的，其中不少就是蜀学学者。

首先取得突破的是在请求赐谥方面，其间邛州蒲江（四川今县）人魏了翁（1178—1237 年）既是始作俑者，也是最后的成功者。魏了翁是南宋继朱熹之

---

① 见整理本《元公周先生濂溪集》卷末《濂溪先生周元公年表》跋语，第239页。

后最有成就的理学家之一，与当时另一名儒真德秀齐名，并称"真魏"。在当时复杂尖锐的学派争鸣中，魏了翁自称"以建为然"，即以福建的朱熹之学为宗，因此对朱熹等人建构起来的周氏理学开山地位信服有加，而对周氏在政治上没有任何地位的情况则愤愤不平。嘉定八年（1215 年），魏了翁被任命为潼川府路提点刑狱公事兼权转运判官，周敦颐任官的合州恰在其管辖范围。魏氏于是抓住这一难得的机缘，专门上书为周氏请谥。

魏了翁之所以选择请谥的方式，必有一番精心的考虑。在此以前，已有一些士大夫采取请求朝廷以北宋理学名儒从祀孔庙的方式来为理学争取朝廷"正学"的地位。如徽猷阁待制胡安国在高宗绍兴七年（1137 年）奏请朝廷将程颢、程颐、张载和邵雍四人从祀孔庙，太学录魏掞之在孝宗乾道五年（1169 年）向宰相提出以程颢、程颐兄弟取代王安石父子在孔庙中从祀地位的要求，均未获得批准。至嘉定四年（1211 年）十二月，著作佐郎李道传又重复和发挥胡、魏之议，请以周氏等"北宋五子"从祀孔庙，也告失败。说明从祀一途极不容易。相反，嘉定二年（1209 年）、七年（1214 年）和八年（1215 年）南宋理学名儒朱熹、张栻和吕祖谦却相继得谥，则表明请谥一途更易成功。大约正是有鉴于此，魏了翁决定为周氏请谥，希望以此打开周氏通向朝廷"正学"的大门。

在奏疏中，了翁先是力陈周氏在合州的政绩，然后着重阐述其在理学发展史上上承孔孟、下启二程的崇高地位，他写道：

> 盖自周衰，孔孟氏没，更秦汉魏晋隋唐，学者无所宗主……而（周敦）颐独奋乎百世之下，乃始探造化之至赜，建图著书，阐发幽秘，而示人以日用常行之要，使诵其遗文者始得以晓然于洙泗之正传，而知世之所谓学者，非滞于俗师则沦于异端，有不足学者矣。又有河南程颢、程颐亲得其传，其学益以大振。虽三人者皆不及大用于时，而其嗣往圣，开来

哲，发天理，正人心，其于一代之理乱、万世之明暗，所关系盖甚不浅。

周氏开创的理学既然具有如此高的学术地位和社会功效，那么对其赐赠美谥，意义就非同小可，即是说：

> 将周颐（即周敦颐）特赐美谥，使海内人士咸知正学之宗，其于表章风厉，诚非小补。[①]

但周氏在北宋的官品实在太低，根本不符合赐谥的法定标准，因此朝廷没有采纳魏了翁的请求。了翁于是在第二年即嘉定十年（1217 年）再次上书为周氏（以及二程、张载）请谥。这次他着重强调了两点：一是不能绝对以官职品秩来决定赐谥与否，应该注意"硕德茂行"。他特别指出："谥者，行之迹，昔人所以旌善而惩恶，节惠而尊名也。"因此谥号与官品不应该有直接的联系，对那些官品不高的人，应该考虑他们的德行，像周氏这样具有"硕德茂行"的大儒，理应得到朝廷赐谥。二是朱熹、张栻和吕祖谦已得美谥，而他们学宗周氏，谥其后学而不及先师，于理不合。最后魏了翁郑重提出：

> 臣愚欲望圣慈申饬有司，速加考订，俾隆名美谥早有，以风厉四方，示学士大夫趋向之的，则其于崇化善俗之道，无以急于此者。[②]

魏了翁的这次奏请终于引起了朝廷的重视，朝廷把奏疏下到有关部门讨论。两年之后的嘉定十二年（1219 年），"职当议谥"的太常丞臧格提议赐谥周

---

① 以上两段引文见魏了翁《鹤山先生大全文集》卷 15《奏乞为周濂溪赐谥》，四部丛刊本。
② （宋）魏了翁：《鹤山先生大全文集》卷 15《奏乞早定程周三先生谥议》，四部丛刊本。

氏为"元",其理由是:

> 大哉,元乎!在《易》为乾元之首,在《春秋》为始年之法,天下之理,盖未尝无其初也。古道修明,人心纯一,圣贤之功,固无自而见。不幸而涣散,殚残之余,有能复振遗响,俾绝者自我而续,晦者自我而明,是故有元之义焉。参之《大易》《春秋》文说,又宁有异哉!
>
> 孟轲氏没,异端滋炽。重以专门于汉,清谈于晋,至唐则文艺益工,展转沉痼,以迄五季之陋,几于蠹蚀不存矣。……宋兴……有濂溪先生出焉。先生道学渊懿,超然自达,复出乎万物之表,而其最深切者,《太极》有图,所以发是理之幽秘,《易通》有书,所以阐是图之精微。……故能发前圣之所未发,觉斯人之所未觉。……近世朱文公熹、张宣公栻、吕成公祖谦,尊敬斯学……先生之名,盖闳大光明于时矣。
>
> 谨按《谥法》,"主善行德曰元"。先生博学力行,会道有元,脉络贯通,上接乎洙泗;条理精密,下逮乎河洛。以元易名,庶几百世之下,知孟氏之后,观圣道者必自濂溪始。①

显然,谥"元"的提议,旨在彰显周氏上承孔孟绝学、下启伊洛道学的理学开山地位。这一提议最终得到朝廷的批准,朝廷于嘉定十三年(1220 年)六月正式下文赐谥周敦颐为"元"。至此,周氏的理学开山地位已不再是理学家们的自我标榜,而成为朝廷的意旨了。

在魏了翁以前,理学信徒虽有从祀之议,但绝无请谥之求,所谓"是举也,百年间鸿儒硕士,偶未及言"②,所以了翁此举是发前人所未发。难得的是,

---

① 见《元公周先生濂溪集》卷 9,第 157—158 页。
② (宋)魏了翁:《鹤山先生大全文集》卷 53《周元公程纯公正公谥告序》,四部丛刊本。

在"一介外小臣"魏了翁的两次奏请和其他社会舆论的影响下，朝廷"不以人废"，终于为周氏赐予美谥，使周氏的理学开山地位得到了朝廷的正式认可，从而开启了理学通向朝廷"正学"的大门。促成这一"盛典"的，自然不能归功于魏氏一人，但魏氏无疑起了重要的促进作用。而且，魏氏还抓住朝廷赐谥的良机，大力宣传"圣上崇儒重道之指"，既将《谥告》刻印，"以广其传"，①又将周氏"《太极图》《易通》，与朱熹氏义"刻于官府堂壁，以示宣扬。②

获得赐谥只是周氏取得朝廷"正学"地位的开始，将其请进孔庙从祀，进而将王安石排挤出孔庙，才是理学家们更大的追求。在这方面，蜀学学者也作出了重要的贡献。最先奏请朝廷以周氏从祀孔庙的是隆州井研（今四川井研）学者李道传。道传出身理学名门，其父李舜臣、其兄李心传、弟李性传都是理学信徒，合称井研"四李"。李道传对理学非常推崇，还在魏了翁请求朝廷赐谥周氏之前数年，即嘉定四年（1211 年）十二月，他就利用宰相史弥远全面纠正韩侂胄统治政策、不断为"庆元党禁"中受迫害的理学之士平反昭雪的政治气候，奏请朝廷将周氏等"北宋五子"从祀孔庙。此前胡安国和魏掞之虽然已经奏请北宋部分理学名儒从祀孔庙，但并没有成功，也没有提及周氏。这与当时周氏的理学开山形象尚未建立起来有关。至嘉定年间，周氏的理学开山形象则已完全树立，故而道传在请求朝廷"考安国、掞之之所尝言"的同时，认为"宜推而上之，以及二程之师周颐"，即将周敦颐等"北宋五子"一起请进孔庙从祀，"上以彰圣朝崇儒正学之意，下以示学者所宗，其所益甚大，其所关甚重，非特以补祀典之阙而已"，并认为如此，将出现"天下之才日盛一日，天下之治岁加一岁"的神奇效果。③但史弥远为理学之士平反昭雪，不过是收拾

---

① （宋）魏了翁：《鹤山先生大全文集》卷 53《周元公程纯公正公谥告序》，四部丛刊本。
② （宋）魏了翁：《鹤山先生大全文集》卷 41《玉台极堂柱识》，四部丛刊本。
③ （宋）李心传辑，朱军点校：《道命录》卷 8《李仲实乞下除学禁之诏颁朱先生四书定周邵程张五先生从祀》，上海：上海古籍出版社，2016 年，第 95 页。

人心的政治手段，并非真正心诚意扶持理学。因此，李道传的奏请没有得到朝廷批准。

此后魏了翁转而采取请谥的方式获得成功，并有"诸儒从祀之议，则嗣此以闻，期于获命乃已"①的说法，但后来不见其有奏请朝廷以周氏等北宋理学名儒从祀孔庙的举措。重提此议的，则是李道传之兄李心传。理宗绍定五年至六年（1232—1233 年）间，时任秘书郎的李心传利用朝廷重新起复魏了翁、真德秀等理学家的有利时机，"乞以司马光、周敦颐、邵雍、张载、程颢、程颐、朱熹七人列于从祀"。此说较之李道传，多出二人，一为理学在北宋的政治代言人司马光，一为理学在南宋的集大成者朱熹，显得更为全面。但结果仍是"不报"②。不久长期把持朝政的权相史弥远病故，"渊默十年"的理宗得以亲政，一些士大夫乘机掀起了为理学争取朝廷"正学"地位的高潮。端平元年（1234 年）六月，朱熹门人徐侨担任侍讲，面请理宗以周氏、二程、张载和朱熹五人从祀孔庙，理宗表面上"皆如其请"③，但并未立即付诸实行。次年（1235 年）正月，四川眉山学者、礼部尚书兼侍讲李埴又再次上书，"奏胡瑗、孙明复、邵雍、欧阳修、周敦颐、司马光、苏轼、张载、程颢、程颐十人，卓然为学者所宗，宜在从祀之列，乞令经筵秘书省、国子监参酌熟议。……从之。"④李埴此奏与此前的胡安国等人主要以理学家为考虑对象不同，除了所谓的"北宋五子"以及理学的政治代表人物司马光以外，还有理学兴起以前的胡瑗、孙明复、欧阳修和与程颐曾起"洛蜀党争"而为众多理学家嫉恨的苏轼，显示出罕见的包容性。此说得到了理宗的真正重视，故有"诏议"之举⑤。朝廷经过讨

---

① （宋）魏了翁：《鹤山先生大全文集》卷 53《周元公程纯公正公谥告序》，四部丛刊本。
② （元）脱脱等：《宋史》卷 429《朱熹传》，北京：中华书局点校本，1977 年，第 12769 页。
③ 《宋史》卷 422《徐侨传》，第 12614 页。
④ 汪圣铎点校：《宋史全文》卷 32，北京：中华书局，2016 年，第 2696 页。
⑤ 《宋史》卷 42《理宗纪二》，第 807 页。

论，决定仍以理学名儒列为从祀，并最终在数年之后的淳祐元年（1241 年）春正式下诏将周氏以及二程、张载和朱熹等宋代理学"五臣"从祀孔庙，并封周氏为汝南伯。① 至此，周氏的"理学开山"形象得到了最高统治者的完全认可。从周氏从祀的历程可以看出，先后有李道传、李心传、徐侨和李埴数人奏请，除徐侨外，其余三人均是四川学者。

综上，在周敦颐"理学开山"地位的构建过程中，不能简单地如一些学者所说"大抵是朱熹的功劳"，来自文化发达之区的四川学者也作出了不可忽视的重要贡献。

（原载《宋代文化研究》第十五辑，四川大学出版社，2008 年 3 月）

---

① 《宋史》卷 42《理宗纪二》，第 821—822 页。

宋编周敦颐文集

宋儒度正编纂周敦颐文集的渊源、过程及其流传考述

　　《周敦颐评传》的作者梁绍辉先生曾指出："朱熹自然是编定、研究周氏著作用心最勤,成绩最著之人。朱熹之后则有他的高足弟子度正继承他的事业。特别在搜访遗稿遗迹方面,其用心和成绩都超过了乃师。"①确实,南宋合州(治今重庆市合川区)人度正(1166—1235 年)曾以近三十年的时间,辛勤搜集周敦颐遗文遗事,最后编纂出周子文集和年谱。虽然未见度正直接刊印他的心血之作,但从后来编刻的各种周子文集来看,他的这一"劳动成果"并没有被埋没,而是汇入了历代周子文集之中,从而在周子学术传播史和理学发展史上占有了不可忽视的地位。对度正这一贡献,学界还重视不够,一直未见细致的抉发。本文之作,期能弥补这一不足,并切实推进濂溪学的深入研究。

---

① 梁绍辉:《周敦颐评传》,南京:南京大学出版社,1994 年,第 69 页。

一、从精择到广取：周敦颐文集的由来

在度正之前，已有不少学者致力于搜集、整理和刊印周子著作，甚至出现了七卷本的《濂溪集》，它们是度正编纂周子文集的渊源。因此在论述度正的编纂之功前，有必要对这些学者的劳绩做些梳理。

据周子生前好友潘兴嗣撰《濂溪先生墓志铭》，周死后"藏于家"的著作主要有"《太极图》《易说》《易通》数十篇，诗十卷"[1]。这里的《易通》，一般认为就是后来的《通书》。

周子著作最早是以《通书》为总名在程颐及其后学那里流传的，《通书》四十章是主体，《太极图》附于其后。所谓的《易说》和十卷诗则一直未见流传。而九江周氏家藏的《通书》"旧本"没有附《太极图》。程颐再传弟子祁宽见到了这两个系统的《通书》，从他所述"校正舛错，三十有六字，疑则阙之"[2]来看，《通书》本身的文字差别并不大。祁宽虽做了校勘，写有《后跋》，但未见刻板。当时二程另一再传弟子胡宏曾整理过《通书》，并写有序略，但他"叙而藏之"[3]，似乎也没有刊印。

目前所知最早以《通书》为总名刊印周子著作的，是在其家乡道州（舂陵郡），所谓"舂陵本最先出"[4]是也。之后永州（零陵本，绍兴二十八年即 1158 年）[5]、江州（九江本，乾道二年即 1166 年）[6]、潭州（长沙本，乾道二年即 1166 年）等地相继刊印。这些版本"互有详异"，但基本格局一样，即以《通书》

---

① 见湖南省濂溪学研究会依据宋刻本整理的《元公周先生濂溪集》卷 8，长沙：岳麓书社，2006 年，第 136 页。

② （宋）祁宽：《通书后跋》，《元公周先生濂溪集》卷 4，第 72 页。

③ （宋）胡宏：《通书序略》，《元公周先生濂溪集》卷 4，第 72 页。

④ （宋）叶重开：《舂陵续编序》，《元公周先生濂溪集》卷 8，第 142 页。可惜未见具体刊刻时间。

⑤ 参见（宋）曾迪《拙堂留题》，《元公周先生濂溪集》卷 11，第 207 页。

⑥ 参见（宋）林栗《江州州学先生祠堂记》，《元公周先生濂溪集》卷 10，第 171 页。

四十章为主，后有《太极图》（含《图说》），并"附载铭、碣、诗、文"，即潘兴嗣《濂溪先生墓志铭》、蒲宗孟《濂溪先生墓碣铭》、孔延之《邵州新迁州学记》、孔文仲《濂溪先生祭文》、苏轼《茂叔先生濂溪诗呈次元仁弟》、黄庭坚《濂溪词并序》等方面的文字。朱熹自称其"最后出"的长沙本"最详密"①，除了文字校勘可能更精确，收录内容更丰富外，还有就是对蒲宗孟《濂溪先生墓碣铭》一文的删改。朱熹在编集长沙本《通书》时曾作《答汪尚书》一通，其中明确写道：

> 大抵近世诸公知濂溪甚浅，如吕氏《童蒙训》记其尝著《通书》，而曰用意高远②。夫《通书》《太极》之说，所以明天理之根源、究万物之终始，岂用意而为之，又何高下远近之可道哉！近林黄中（引者按，即林栗）自九江寄其所撰祠堂记文，极论濂字偏旁，以为害道，尤可骇叹！而《通书》之后，次序不伦，载蒲宗孟《碣铭》全文，为害又甚。以书晓之，度未易入。见谋于此别为叙次而刊之，恐却不难办也。春陵记文（引者按，当指胡铨《道州先生祠记》）亦不可解。此道之衰，未有甚于今日，奈何，奈何！③

这里所谓"大抵近世诸公知濂溪甚浅"，是说当时学林和思想界对周子著作和思想的认识还比较粗浅，如吕本中（《童蒙训》作者）、胡铨（其记文讨论了周子的"诚说"）对周子思想的理解有偏差；林栗不但对周子的"濂溪"之

---

① （宋）朱熹著，郭齐、尹波点校：《朱熹集》卷75《周子太极通书后序》，成都：四川教育出版社，1996年，第3942页。
② 现存《童蒙训》（文渊阁《四库全书》影印本）所记为《太极图说》，而且说是"用志高远"。与此有别，疑朱熹记忆有误。
③ 《朱熹集》卷30《与汪尚书》第六书，第1278—1279页。

号存在明显误解，而且刻印的九江本《通书》录载了蒲宗孟《濂溪先生墓碣铭》的全文，朱熹认为这"为害又甚"。为什么这么说呢？蒲宗孟本人在北宋是以支持王安石新法著称的，他在《墓碣铭》中记录了周子为政干练的作风、道家隐逸的风貌，以及称赞新法的言论，朱熹认为这些都是不符合实际的。从朱熹的这封书信，可知他此时已对蒲宗孟《墓碣铭》大刀阔斧地进行了删改①，并将改后的《墓碣铭》置于长沙本《通书》之后。朱熹这一做法的依据自然可以非议，但其目的，无非是要"净化"周子。

朱熹长沙本《通书》虽然"最详密"，但结构上与之前的版本并无不同。周子著作格局的大变化发生在朱熹乾道五年（1169 年）编定并刻印于建安府的《太极通书》上。建安本依据潘兴嗣《濂溪先生墓志铭》叙述周子著作的先后顺序，把《太极图》从原来《通书》的附录调整到最前面，形成《太极图（说）》在前、《通书》紧接其后的新格局，书名也由原来的《通书》变成了《太极通书》。其中的《通书》内容否定了长沙本依据胡宏整理本进行分章定次的格局，"复其旧贯"，即恢复了原来的"章目"，剔除了胡宏在章首添加的"周子曰"数字。而且，在长沙本删改蒲宗孟《墓碣铭》的基础上，建安本又更进一步，直接删去了"铭、碣、诗、文"，而代之以朱熹自己的《濂溪先生事状》。朱熹的理由是，当时各本附载、完全不是程门系统的"铭、碣、诗、文""事多重复，亦或不能有所发明于先生之道"，因此决定"一以程氏及其门人之言为正"，删去重复，合为《事状》一篇。②朱熹的这些处理或纠程门系统之偏，或除非程门系统之"杂"，意在树立周子更为高大、更为纯粹的理学家形象。配合朱熹这一工作的，是其乾道九年（1173 年）编纂的《伊洛渊源录》，该书以二程为核心，前列其师周敦颐，旁列其友邵雍、张载，下列其门人后

---

① 朱熹的删改本可见《元公周先生濂溪集》卷 8 所收蒲宗孟《先生墓碣铭》，第 136—138 页。
② 《朱熹集》卷 75《周子太极通书后序》，第 3942—3943 页。

学，二程之学及其源流备于一书。其中周敦颐部分有两方面的内容，一是朱熹所写的《事状》，二是有关周子的《遗事》十四条，内容全部来自程门系统，符合其编纂《太极通书》时确立的"一以程氏及其门人之言为正"的标准。

在编印建安本《太极通书》之后，朱熹继续对其《太极通书》进行"精加工"，他在门人杨方的帮助下，得到"九江故家藏本"的《通书》，发现与建安本《太极通书》有十九处不同，"互有得失"，经过校勘后于淳熙六年（1179年）在南剑州（即以前的延平郡）刊刻，是为延平本。[①] 是年朱熹到任知南康军，对《太极通书》"复加更定"，并写有一长序，总结了自己对周子生平和著作的认识历程以及历年的整理情况，后刊印流传，是为南康本。全书的结构顺序为："周子《太极图》并《说》一篇，《通书》四十章，世传旧本遗文九篇，遗事十五条，事状一篇。"[②] 此本仍然没有建安本以前诸本附录的"铭、碣、诗、文"，可说是继续保持了朱熹的求精原则、以程门为正的原则。而且，此本的《太极图（说）》《通书》、遗文、遗事和事状的结构形式（不知朱熹建安本的结构是否也是如此）也确定下来，既是此后《通书》的"通行版本"[③]，也为后来的周子文集奠定了基本格局。

总括朱熹编刻周子著作的历程，可知他一贯具有选精集萃的原则，先是在长沙本《通书》中将蒲宗孟《濂溪先生墓碣铭》一文进行删改，初步"净化"了周子的形象；接着在建安本《太极通书》中调整周子著作的结构顺序，建立起以《太极图（说）》为首、以《通书》紧接其后的新格局，并抛弃了胡宏《通书》整理本的分章定次形式，而"复其旧贯"。他在建安本以及

---

① （宋）朱熹：《太极通书后序（延平本）》，《元公周先生濂溪集》卷4，第75页。

② 《朱熹集》卷76《再定周子太极通书后序》，第3967页。据此后序，朱熹集次的南康本书名似仍为《太极通书》。但南宋后期目录学家陈振孙《直斋书录解题》卷9著录此本则为"《周子通书遗文遗事》一卷"（见徐小蛮、顾美华点校本，上海：上海古籍出版社，1987年，第276页）。不知何说为是。

③ 田智忠：《〈诸儒鸣道集〉研究》，北京：中国社会科学出版社，2012年，第206页。

后来的南康本中还完全删去了之前一直附载的、非程门系统的"铭、碣、诗、文",而代之以自己以程学为标准所写的《事状》,显示出更为明显的"精择"原则。

通过朱熹等人的努力,周子的著作不断刊印,越传越广,就在南康本《太极通书》编印的淳熙六年(1179年),就有"先生之书遍天下,士知尊敬讲习者寝多"之说①;祭祀周子的学校、祠堂也越建越多,同样是在淳熙六年,朱熹写道:"先生之学,自程氏得其传以行于世,至于今而学者益尊信之。以故自其乡国及其平生游宦之所历,皆有祠于学,以致其瞻仰之意。"②两年后,朱熹祖籍所在的徽州婺源县(今属江西)建立周程三先生祠堂,发起人周师清在请求朱熹撰写记文的来函中又说:"十数年来,虽非其乡、非其寓、非其游宦之国,又非有秩祀之文,而所在学官争为祠室,以致其尊奉之意。"③可见,"近世诸公知濂溪甚浅"的局面正不断得到改善,周子作为理学奠基人二程的老师、作为整个理学思想体系的开创者这一高大形象也越来越深入人心。这一形势的巨变,使得学林对周子生平事迹和著述情况需要更多的了解。而且在朱熹等人的努力下,周子的著作《太极图说》地位日高,将其作为经典来进行诠释的著作也不断推出(如朱熹、张栻均作有注解);随着学校、书院中祭祀周子祠堂的增加,有关阐发周子思想的学记、祠记的文章也越来越丰富(朱熹、张栻就写有不少),这些对更好地理解周子的生平和思想无疑很有帮助,因此有必要把它们汇集起来。顺应这一新的变化需要,有学者开始突破朱熹的"精择"原则,以更宏大更开阔的思路,选取更多的内容来充实、来丰富周子的著作体系。这便是叶重开七卷本《濂溪集》的由来。

---

① (宋)张栻著,杨世文点校:《张栻集·新刊南轩先生文集》卷10《南康军新立濂溪祠记》,北京:中华书局,2015年,第916页。
② 《朱熹集》卷78《隆兴府学濂溪先生祠记》,第4085页。
③ 《朱熹集》卷79《徽州婺源县学三先生祠记》,第4094—4095页。

　　叶重开是南宋处州松阳县（今属浙江丽水市）人[①]，字元之[②]，宋孝宗淳熙十一年（1184年）中进士[③]，随即出任道州州学教授[④]，《濂溪集》就是他在任期间编刻的。他在淳熙十六年（1189年）十一月的《舂陵续编序》中写道：

　　　　濂溪先生《通书》，传之者日众。舂陵本最先出，板浸漫灭。重开既白诸郡侯，参以善本，补正讹阙，并以南轩、晦庵二先生《太极图说》，复镂木郡斋矣。今序次此编，名之曰《濂溪集》。其间诸本所不登载，四方士友或未尽见，采诸集录，访诸远近得之，以类相从，分为七卷。

　　叶氏以舂陵本为底本来参校其他善本，自然有出于对周子家乡、自己任官之地的尊重态度，也说明此本与包括朱熹所编印诸本在内的其他各版本的《通书》（或《太极通书》）文字上相差并不大。较之于朱熹编刻周子著作侧重"精择"不同，叶氏的本子侧重于广搜博采，其增补主要包括两大方面：一是当时名气很大的两位理学大儒张栻和朱熹的《太极图说》，二是搜罗"诸本所不登载，四方士友或未尽见"的内容。叶氏之所以要与朱熹立异，他是这样解释的：

　　　　或谓晦庵更定周子之书，至于再三，极其精审，凡铭、碣、诗、文附见诸旧帙者，悉从删去。疑此集之杂，将无补于求道。重开应之曰：晦庵

---

① 叶氏在两篇文章的署名中都说是"括苍叶重开"，括苍是处州的郡名。清人李卫修、沈翼机纂的雍正《浙江通志》卷126（文渊阁《四库全书》影印本）进一步说叶氏是"松阳人"。松阳为处州下面的一县名。

② （宋）谢谔：《希贤阁铭并序》，《元公周先生濂溪集》卷10，第188页。

③ （明）刘宣等纂：《处州府志》卷9，明成化二十二年刻本。

④ 对于他之后的情况，我们所知甚少。宋末编修的《咸淳临安志》说叶重开曾任临安府新城县县令，清代所编《杭州府志》进一步记其出任时间是宁宗嘉泰二年（1202）（清人马如龙、杨鼐等纂修，李铎等增修：康熙《杭州府志》卷22，清康熙二十五年刻三十三年李铎增刻本）或嘉定二年（1209）（清人郑澐修、邵晋涵纂：乾隆《杭州府志》卷66，清乾隆刻本），但我们不知此叶重开是否就是我们这里所说的《濂溪集》的编者。

发明正道之传，示学者以纯一之旨，择之不容不精。是书集于先生之乡，凡片言只字知所尊信者，犹恐或失之，取之不得不广。又况先生之道，愈讲愈明，学者仁智之见虽有浅深，然自远而即近，由粗以至精，月异而岁不同，今而毕录于此，观之者宜知所适从矣。①

分析叶氏的话，可知在他看来，之前朱熹主要考虑的是如何把理学这一"正道"树立起来、流传开来，让世人知道什么才是真正的"纯一之旨"，所以"择之不容不精"，即特别注意分辨孰精孰粗的内容，注意取其精华、去其糟粕；而现在的《濂溪集》，编于周氏的家乡，"片言只字"都很重要，深惧遗漏，所以"取之不得不广"。应该说，叶氏对朱熹"精择"理由的分析很有道理，而对自己"广取"理由的说明，则并不充分，难以令人信服。不过他紧接着所述的话则有一定道理，他认为，"先生之道，愈讲愈明"，因此把更多人的记述和论说汇集到一起，就更容易把道理讲清楚，这就是他要把各种"仁智之见""毕录于此"的原因。最后所谓"月异而岁不同"，可谓叶氏把握时代变化带来的观念更新的点睛之语。

虽然我们不清楚叶氏编刻的《濂溪集》究竟有哪些内容，但从上述他的自序来看，内容已较之前所有的《通书》或《太极通书》版本都要丰富，不但把朱熹删去的"铭、碣、诗、文"重新恢复，而且把朱熹、张栻这两位当时的理学大儒解释周子《太极图说》的著作也补充进来，还把"诸本所不登载，四方士友或未尽见"的内容也加以汇集。整体上已由过去朱熹追求的"精审"向现在"杂"和"粗"的方向发展。更重要的是，叶氏首次以文集的观念来编定周子的著作，分门别类，多达七卷。叶氏编纂周子文集的原则、观念和规模，长期为后人所继承。

---

① 以上两段引文均见（宋）叶重开《舂陵续编序》，《元公周先生濂溪集》卷8，第142页。

二、精粗兼收：度正编纂周敦颐文集的过程

度正是合州人，出生和成长于周子为官之地（周子曾任签书合州判官事五年）和周子为代表的理学快速发展时期，因此很早就确立了理学的信仰，并注意搜求周子的遗文遗事。科举入官特别是在问学朱熹之后，度正更是加快了这一步伐，并最终编纂出周子文集。其《书文集目录后》一文专门叙述了这一过程，先引录如下：

> 正往在富沙（引者按，福建路建宁府郡名，治今福建建瓯市），先生（指朱熹）语及周子在吾乡时，遂宁傅耆伯成从之游，其后尝以《姤说》、《同人说》寄之。先生乃属令寻访，后书又及之。正于是遍求周子之姻族，与夫当时从游于其门者之子孙，始得其《与李才元（即李大临）漕江西时慰疏》于才元之孙，又得其《贺傅伯成登第手谒》于伯成之孙，其后又得所序彭推官诗文于重庆之温泉寺，最后又得其在吾乡时所与傅伯成手书。于序见其所以推尊前辈，于书见其所以启发后学，于谒、于疏又见其所以笃于朋友庆吊之谊。故列之《遗文》之末。又得其同时人往还之书，唱和之诗，与夫送别之序，同游山水之记，亦可以想象其一时切磋琢磨之益，笑谈吟咏之乐，登临游赏之胜，故复收之《附录》之后。而他书有载其遗事者，亦复增之。如近世诸老先生崇尚其学，而祠之学校，且记其本末，推明其造入之序，以示后世者，今亦并述之焉。①

---

① （宋）度正：《书文集目录后》，见《元公周先生濂溪集》卷8，第142页。曾枣庄、刘琳主编的《全宋文》卷6869据《永乐大典》卷22536亦收载，题名《书濂溪目录后》，见该书第301册，第143页，上海：上海辞书出版社，合肥：安徽教育出版社，2006年。这里引录的个别文字已据《全宋文》订正。

度正在编定周子文集的同时，还编纂有周子的《年表》，并在后序中写道：

> 正少时得明道、伊川之书读之，始知推尊先生。而先生仕吾乡时，已
> 以文学闻于当世。遂搜求其当时遗文、石刻，不可得，又欲于架阁库访其
> 书判行事，而郡当两江之会，屡遭大水，无复存者。始仕遂宁，闻其乡前
> 辈故朝议大夫知汉州傅耆曾从先生游，先生尝以《说姤》及《同人说》寄
> 之，遂访求之，仅得其目录及《长庆集》，载先生遗事颇详。久之，又得
> 其手书、手谒二帖。其后过秭归，得《秭归集》（为蒋概著）；之成都，得
> 李才元（即李大临）《书台集》；至嘉定，得吕和叔（即吕陶）《净德集》；
> 来怀安，又得蒲传正（即蒲宗孟）《清风集》，皆载先生遗事。至于其他私
> 记、小说及先生当时事者，皆纂而录之。①

综合这两段自述和其他文献，我们可以将度正搜求周子遗文遗事和编纂周
子文集的过程缕述于后。由于度正同时编纂的周子《年表》一般都与其文集合
刊，或置卷首，或置卷末，因此这里一并叙述。

1. 约在宁宗庆元元年（1195 年），度正出任遂宁府司户参军，在任期间访
得周子遂宁籍弟子傅耆的《长庆集》，"载先生遗事颇详"，内有 2 诗、6 书后
被收入周子文集。

据度正《性善堂稿》卷 15《跋伊川先生帖后》："正为遂宁户掾，友人王
君世垕数数为正言，城西傅君光家藏先正韩范诸公手迹甚富。乃祖大夫公，嘉
祐初实见濂溪周先生于合阳求教，先生手书《家人》《艮》《遇》等说赠之。其

---

① 见整理本《元公周先生濂溪集》卷末《濂溪先生周元公年表》跋语，第 238—239 页。

后程太中公知汉州，大夫公时为邑西川，又得交伊川兄弟间，手笔相问，往往皆在。正每见王君，必悉意咨恳，属以访求周程诸先生手迹。庆元二年正月四日，王君忽自山中来谒，讲礼已，袖出伊川先生手状一幅，徐加考订，殆先生入蜀时笔也。"从其友人王世堃于庆元二年（1196年）正月四日来谒度正的时间来看，度正至迟在庆元元年就已到任遂宁府（时属潼川府路，治今四川遂宁）司户参军了。在此期间，他了解到傅光"乃祖"傅耆曾从学于周敦颐，并与程颐兄弟"手笔相问"。为此，度正嘱托王世堃注意"访求周程诸先生手迹"。虽然只得到一幅"伊川先生手状"，并没有得到周氏手迹，但还是很有收获，这就是他在上引《书濂溪先生周元公年表后》中所写的："始仕遂宁，闻其乡前辈故朝议大夫知汉州傅耆曾从先生游，先生尝以《姤说》及《同人说》寄之，遂访求之，仅得其目录及《长庆集》，载先生遗事颇详。"由此来看，度正得到了傅耆的文集《长庆集》，其中应当收载有后来被编入周子文集的傅耆2诗（《和周茂叔席上酬孟翱太博》《周茂叔送到近诗数篇，因和渠阁裴二公招隐诗》）、6书（即《答周茂叔书》4书、《上永倅周茂叔启》《答卢次山》）；度正从文集中还了解到周子的不少遗事，即所谓"载先生遗事颇详"。但周子写给傅耆的"手书、手谒二帖"还没有见到，要很久以后才访得（详后）。

2. 约庆元三年（1197年）春或夏初，度正经过秭归时，得到周子友人蒋概的《秭归集》，集中当有《巴东龙昌洞记》。

度正在上引《书濂溪先生周元公年表后》中叙述其"始仕遂宁"的情况后写道："其后过秭归，得《秭归集》。"《秭归集》为蒋概所写，其中的《巴东龙昌洞记》（后入周子文集）主要叙述他和周敦颐等人游览秭归名胜龙昌洞的情况，当是这次搜集到的。据《性善堂稿》卷11《掩马记》："庆元三年正月，乡舍调官阙下，既逾宣城，六月八日，发朱唐……"由此可知度正是在任满遂

宁府司户参军后于庆元三年（1197年）初受命启程赴京的。宣城在江南东路
的宁国府（今属江西），距京城临安（今浙江杭州）已很近，而秭归（治今湖
北秭归）则在荆湖北路的最西边，与四川东面的夔州路相接。度正庆元三年
（1197年）初出发，六月已过宣城，那"过秭归"当在春天或夏初。

**3. 庆元三年（1197年）七月，度正在京城调官后南下福建建宁府，问学
朱熹，朱嘱其寻访周子遗文遗事；次年朱熹又在书信中问及搜访情况。**

庆元三年（1197年）夏，度正到京城调官后，不顾"伪学""逆党"之酷，
冒暑南下福建建宁府拜见并求学于朱熹，把在遂宁府访得的伊川手帖送朱熹一
阅，朱熹在七月下旬得见伊川手帖，一方面赞扬度正"求访之勤"，一方面勉
励他继续努力："濂溪先生往还遗迹，计其族姻闾里之间犹有存者，度君其广
询之，当可得也。"①度正当年返回后，出任利州教授。次年十月朱熹又写信给
度正，仍然要他继续访问"濂溪文字"。这封《与度周卿书》在朱熹的《晦庵
集》卷60中曾收录，但很不全；近人依据石刻抄录的《八琼室金石补正》卷
112也有收录，仍有缺漏与讹误，现代整理的《朱熹集》《朱子全书》和《全宋
文》也承袭了这一缺憾。其实，清代同治《涪州志》卷14《艺文志》和民国
《涪陵县续修涪州志》卷3《艺文志》（民国十七年铅印本）收载有完整的文字。
考虑到这封书信不易得见全本，兹全录于下（个别文字上的歧异则加注说明）：

> 十月十六日，熹顿首：去岁暮何幸辱远访，得遂少款，为慰为慰。顷
> 客舍语别，忽忽期年又两三阅月矣。不审何日得遂旧隐？官期尚几何时？
> 比来为况何如？读书探道亦颇有新功否耶？岁月易得，义理难明。但于日

---

① 《朱熹集》卷84《跋度正家藏伊川先生帖后》，第4319页。

用之间，随时随处提撕此心，勿令放逸，而于其中随事观理，讲求思索，沉潜反复，庶于圣贤之教，渐有默相契处，则自然有得。天道性命，真不外乎此身。而吾之所谓学者，舍是无有别用力处矣。相望数千里，无由再会面，因书涯略，不觉缕缕，切勿为外人道也。此书附建昌包生去，渠云自曾相识，且欲求一异书，不知果有之否？刻舟求剑，似亦可笑，然亦可试为物色也。所欲言者，非书可悉，灯下目昏，草草不宣。熹再拜款署周卿教授学士贤友后缺数行云。

濂溪文[①]字后来更曾访问得否？去岁归建阳后方得于此所惠书并书稿、策问。所处既非，今又何敢道耶？熹[②]。

朱熹的当面叮嘱与事后书信相问，就是度正在上引《书文集目录后》开头的这段自述："正往在富沙，先生语及周子在吾乡时，遂宁傅耆伯成从之游，其后尝以《姤说》《同人说》寄之。先生乃属合寻访，后书又及之。正于是遍求周子之姻族，与夫当时从游于其门者之子孙。"可见朱熹的嘱托是度正大力搜求周子遗文遗事的重要动力。

4. 嘉泰四年（1204年）至嘉定五年（1212年）间，度正在成都访得李大临《书台集》，后入周子文集附录的《濂溪谒周虞部》诗当在其中；并通过李大临后人得到周子《慰李大临才元疏》。

上引《书濂溪先生周元公年表后》说度正过秭归得蒋概《秭归集》后，"之成都，得李才元《书台集》"。度正何时到成都得到李大临（字才元）《书台

---

① 此字在《八琼室金石补正》中作"大"，在同治《涪州志》中作"丈"，在民国《涪陵县续修涪州志》中作"文"。据度正《跋濂溪贺傅伯成受诏》，应为"文"字。见《元公周先生濂溪集》卷6，第106页。

② 此"熹"字仅民国《涪陵县续修涪州志》的录文才有。

集》呢？经考证，度正曾在嘉泰四年（1204年）拜见由成都府路转运判官升任四川茶马使的赵善宣，作有《上赵茶马》《上茶使赵伯川》《谒茶使》《送茶使赵伯川赴阙》等诗，可知此时度正已在成都。[①] 紧接着的吴曦变乱平定后，理学家、张栻门人吴猎在嘉定元年（1208年）到任四川制置使兼知成都府，度正被任为成都府学教授，不久知成都府华阳县，直至嘉定五年（1212年）离任。因此度正在成都得到李大临《书台集》的时间，可能就是嘉泰四年（1204年）到嘉定五年（1212年）之间，内有《濂溪谒周虞部》诗，后入周子文集附录。度正在上引《书文集目录后》说他寻访周子遗文时，"始得其与李才元漕江西时慰疏于才元之孙"，即从李大临后人中访得周子《慰李大临才元疏》。另外，他在成都期间还得到周子乡士杨齐贤所撰周子《年谱》初稿[②]，对其更多地了解周子自然大有帮助，也促使他编纂更好的周子《年表》。

5. 嘉定五年（1212年），度正通判嘉定府（治今四川乐山），在任期间得到吕陶《净德集》。

上引《书濂溪先生周元公年表后》说度正"至嘉定，得吕和叔《净德集》"。吕陶（字和叔）《贺周茂叔弄璋》《送周茂叔殿丞序并诗》当在《净德集》中，后收载周子文集附录。

6. 约嘉定九年（1216年），度正从嘉定返回成都时，得到周子《贺傅伯成手谒》。

上引《书文集目录后》说度正自己"得其贺傅伯成登第手谒于伯成之孙"，说明他是从傅耆后人那里得到周子《贺傅伯成手谒》的。度正后来写有跋语：

① 参见黄博《度正年谱长编》（未刊稿）。
② 见整理本《元公周先生濂溪集》卷末《濂溪先生周元公年表》跋语，第239页。

"顷自嘉定还成都，寓于二程祠堂之右塾，偶得此纸。"① 则又知度正具体是在成都二程祠堂旁得到这份《手谒》的。

7. 嘉定九年（1216 年），度正知怀安军（治今四川金堂），在任期间访得周子妻兄蒲宗孟《清风集》，集中当有蒲氏写给周子的《乙巳岁除日收周茂叔虞曹武昌惠书，知已赴官零陵，丙午正月内成十诗奉寄》。

据考，嘉定九年（1216 年），度正升任奉议郎、权发遣怀安军兼管内劝农事（即知怀安军）。上引《书濂溪先生周元公年表后》说度正"来怀安，又得蒲传正《清风集》"，当在此时。集中当有周子妻兄蒲宗孟（字传正）所写《乙巳岁除日收周茂叔虞曹武昌惠书，知已赴官零陵，丙午正月内成十诗奉寄》，后入周子文集附录。

据上引《书濂溪先生周元公年表后》，度正访得的傅耆《长庆集》、蒋概《秭归集》、李大临《书台集》、吕陶《净德集》和蒲宗孟《清风集》，"皆载先生遗事"。这样，度正从这些文集中不但得到了他们交往的一些诗文，还得到了周子不少"遗事"，从而丰富了度正所编周子文集《遗事》部分的内容，也为其编纂周子《年表》提供了更多的资料。

8. 嘉定十二年（1219 年），度正升任知重庆府，在任期间先后得到周子《彭推官宿崇胜院诗序》《与傅伯成手书》。

据《性善堂稿》卷 15《跋濂溪序彭推官宿崇胜院诗后》，度正在嘉定十二年（1219 年）冬起知重庆府，次年他在编纂文集、年表时，从友人罗坚甫处得知重庆温泉寺的一僧人在寺庙的过道处发现了周子的《彭推官宿崇胜院诗序》，

---

① 见《元公周先生濂溪集》卷 6，第 106 页。

度正"得之喜甚"。不久，度正又得到周子写给弟子傅耆的书信，这就是上引《书文集目录后》所说："其后又得所序彭推官诗文于重庆之温泉寺，最后又得其在吾乡时所与傅伯成手书。"

为了更直观地展示度正长年累月的搜集情况，我们依据上述，列表于下。

时　间	度正职任或其他	度正搜访情况
宁宗庆元元年至庆元二年（1195—1196年）	遂宁府司户参军	得周子门人傅耆《长庆集》，内有傅耆2诗（《和周茂叔席上酬孟翱太博》《周茂叔送到近诗数篇，因和渠阎裴二公招隐诗》）、6书（即《答周茂叔书》4书、《上永倅周茂叔启》《答卢次山》）
宁宗庆元三年（1197年）春	赴京城调官，路经秭归时	得周子友人蒋概《秭归集》，内有《巴东龙昌洞记》
宁宗嘉泰四年至嘉定五年间（1204—1212年）	在成都，曾任成都府学教授、知成都府华阳县	得周子友人李大临《书台集》，内有《濂溪谒周虞部》诗；又得周子《慰李大临才元疏》
宁宗嘉定五年至嘉定九年（1212—1216年）	通判嘉定府	得周子任官合州时的属僚吕陶（时为铜梁令）《净德集》，内有《贺周茂叔弄璋》《送周茂叔殿丞序并诗》
宁宗嘉定九年（1216年）	升任知怀安军，从嘉定返回成都时	得周子《贺傅伯成手谒》
宁宗嘉定九年至十二年（1216—1219年）	知怀安军	得周子妻兄蒲宗孟《清风集》，内有《乙巳岁除日收周茂叔虞曹武昌惠书，知已赴官零陵，丙午正月内成十诗奉寄》
宁宗嘉定十三年至十四年（1220—1221年）	知重庆府	得周子《彭推官宿崇胜院诗序》《与傅伯成手书》

度正在前引《书文集目录后》中还说："而他书有载其遗事者，亦复增之。如近世诸老先生崇尚其学，而祠之学校，道记其本末，推明其造人之序，以示后世者，今亦并述之焉。"可知度正还搜集到了有关周子的一些"遗事""学记""祠记"等。

在度正搜求周子遗文遗事的过程中，周子及以其为代表的理学虽然经历了"庆元党禁"的政治高压，但接下来的"开禧北伐"迅速失败，主导这两大事件的权相韩侂胄被杀，理学又以狂飙突进之势，继续在全国各地大力传播和发展，并不断由民间思潮向朝廷统治哲学迈进，嘉定十三年（1220 年）周子成功地获得"元公"的谥号，确立了"自孟氏之后观圣道者，必自濂溪始"①的崇高地位。适应周子及以其为代表的理学政治地位的快速提升和在社会中日益普及的新形势，度正在嘉定十四年（1221 年）知重庆府期间完成了周子文集和年表的编纂。据度正《书文集目录后》的落款，知其编定周子文集在嘉定十四年六月；又据度正《书濂溪先生周元公年表后》和跋语的落款，知其最后编定周子年表在嘉定十四年八九月间。从度正《书文集目录后》所谓"列之《遗文》之末"、"收之《附录》之后"、对"遗事""复增之"这些用词来看，度正在编定周子文集时必定有一个文集的底本。目前我们知道在度正之前只有前述道州州学教授叶重开在淳熙十六年（1189 年）编刻的《濂溪集》七卷本，因此我们初步判断，度正所依据的当是叶氏的七卷本《濂溪集》。

对度正辛苦搜集周子遗文的情况，宋末学者黄震在读《周子后录》时曾说：

> 《后录·补遗》《遗文》凡二十二，皆蜀人度正遍求于故家遗俗之传，梯访于高崖危嶝之刻，亦可谓忠厚之至者矣。公之文，不特诗文书帖见录，而贺傅者之名刺亦见录。公之文所及，不特亲党交游见录，而守坟之周兴全家姓第皆见录。然则片言只字，余音遗迹，使后世皆宝爱之而不忘，此其所本固自有在。②

---

① 《先生谥告》，见《元公周先生濂溪集》卷 9，第 157—158 页。
② （宋）黄震著，张伟、何忠礼主编：《黄震全集》第四册《黄氏日抄》卷 33《读本朝诸儒理学书·周子后录》，杭州：浙江大学出版社，2013 年，第 1248—1249 页。

这里说周子的二十二篇遗文都是度正搜访所得，自然有所夸大，但强调度正以"忠厚"的态度，对有关周子的所有文字都注意收录，"片言只字"都不放过，则属事实。这在度正《书文集目录后》的最后也交代得很清楚：

> 正窃惟周子之学，根极至理，在于《太极》一图；而充之以修身齐家治国平天下，则在《通书》。吾先生既已发明其不传之秘、不言之妙，无复余蕴矣，其余若非学者之所急。然洙泗门人记夫子微言奥义，皆具载于《论语》，而夫子平日出处之粗迹，则亦见于《家语》《孔丛子》等书而不废。正今之备录此篇，其意亦犹是尔。学者其亦谨择之哉！

度正的意思是，正如孔门不仅看重《论语》，还重视"夫子平日出处之粗迹"一样，今天我们也要既重视《太极图（说）》和《通书》这些周子之学的精粹，也要重视搜集和保存其他"若非学者之所急"的内容。精粗俱录，最终让学者自己去选择。这个原则在他的周子《年表》中也得到反映，其弟度蕃在跋语中写道：

> 其（引者按，指度正）编类《濂溪家世年表》，皆口授，弟蕃执笔从傍书之。书至买平纹纱衫材、樗蒲绫袴段，蕃曰："不太苛细否？"曰："此固哲人细事，如食之精，脍之细，鱼之馁，绀緅之饰，红紫之服，当暑之絺绤，《乡党》皆备书之。今读之，如生于千载之前，同堂合席也，岂可忽乎？"恐观者之不达乎此，故书之以示同志云。[①]

[①]　此跋在宋本《元公周先生濂溪集》中题署度正，不确，应为度蕃作。参见拙文《两部宋刻周敦颐文集的价值》，《四川大学学报（哲学社会科学版）》2010 年第 3 期。

这是一段生动的跋语，可见度正再次以孔门之事为例，对那些一般人认为是"苛细"的内容也要把它记录保存下来，目的是让后人通过这些看似琐碎的事情，能够生发出与周子"同堂合席"的亲切之感。

总之，由于周子生前地位不高，死后也长期得不到彰显，因此他的一些诗文早已散佚，一些事迹也湮没无闻。度正距离周子生活的时代已有上百年之久，他能够坚持巨细不遗的态度，精粗俱录，把不少濒临散失的周子遗文遗事搜集起来，并加以整理，形成文集和年表，应该说是十分难能可贵的，是无愧于黄震所谓"忠厚之至"这一美名的，而且促使周子的形象更为丰满，有助于我们更完整、更立体地认识这位理学大儒。如果考虑到度正访得的周子门人朋友的6部文集即傅耆《长庆集》、蒋概《秭归集》、李大临《书台集》、吕陶《净德集》、蒲宗孟《清风集》和何平仲《诗集》，只有吕陶《净德集》传世至今，其余都已散佚无存的话，那么我们更能对度正的所作所为增加一份敬意。可以说，如果不是度正，后世对周子的了解必将大为逊色。

三、名亡实存：度正所编周敦颐文集在宋代的流传

虽然度正重新编定了周子的文集，但我们没有见到其直接刊印的材料。那么，度正所编的文集是否得到刊印了呢？笔者推测，与度正编定时间最近的道州守臣萧一致所刻的《濂溪先生大成集》，就是依据度正本而来。

《郡斋读书附志·别集类三》曾载录这个刻本，对其书名、编刻者及刻印地都有明确记载：

> 《濂溪先生大成集》七卷……。右周元公颐字茂叔之文也。……始，

道守萧一致刻先生遗文并附录七卷，名曰《大成集》。①

这个道州守臣萧一致是江西新喻人，字伯易，生卒年不详。据明朝隆庆五年（1571 年）刻本《永州府志》卷四下记载，萧氏是在嘉定十六年（1223 年）知道州的，到宝庆三年（1227 年）为许纶取代。② 这样，萧一致应该是在嘉定十六年至宝庆二年（1223—1226 年）知道州期间刻印《濂溪先生大成集》的③，正好是度正编定周子文集两年之后的一段时间。此本已佚，但其目录则附在明朝弘治年间（1488—1505 年）周木编刻的《濂溪周元公全集》后面保存了下来④。据《目录》，《大成集》确为七卷，卷一为《太极图》《说》一篇，朱熹氏全解），卷二为《通书》（凡四十章，朱熹氏全解），卷三为《遗文》，卷四为《遗事》，卷五至卷七为附录。从这份目录，我们明显可以看到它的结构顺序与朱熹更定的南康本《太极通书》是一致的，只是《太极通书》在"遗事"之后只有朱熹的《濂溪先生事状》一篇，而这里的《大成集》则已有多达三卷的"附录"了。从这份目录中，我们可见度正所编周子文集的诸多痕迹：

第一，《大成集目录》卷三《遗文》收录周子遗文 19 篇，其中最后 6 篇分别是《贺傅伯成手谒》《手书》《慰李大临才元疏》《与二十六叔手帖》《与仲章侄手帖》《宿崇胜院诗序》，除《与二十六叔手帖》和《与仲章侄手帖》外，其余 4 篇都是度正寻访所得。这与度正在《书文集目录后》说他亲自搜集的这几篇"列之《遗文》之末"是吻合的。

第二，《大成集目录》卷五《附录一》收录有关诗文 30 多篇，其中最后

---

① （宋）赵希弁：《读书附志》卷下，见（宋）晁公武撰、孙猛校证：《郡斋读书志校证》，上海：上海古籍出版社，1990 年，下册，第 1186—1187 页。
② 清朝嘉庆二十五年刻本《道州志》卷 4 也如此记载。
③ 此本在元修《宋史》卷 209《艺文志·总集类》中有著录。
④ 关于此本的情况，可参见粟品孝《明刻〈濂溪周元公全集〉价值略述》，载《徽音永著：徐规教授纪念文集》，上海：华东师范大学出版社，2012 年。

的 16 篇中，有 13 篇都是度正搜集到的（仅有苏轼、黄庭坚、张舜民 3 首诗不是），包括从蒲宗孟的《乙巳岁除日……成十诗奉寄》到最末的蒋概《巴东龙昌洞记》。这与度正在《书文集目录后》说他搜集的这些诗文"收之《附录》之后"也是相符的。

第三，《大成集目录》卷四《遗事》"凡十九条"，其中应该有度正增加的部分。前述朱熹编的建安本《太极通书》后有"遗事十五条"；而《大成集》已增至"十九条"。联系到度正在《书文集目录后》中说"他书有载其遗事者，亦复增之"，则说其中增加的 4 条有度正所补，恐不为过。

据此，虽然度正所编的周子文集未见单独刊刻，但两年之后不久，即为道州守臣萧一致所得，其基本面貌就保存在《大成集》中；透过保存至今的《大成集目录》，我们也就知道度正所编周子文集的大体样貌了。

这里要说明的是，虽然现存的《大成集目录》未见度正所编的《濂溪先生年表》，但萧一致也很可能刻印了，宋理宗淳祐年间（1241—1252 年）知广州的方大琮所见的"道本年谱"应当就是，他所谓的"道本年谱至潮题大颠堂壁，亦系于辛亥"[1]，就与今传度正《年表》一致。当然，我们在明代周木刻本所附的《大成集目录》中并没有见到年表。情况很可能是，《大成集》是把周子年表置于卷首，周木抄刻《目录》时没有抄录这一内容。这种情况从周木抄刻宋本《元公周先生濂溪集总目》时也没有抄录卷首的《濂溪先生周元公家世年表》中可以得到佐证。而且，据明代张元祯《周朱二先生年谱引》，张氏在周木处曾见到"凡若干卷"的《周子大成书》，说"首卷则《年表》也"[2]。张氏这里所说的《周子大成书》，应当就是《濂溪先生大成集》的别称、俗称，

---

① （宋）方大琮：《铁庵集》卷 22《与田堂宾（灏）书》，此据《全宋文》卷 7386，第 322 册，第 13 页。

② （明）张元祯：《周朱二先生年谱引》，附载明朝周木刻本《濂溪周元公全集》末。

而且用的是《年表》而不是《年谱》之称，也就是说还保留了度正编谱时的称呼。这些情况似可证明萧一致在道州刻《濂溪先生大成集》时确曾刻印了度正所编的周子年表，并置于卷首。

在萧一致刊《大成集》后不久，即在理宗绍定元年（1228 年），进士易统又在江西萍乡刊刻《濂溪先生大全集》七卷。易统的生平行实不详，但其刻本有两篇跋文则保留至今，其中有一篇是由度正所撰①。既然度正写有跋语，那么他所编的文集内容应该也为《大全集》所吸收。

在萧一致刊《大成集》后十余年，连州（时属广南东路，治今广东连县）教授周梅叟曾将其翻刻于州学。周梅叟是周敦颐族人，字春卿，道州营道县（治今湖南道县）人，"习《礼记》"。绍定三年（1230 年）来知道州的李韶②"采诸旦评"，拔其为当地书院堂长，后中嘉熙二年（1238 年）进士，出任连州州学教授。周梅叟至迟在嘉熙四年（1240 年）已到任，约在淳祐元年（1241 年）、二年（1242 年）间"取《太极图》《通书》《大成集》刊于学宫"③。此《大成集》当是周梅叟从道州赴任连州时将萧一致主持刻印的道州本带来翻刻的。淳祐三年（1243 年），周梅叟到广州出任科举考官，将新刻的《大成集》送给了时知广州的方大琮。据方氏所见，"其遗文际春陵本稍增"。④ 这里所谓的"春陵本"，当是萧一致所刻的道州本。所谓"稍增"，当增加极少。笔者估计，增加的很可能就是附在明朝周木编刻的《濂溪周元公全集》后面的《濂溪先生大成集拾遗》所收的两方面内容，一是周子在合州与人游龙多山时唱和的八首诗，二是所谓"家集"的 7 篇遗诗。周梅叟是周敦颐族人，掌握并贡献出

① （宋）度正：《书萍乡大全集后》，《元公周先生濂溪集》卷 8，第 143 页。
② 李韶知道州的时间据《（嘉庆）道州志》卷 4，嘉庆二十五年刻本。
③ （宋）方大琮：《铁庵集》卷 4《举连州教授周梅叟乞旌擢奏状》，此据《全宋文》卷 7366，第 321 册，第 76 页。
④ （宋）方大琮：《铁庵集》卷 21《与周连教书一》，此据《全宋文》卷 7385，第 321 册，第 402 页。

来"家集"的内容是极有可能的。而周子在合州龙多山唱和诗，则是周梅叟在京城（可能是参加科举考试时）从"蜀贤"那里得到的，即方大琮写给周梅叟书信中所说的"夜来所谓入京则得蜀贤遗以龙多山诗"①。这里的"蜀贤"，很可能是眉州丹棱李壂后人或乡人。现在我们还能见到李壂写于绍定三年（1230年）的跋语②。李壂绍定四年（1231年）开始任知成都府，六年（1233年）召赴朝廷，次年（端平元年，1234年）到京任官，三年（1236年）出知眉州，不再回朝。③从李壂在朝廷任官的时间和周梅叟在京城参加科举考试的时间（1237—1238年）对比来看，周氏不太可能直接从李壂那里得到"龙多山诗"，很可能是从李壂的后人或其他乡亲那里得到的。与道州本有年谱一样，周梅叟连州翻刻本也有年谱，时知广州的方大琮简称其为"连谱"，且发现与"道本年谱"有些不同。④

之后周子文集还在刊印。目前我们所见有两部宋刻本：一是理宗宝祐四年至景定五年（1256—1264年）间编刻的《濂溪先生集》（不分卷）⑤，二是度宗咸淳六年（1270年）之后不久刻于江州的《元公周先生濂溪集》十二卷。

这两部现存的宋刻本均藏于中国国家图书馆。不分卷的《濂溪先生集》已

---

① （宋）方大琮：《铁庵集》卷21《与周连教书二》，此据《全宋文》卷7385，第321册，第404页。

② 见《元公周先生濂溪集》卷6，第107页。

③ 参见王德毅《李焘父子年谱》，台北：商务印书馆，1963年，第206—234页。

④ （宋）方大琮：《铁庵集》卷22《与田堂宾（灝）书》，此据《全宋文》卷7386，第322册，第13页。

⑤ 此本原为民国学者傅增湘藏书，他根据该书《年谱》末所记"今上皇帝淳祐元年辛丑春正月"，推知此本"当为淳祐刊本"。（《藏园群书经眼录》第4集集部上，北京：中华书局，1983年，第1146页）这是不确切的。《年谱》"神宗熙宁元年戊申"条在述及孔延之为周敦颐兴学之举所作的《邵州新迁学记》时，有一段小字注文："宝祐三年宋侯仲锡彻祠宇而大之，始建书堂焉"。附录四还专门收录了时人高斯得为此次复建祠堂、创设书堂写的《新建濂溪先生祠堂记》，此记以《宝庆府濂溪书堂记》（按，南宋后期邵州升为宝庆府，时属荆湖南路，治今湖南邵阳）为题收载高氏《耻堂存稿》卷4，内有"经始于宝祐三年十有一月，明年某月成"语。据此，此本当编刻于"今上"理宗在位的晚期即宝祐四年至景定五年（1256—1264年）之间，不会是时间更早的淳祐年间（1241—1252年）。

残，据其目录，内容依次为：家谱、年谱、太极图（含朱熹氏解）、太极说（含朱熹氏解等）、通书（含胡宏氏序等）、遗文（凡三十一篇，含诗赋）、遗事（凡二十条）和附录（分为四部分，各有四十六、十六、十七、八篇，总八十七篇）。此本虽然不分卷，但与上述七卷本《濂溪先生大成集》目录比照，除了卷首的家谱、年谱外，其他内容都是按《太极图（说）》《通书》、遗文、遗事、附录的结构形式依次编排的，因此应该还是在七卷本的基础上重新编刻的。从目录内容上看，不但涵盖了七卷本《濂溪先生大成集》的全部内容，而且还把度正在嘉定十六年（1223 年）于家乡守表期间搜集到的何平仲三诗，即《赠周茂叔》《闻茂叔中年有嗣以诗贺之》《题茂叔拙赋》也收载"附录一"中去了①。这些反映出此本已经把度正所编文集的内容和之后度正搜集到的内容都加以收录了。

十二卷《元公周先生濂溪集》完好无缺，也应该是在七卷本基础上扩编的。前有度正所编的《濂溪先生周元公世家》及《年表》，正集卷一至卷五为遗书（卷一至卷三是《太极图（说）》及相关内容，卷四、卷五是《通书》及相关内容），卷六为遗文、遗事，卷七至卷十二则为附录。正集的结构也与《濂溪先生大成集目录》一致，内容上也全部涵盖了《大成集》，并附有何平仲三诗，这些同样反映出此本已把度正所编文集的内容和之后搜集到的内容全部收录了进去。而且，此本还完整地收录了度正所编的《濂溪先生周元公世家》和《年表》，内容上与上述不分卷的《濂溪先生集》前面的《家谱》和《年谱》相近。两相比较，《年表》正文内容丰富，并有不少注文（包括明显是由度正所写的注文）、末有度正的后序以及署名度正（实际应为度蕃）的跋语，而《年谱》则完全没有，其他方面的文字也要简练得多，可说是度正《年表》的

---

① 参见度正《记养心亭题说》，《元公周先生濂溪集》卷 6，第 99—100 页。

缩写版（当然文字上也偶有增加）。

从我们对度正之后（限于宋代）周子文集刊印情况的梳理来看，度正虽然没有单独刊印自己所编的成果，但那些成果已经汇入了后来编刻的各种周子文集之中了。我们这里虽然只是清理了宋代编刻的周子文集，实际上宋以后的周子文集都是在宋本的基础上发展的，宋本（包括度正所编的周子文集）是后来各种周子文集的祖本。因此，表面上度正所编的周子文集不见单独刻印，名义上已经亡佚（当然《世家》《年表》保存完好），而实际上则保存在后来各种周子文集之中。

（原载《湖南科技学院学报》2017 年第 5 期）

现存两部宋刻周敦颐文集的价值

被誉为"理学开山"的周敦颐，其文集形式多样，版本繁复。对于明朝以来的刻印本，学界所见较多，而对宋刻本，人们还了解不够。已知现代整理点校本，如中华书局 1990 年版《周敦颐集》、江西教育出版社 1993 年版《周敦颐全书》、海南国际新闻中心 1996 年版《周敦颐集》(《传世藏书》本)、岳麓书社 2002 年版《周敦颐集》等，都没有利用宋刻本，有的甚至声称"宋本今已不可见"[①]。其实，宋刻周敦颐文集不但传承至今，而且还有两部，现均藏于中国国家图书馆。一部已残，题《濂溪先生集》；另一部则完好无缺，题《元公周先生濂溪集》。表面上看，这两部宋刻本目前的命运差别很大，《濂溪先生集》独藏于国家图书馆，而《元公周先生濂溪集》则已有《北京图书馆古籍珍本丛刊》《宋集珍本丛刊》和《中华再造善本丛书》等影印本和岳麓书社已出的两个整理本[②]。但实际上，这两部宋刻本迄今为止都没有得到充分的重视和利

---

① 见海南国际新闻中心 1996 年版《周敦颐集》(《传世藏书》本) 的"提要"。
② 2006 年版仍题为《元公周先生濂溪集》；2007 年版则改题为《周敦颐集》，收入《湖湘文库》。

用，其应有的价值还远未得到揭示。为此，笔者愿意在这里将自己翻阅、比对的一些收获提出，希望能对研究者有所裨益。

一、两部宋刻本的内容及有关问题辨正

宋刻残本《濂溪先生集》（下称宋刻《濂溪集》）不分卷，一册。据其目录，内容依次为：家谱、年谱、太极图、太极说、通书、遗文、遗事和附录，其中遗文收录周敦颐诗文书信 31 篇，附录则是他人所作的与周敦颐有关的诗文，分为四部分，收文 87 篇。此本原为傅增湘藏书，他曾著录说："今所存者至《太极图》朱熹氏解止，都四十四叶。以下《太极说》《通书》、遗文、附录诗文皆缺失。"大约受此影响，现在此本的封面上还标以"存家谱、年谱、太极图"，有关书目也如此著录。其实，依笔者所查，此本还较为完整地保存了"太极说"的内容（详后）。又，傅增湘根据《年谱》末所记"今上皇帝淳祐元年辛丑春正月"，推知此本"当为淳祐刊本"。① 这也是不确切的。《年谱》"神宗熙宁元年戊申"条在述及孔延之所作《邵州新迁学记》时，有一段小字注文："宝祐三年宋侯仲锡彻祠宇而大之，始建书堂焉"。据此，此本当刻于南宋理宗后期，最早不会超过宝祐三年（1255 年），更不会是淳祐年间（1241—1252 年）。

宋刻《元公周先生濂溪集》（下称宋刻《元公集》）十二卷，二十册。卷首为《濂溪先生周元公世家》及《濂溪先生周元公年表》，卷一至卷五为遗书，卷六为遗文、遗事，卷七至卷十二则为附录。有学者根据"附录内容以江州资料最多，时间跨度最长，下限最晚，而又放在附录各篇之首"，断定此本"开

---

① 傅增湘：《藏园群书经眼录》第四册集部上，北京：中华书局，1983 年，第 1146 页。

刻地点应该于当时的江州"①。这是很有道理的。又此本收录的最晚一篇文章是冯梦得写于度宗咸淳六年（1270年）闰十月的《江州濂溪书院后记》（卷十），可知此本刻印于此后不久，但必在恭帝德祐元年（1275年）之前，因为这篇《后记》对当时的权相贾似道极尽吹捧之能事，而贾似道在德祐元年二月的丁家洲之战失败后即罢相失势，在此之前的正月江州也沦于元军之手②。有学者根据此本卷首《濂溪先生周元公年表》的度正跋语，认为"此本当为度正所裒辑"③。南宋后期的合州巴川（今重庆铜梁）人度正虽曾编辑周敦颐文集和年谱，但他卒于宋理宗端平二年（1235年）④，单从上举冯梦得一文，即可证此本绝非"度正所裒辑"。

二、张栻《太极图解》（含《后序》）的保存情况

宋刻《濂溪集》虽然已残，但有完整的目录保存（仅少量字迹不清，但均可依据其他版本补认），这就为与其他版本的周氏文集收录内容进行比较提供了方便。如其"遗文"部分，所录周氏诗文的一些标题与宋刻《元公集》及后来一些周氏文集有别。极有价值的有两处：一是《香林寺饯赵虔州》诗。宋刻《元公集》题为《万安香城寺别虔守赵公》，并有注文称："别本云：清献自虔州赴召，舟至造口，同游香林寺，石刻可考。《大成集》以为万安香城，非也。"验之于赵抃《清献集》卷三《和虔守任满前人香林寺饯别》诗，题《香

---

① 唐之享：《重刊宋版〈元公周先生濂溪集〉序》，载湖南省濂溪学研究会整理的《元公周先生濂溪集》卷首，长沙：岳麓书社，2006年，序文第2页。按：该序以为所刊《元公周先生濂溪集》是"最早的宋刻本"，则明显有误。
② （元）脱脱等：《宋史》卷474《贾似道传》，北京：中华书局点校本，1977年，第13786页；（元）刘敏中：《平宋录》卷上，丛书集成初编本。
③ 《宋集珍本丛刊》第八册《〈元公周先生濂溪集〉提要》，北京：线装书局，2004年。
④ 据阳枋《字溪集》卷12附录《纪年录》，文渊阁《四库全书》影印本。

林寺饯赵虔州》似更准确。二是《夜雨书窗》诗。此诗题名与宋刻《元公集》同，但自明代周冕于弘治四年（1491年）编刻《濂溪遗芳集》开始[①]，各种版本的周氏文集包括中华书局1990年版《周敦颐集》均将此诗析为《夜雨书窗》和《石塘桥晚钓》两首来著录（《全宋诗》亦然）。其实，此诗在宋刻《濂溪集》的目录中是列在"家集中七首"之下的，既云出自当时的"家集"，那自然较明代编刻的《濂溪遗芳集》更为可信，因此将此诗作为一首而不是两首来编排可能更为妥当些。

除有完整的目录保存外，宋刻《濂溪集》的家谱、年谱、太极图、太极说等内容也基本保存完好。其中的《家谱》与宋刻《元公集》卷首的《濂溪先生周元公世家》互有详略，但大体一致；《年谱》的主体内容也与宋刻《元公集》卷首的《濂溪先生周元公年表》和后世流传的各种周敦颐年谱或年表基本相同[②]；《太极图》部分有图也有朱熹的解义，与后世流传的周敦颐文集所收并无不同。宋刻《濂溪集》最有价值的部分在《太极说》，既有朱熹的解义，也有张栻的解义，这就与宋刻《元公集》和后来各种形式的周敦颐文集只录朱熹解义的情况不同。张栻的《太极图解》又名《太极图解义》《太极图说》《太极解义》，生前曾在高安（今属江西）刊刻，但很快收版不传[③]。故朱熹在其《神道碑》中将此书列为未定稿，说是"欲稍更定焉而未及也"[④]。但此书在南宋确曾刻版流传，已知最早的周敦颐文集即由叶重开搜汇整理的《濂溪集》（序于淳熙

---

① 据张伯行编《周濂溪集》卷8《遗文并诗·石塘桥晚钓》注文，丛书集成初编本。
② 当然，明清时期的年谱或年表往往较宋本有增饰有删改，涉及的问题较为复杂，当另文撰论。
③ （宋）朱熹著，郭齐、尹波点校：《朱熹集》卷32《答钦夫仁疑问》，成都：四川教育出版社，1996年，第1401—1402页；（宋）吕祖谦：《东莱集·别集》卷7《与朱侍讲元晦》第十四书，文渊阁《四库全书》影印本。参见束景南《朱熹年谱长编》，上海：华东师范大学出版社，2001年，上册第489页。
④ 《朱熹集》卷89《右文殿修撰张公神道碑》，第4555页。

十六年，即 1189 年，已佚），就将朱、张二人的《太极图解》同时收录[①]，另外南宋目录学著作《遂初堂书目》和《郡斋读书志附志》也分别以《南轩太极图解》和《张子太极解义》为名予以著录。可惜此书在宋以后就不见著录了，各种形式的周敦颐文集也失收，故一般都认为此书久已不存于世间[②]。今赖此残存的宋刻《濂溪集》，张栻的《太极图解》得以"重新"发现，何幸如之！稍感不足的是，此本的《太极说》有部分缺页，致张栻的三条解说脱落。谨依此残本，将张栻《太极图解》还原如下（黑体为周氏《太极图说》原文，楷体为张栻解说文字）：

无极而太极

此极夫（一作本）万化之源而言之也。曰无极而太极，其立言犹云莫之为而为之之辞也。有无本不足以论道，而必曰无极而太极者，所以明动静之本，著天地之根，兼有无、贯显微、该体用者也。必有见乎此，而后知太极之妙，不可以方所求也。其义深矣。

太极动而生阳，动极而静，静而生阴，静极复动，一动一静，互为其根，分阴分阳，两仪立焉。

太极涵动静之理者也，有体必有用，太极之动始而亨也，动极而静，利而贞也。动静之端立，则阴阳之形著矣。一动一静，互为其根。动为静之根，而静复为动之根，非动之能生静，静之能生动也。动而静，静而动，两端相感，太极之道然也。故曰：一阖一辟，谓之变；往来不穷，谓之通。语其体，则无极而太极，冥漠无朕，而动静阴阳之理，无不具于其

---

① （宋）叶重开：《舂陵续编序》，《元公周先生濂溪集》卷8，第 142 页。
② 1999 年长春出版社出版的校点本《张栻全集》在"前言"中也将此书列为"失传的著作"。

中。循其用，则动静之为阴阳者，阖辟往来，变化无穷，而太极之体各全于其形器之内。此《易》之所以为《易》也。

阳变阴合，而生水火木金土，五气顺布，四时行焉。

阳主乎变，阴主乎合，其性情然也。阴阳变合，而五行之质形焉。五行，质形于地，而气行于天。质之所生则水为首，而火木金土次焉；气之所行，则木为之先，而火土金水次焉。五气顺布，四时之所以行也。二气五行，乃造化之功用，亦非先有此而旋有彼，盖无不具于太极之中，而命之不已者然也。

五行一阴阳也，阴阳一太极也，太极本无极也。

此复沿流以极其源也。言五行一阴阳，阴阳一太极，而太极本无极，然则万化之源，可得而推矣。非太极之上，复有所谓无极也。太极本无极，言无声臭之可名也。

五行之生也，各一其性。无极之真，二五之精，妙合而凝，乾道成男，坤道成女，二气交感，化生万物，万物生生而变化无穷焉[①]。

五行生质虽不同，然太极未尝不存也，故曰"各一其性"。无极之真，与夫二五之精，妙合凝聚，故有男女之象，非无极之真为一物，与二五之精相合也。言无极之真，未尝不存于其中也。无极曰真，以理言也，二五曰精，以气言也。男女之象既成，则二气交感而化生万物，万物生生而变

---

① 此处张栻对周氏《太极图说》的分段与朱熹有别。朱熹将"五行之生也，各一其性"连在上句为一段，"无极之真"连在下句为一段；而张栻则是将二者合为一句，放在下一段。二人为此还在书信中有所争论，见《朱熹集》卷31《答张敬夫》第三书，第1308页。

化不穷矣。盖有太极，则有二气五行，而万物生焉，此所谓性外无物也。万物之生，禀二五之气，虽成质各不同，而莫不各具一太极，此所谓物外无性也。故《通书》曰："二气五行，化生万物。五殊二实，二本则一。是万为一，一实万分。"此之谓也。

惟人也，得其秀而最灵。形既生矣，神发知矣，五性感动而善恶分，万事出矣。

圣人定之以中正仁义而主静，立人极焉。故圣人与天地合其德，日月合其明，四时合其序，鬼神合其吉凶。

君子修之吉，小人悖之凶。

（按：以上三段的张栻解说在宋刻《濂溪集》中已缺。）

故曰："立天之道，曰阴与阳；立地之道，曰柔与刚；立人之道，曰仁与义。"又曰："原始反终，故知生死之说。"

此言三才之所以立也，天之阴阳，地之柔刚，人之仁义，皆太极之道然也。故《易》曰：六爻之动，三极之道也。死生之说，非别为一事也。亦不越乎动静阴阳而已。原其始而知其所以生，则反其终而知其所以死矣。

大哉易也，斯其至矣！

易有太极，是生两仪，两仪生四象，四象生八卦，八卦定吉凶，吉凶生大业。《易》之道盖备于此，而此图亦尽之矣。

值得特别注意的是，宋刻《元公集》虽然在周氏《太极图说》各条下只录有朱熹的解说，但在《诸儒太极类说》部分则专列"南轩文集并语录问答及解义初本"，这里的小字"解义初本"①当指张栻的《太极图解》初本，共有9段内容，其中第一段后面有小字"解义或本以下皆同"数字；在《诸儒通书类说》部分又专列"南轩文集并语录问答"，其中末尾有2段分别论及周氏《通书》"圣学篇"和"理性命篇"的内容，标其出处为"图解初本"，可知也是《太极图解》初本的内容。笔者将这11段内容与周氏《太极图说》各条比照，竟可得到一部大体完整的张栻《太极图解》初本（只有《太极图说》首句"无极而太极"和末句"大哉易也，斯其至矣"不见张栻的解说），甚至上录张栻《太极图解》缺略的三段，在此"初本"中也有相应的解说。而且，这些内容中有"新安朱熹曰""朱曰"等文字，还有疑为编刻者所加的小字注文"此下述晦庵解"等，可知此本不是很正式，确属"初本"无疑。进一步将这11段内容与上录张栻《太极图解》比较，发现两者在文字表述上差别很大（仅有少量的文字用语相近），后者几同另撰，虽不能说是定本，但确实要更为通达完善，必是较"初本"后出的新本。这样，长期失传的张栻《太极图解》，竟在两部宋刻本中"重新"出现，而且还分别是先后不同的两个版本，尽管都有缺略，但毕竟为研究张栻的思想及其演变提供了新的材料。

另外，宋刻《濂溪集》还录有张栻《太极图解后序》，与宋刻《元公集》所录有明显不同。宋刻《濂溪集》在"圣人与天地同用，通而复，复而通"之后紧接："一往一来，至诚之无内外，而天命之无终穷也。君子修之，所以戒谨恐惧之严者，正以须臾不在于是，则窒其通，迷其复，而遏天命之流行故尔，此非用力之深者，孰能体之？近岁新安朱熹尝为图，传其义，固已多得之矣。栻复因之约□②己见，与同志者讲焉。噫，言之之易，盖亦可惧也已！癸

---

① 小字在目录中有，正文的标题中则无。
② 此处原刻本已残破，疑为"以"字。

巳中夏广汉张栻书。"而宋刻《元公集》则紧接:"《中庸》以喜怒哀乐未发已发言之……皆其度内尔。"两者孰是孰非呢?笔者注意到:宋刻《濂溪集》所录前后语意连贯,而且落款清楚;而宋刻《元公集》所录前后语意明显不同,且无落款。进一步考察,发现宋刻《元公集》在载录张栻《太极图解后序》之后,就是《诸儒太极类说》的第一部分《延平师生问答》,其中就有上述这段文字;再查四库本《延平问答》,也有这段文字。显然,宋刻《元公集》所载不确,系由抄录者或刊刻者误后为前、张冠李戴所致。后来的各种周敦颐文集以及新出的《张栻全集》《全宋文》①在收录张栻《太极图解后序》时,也依此而误(文字或有详略)。幸有此残存的宋刻《濂溪集》,可还张栻《太极图解后序》之原貌,并纠正其他版本之疏失。

三、宋人大量诗文得宋刻《元公集》赖以保存

保存完好的宋刻《元公集》和已知所有的周敦颐文集一样,其主要内容并非周氏的作品,而是与周氏相关的内容。经过仔细比对,笔者发现这些内容中有不少可补后世流传的一些文献之不足。此以有传世文集的情况为例。

第一,北宋中期江西新喻人孔文仲、孔武仲和孔平仲三兄弟以能文著称,有《清江三孔集》传世。而宋刻《元公集》卷八所收孔文仲《濂溪先生祭文》、卷七所收孔平仲《题濂溪书堂》二文,则不见于长期流传的《清江三孔集》,最近出版的点校本《清江三孔集》②也失收。

第二,诚如前述,南宋理学名儒张栻所著《太极图解》早已失传,宋刻《元公集》则保存了大体完整的"初本"。《元公集》还收录有张栻《太极图解

---

① 本文所用《全宋文》,为上海辞书出版社、安徽教育出版社 2006 年版。
② 齐鲁书社点校本,2002 年。

序》和《太极图解后序》。这两篇序文连同《太极图解》"初本"，长期不为各种版本的张栻文集收载，最近出版的《张栻全集》虽依据有关文献在《南轩集补遗》中补收了这两篇序文，但过于简略，实属节文，其中所收《太极图解后序》的后半段还沿袭了旧本的失误（前已论）。而宋刻《元公集》卷一录载的张栻《太极图解序》是全本，字数较目前《张栻全集》所收要多出80余字。另外，张栻与门人问答的《南轩语录》九卷，南宋时已刻印，但久无传本，《张栻全集·南轩集补遗》依据宋末黄震的《黄氏日抄》，辑得其语录多条。而宋刻《元公集》卷五收有张栻语录两段，分别署为梁伯仁、程裿问，均为《南轩集补遗》失收；卷六末有一段署为程裿问的语录，较《南轩集补遗》所收多出60余字；卷六在著录周氏《书春陵门扉》一诗时提到《南轩先生语录》1则，也可补《南轩集补遗》失收之憾。

第三，南宋福建闽县（今福建福州）人黄榦，为朱熹门人兼爱婿，有《勉斋集》传世。但宋刻《元公集》卷三和卷五分别收录的"黄勉斋语录问答"12段和"勉斋问答"5段，以及卷三收录的《无极而太极辨》和《五行辨》二文，则不见于《勉斋集》。卷三这两篇文章至迟从嘉靖十四年（1535年）黄敏才刻《濂溪集》开始，作者就改题程颐，后来不少周敦颐文集包括清修四库全书所收《周元公集》均沿袭其说。但正如清儒朱彝尊所指出的："二程子遗书毕生不道太极图一语，而近代编《濂溪集》者附录伊川《无极而太极辨》一篇，文末有陆象山字，可为绝倒！"① 因此显系传抄刊刻之误。

第四，南宋福建建阳人蔡渊，为朱熹好友兼弟子蔡元定长子，有《节斋公集》传世，见《蔡氏九儒书》卷三。其中所收《太极图解》一文，与宋刻《元公集》所收《太极图原说》比较，有同有异。大致说来，《太极图原说》分为

---

① （清）朱彝尊：《经义考》卷71《周子太极图说》按语，文渊阁《四库全书》影印本。

两部分，前半部分属解义性质，不见于《节斋公集·太极图解》；后半部分为跋文，主要内容基本见于《节斋公集·太极图解》，但《跋太极图原说》简洁，落款署"嘉定戊寅（1218年）四月望日后学蔡渊跋"，《太极图解》繁复，落款署"绍定壬辰（1232年）五月朔旦"，前者似为后者的初稿。《节斋公集》还收有其注解《通书》的4段内容，其中有3段见于《元公集》卷五所收《节斋议论》，而《节斋议论》另有5段内容则不见于《节斋公集》。

第五，南宋人度正为朱熹最著名的蜀中弟子，有文集《性善堂稿》传世。而宋刻《元公集》卷首所载《濂溪先生周元公年表》（含后序）、卷三所收《书晦庵太极图解后》、卷六所收《养心亭说后记》和《跋贺傅伯成手谒》、卷七所收《留题九江濂溪书堂诗》两首、卷八所收《书（濂溪）文集目录后》和《书萍乡本大全集后》等内容，均不见于今传文渊阁四库全书本《性善堂稿》。

第六，南宋邛州蒲江（今属四川）人魏了翁，为南宋中后期著名理学家，有上百卷的文集传世，四库本称《鹤山集》，四部丛刊本称《鹤山先生大全文集》。宋刻《元公集》卷八所收《留题书堂》一文，不见于魏了翁文集；卷十所收《道州濂溪书院记》一文，四库本《鹤山集》失收，四部丛刊本《鹤山先生大全文集》卷四七所收则缺前面大约400字的内容。有意思的是，清代张伯行所编《周濂溪集》卷十一也完整地收载此文，最后不仅多出落款"资政殿大学士前签书枢密院事魏了翁撰"数字，还多出南宋人史复祖、吴梦弼的两篇跋文，其中史复祖不见于新出的《全宋文》作者之列，此跋文也失收。

以上我们主要是就一些传世文集与宋刻《元公集》进行的比较，从中可见《元公集》在文献保存和校勘上所具有的特殊价值。事实上，宋刻《元公集》还保存了大量没有文集传世或文集早已散佚不存的一些人物的诗文。其中一些诗文，加上上举这些传世文集所遗的部分诗文，在最近出版的《全宋诗》和《全宋文》中，或未收录，或收录不全，或有明显差异。兹将有关情况表列如下：

表1 《全宋诗》失收者（19首）

序号	篇　名	作　者	未入《全宋诗》作者之列者画 ×
1	濂溪诗	张舜民	
2	濂溪诗	王　庶	
3	谒濂溪祠纪事二诗	王　溉	
4	濂溪留题诗	度　正	
5	濂溪识行诗	魏嗣孙	
6	濂溪识行诗	薛师董	
7	题濂溪祠堂诗	王子修	×
8	题濂溪祠堂诗	周　刚	×
9	题濂溪祠堂诗（并序）	鲍　昭	×
10	题濂溪祠堂诗	薛　袚	×
11	题濂溪祠堂诗	幸元龙	
12	拜濂溪先生祠下诗	文仲琏	×
13	濂溪六咏	周以雅	×

说明：以上13人共19首诗全部见于宋刻《元公集》卷七，其中王子修、周刚、鲍昭、薛袚、文仲琏和周以雅等6人未入《全宋诗》作者之列。而度正的《濂溪留题诗》共有两首，《全宋诗》仅录一首。至于《濂溪六咏》六首，一般的周敦颐文集都只收录两首，且署为潘之定作；清代张伯行所编《周濂溪集》卷九虽全录，但也将作者署为潘之定（潘亦未入《全宋诗》作者之列），不知何据，待考。

表2 《全宋文》失收者（47篇）

编号	篇　名	宋刻《元公集》卷数	作　者	未入《全宋文》作者之列者画 ×
1	无极而太极辨	卷三	黄　榦	
2	五行说	卷三	黄　榦	

（续表）

编号	篇　名	宋刻《元公集》卷数	作　者	未入《全宋文》作者之列者画 ×
3	太极图原说	卷三	蔡　渊	
4	近思录太极图集解	卷三	叶　采	
5	与周敦颐书五	卷六	傅　耆	
6	答卢次山书	卷六	傅　耆	
7	跋周敦颐与费琦唱和诗	卷六	李　埴	
8	留题书堂	卷八	李　埴	
9	聚乐堂说	卷八	何士先	×
10	谒祠祝文	卷八	杨　楫	
11	到任谒祠祝文	卷八	徐邦宪	×
12	谒祠祝文	卷八	王　溉	
13	春祀祝文	卷八	陈　卓	
14	萍乡本大全集序	卷八	度　正	
15	萍乡本大全集序	卷八	胡安之	×
16	婺本三书序（节）	卷八	王梦龙	
17	金陵记闻注辩	卷八	饶　鲁	
18	御书门屋上梁文	卷八	陈　纬	×
19	留题书堂	卷八	魏了翁	
20	留题书堂	卷八	吴昌裔	
21	请濂溪书院御书奏状	卷九	刘元龙	×
22	谢赐御书表	卷九	刘元龙	×
23	江州谢表	卷九	章　琰	
24	书御书石刻下	卷九	章　琰	
25	通书志学章	卷九	蔡念成	×
26	论语孔颜所乐二章	卷九	蔡念成	×
27	太极图说	卷九	余宋杰	×
28	道州州学希贤阁记	卷十	叶重开	

（续表）

编号	篇　　　名	宋刻《元公集》卷数	作　者	未入《全宋文》作者之列者画 ×
29	江州州学重修祠记	卷十	谢谔	
30	希贤阁铭（并序）	卷十	谢谔	
31	韶州州学先生祠记	卷十二	谢谔	
32	江州濂溪祠堂铭	卷十	黄维之	
33	江州濂溪书院后记	卷十	冯梦得	
34	江州州学四先生祠记	卷十	王似	
35	江州贡士增员记	卷十	冯去疾	×
36	江州咸淳增贡额记	卷十	方逢辰	
37	萍乡县濂溪书堂记	卷十一	李燔	
38	南昌县先生祠记	卷十一	李燔	
39	跋萍乡县濂溪书堂记	卷十一	曹叔远	
40	南安三先生祠记	卷十一	郭见义	
41	南安三先生祠记	卷十一	郑霖	
42	南安周程书院记	卷十一	卢方春	×
43	吉州鹭洲书院周程祠记	卷十一	江万里	
44	委郡邑建濂溪书堂牒	卷十一	江万里	
45	拙堂留题	卷十一	曾迪	×
46	希濂说	卷十一	傅伯崧	×
47	南康军二先生祠记	卷十二	谢方叔	

说明：以上37人共47篇文章为《全宋文》失收，其中何士先、徐邦宪、胡安之、陈纬、刘元龙、蔡念成、余宋杰、冯去疾、卢方春、曾迪和傅伯崧共11人未入《全宋文》作者之列。

表3 《全宋文》收录不全或有明显差异者（11篇）

编号	篇 名	作者	宋刻《元公集》卷数	说 明
1	周子太极图解序	张 栻	卷一	二序在《张栻全集·南轩集补遗》和《全宋文》卷五七三四（第255册）中收录，但都不全。其中《太极图解后序》的后半段有误，应依据宋刻《濂溪集》进行更正。
2	太极图解后序	张 栻	卷一	
3	跋太极图原说	蔡 渊	卷三	本文主体内容见于《全宋文》卷六六四八（第292册）收录的蔡渊《太极图解》一文，但不及后者翔实，似为后者的初稿。
4	书太极图解后	游九言	卷三	《全宋文》卷六三一〇（第278册）依据嘉靖《建阳县志》，题为《太极图序》，但内容止于"先识吾心"，而缺"澄神端虑"以下的大段内容。
5	与周敦颐书一	傅 耆	卷六	四书在《全宋文》卷一八三一（第84册）中有收录，但均为节录。
6	与周敦颐书二	傅 耆	卷六	
7	与周敦颐书三	傅 耆	卷六	
8	与周敦颐书四	傅 耆	卷六	
9	江州濂溪书院记	陈孔硕	卷十	《全宋文》卷六三九一（第282册）依据道光《濂溪志》卷三，题为《濂溪论》，仅有数十字而已。
10	德安县三先生祠记	林时英	卷十	《全宋文》卷七二一一（第315册）依据《永乐大典》卷七二三七，题为《德安县学尊贤堂记》，文字与此差异较多。
11	道州濂溪书院记	魏了翁	卷十	《全宋文》卷七一〇三（第310册）依据四部丛刊本《鹤山先生大全文集》卷四七收，缺前半部分。

以上三表，进一步彰显出宋刻《元公集》在文献保存和校补上所具有的重

要价值（这三表中的少量诗文在后来的一些周敦颐文集中也有收载），值得我们予以特别的重视。还有两点需要补充，一是宋刻《元公集》卷首的《濂溪先生周元公年表》末有一段署名度正的跋语，《全宋文》依此收录，题为《周元公年表后记》。不过观其用语，特别是其中在记录度正的话后有"并令记之"语，此跋当非度正自作。笔者所见多数周敦颐文集将此跋署为度正弟度蕃所为①，疑是。二是宋刻《元公集》卷一一有江立叔《邵州二先生祠记》一文，此文在《全宋文》卷六一五七（第272册）中也收载，题为《邵州周张二先生祠记》，但依据的是嘉庆《邵阳县志》卷三四，作者署为汪立叔。汪立叔在宋代文献中不见其人，而江立叔则可据南宋周必大《文忠集》卷七二《广南提举市舶江公（文叔）墓志铭》和梁克家《淳熙三山志》卷三十《人物类五·科名》略知其生平，特别是其进士及第之年即淳熙二年（1175年）与其淳熙七年（1180年）以邵州州学教授的身份写作《祠记》是比较吻合的，因此此文当为江立叔所作，江、汪当形近而误。（本文在资料搜集和核对过程中，得到研究生郭畑和姜莉两位的无私帮助，谨此致以衷心感谢！）

（原载《四川大学学报》2010年第3期）

---

① 如明朝万历三十四年徐必达《合刻周张两先生全书》本、万历四十年顾造《周子全书》本、万历四十二年周与爵《宋濂溪周元公先生集》、清修四库本《周元公集》、乾隆二十一年董榕《周子全书》本等。

明刻周敦颐文集

明刻《濂溪周元公全集》价值略述

　　一般研究周敦颐的学者对其文集的版本并不措意，这本无可厚非。因为周敦颐的两部重要著作《太极图说》和《通书》容易得见，在各种版本的周敦颐文集中也几乎完全相同；其留存不多的诗文在不同版本的周敦颐文集中也差别不大。这样，留心周敦颐文集的版本似乎就是多余之举。但事情往往并非如此简单。笔者注意到，绝大多数版本的周敦颐文集与一般学人的文集有一显著不同，即其所收载的主要内容并非周敦颐之作，而是与周敦颐有关的其他学者的作品，其价值有待发掘。周敦颐本人的诗文也有一个逐渐搜集汇总的过程，其中的得失仍需要通过周敦颐文集版本的梳理，才能得到解决。为此，笔者近年对周敦颐文集的各种版本颇为留意，已小有收获[①]。今再就明朝周木重辑的明刻本《濂溪周元公全集》，略述其价值一二。不妥之处，敬请方家教正。

---

① 参见拙文《文渊阁四库本〈周元公集〉的提要及底本问题》，载张其凡、李裕民主编《徐规教授九十华诞纪念文集》（杭州：浙江大学出版社，2009 年）；《现存两部宋刻周敦颐文集的价值》，载《四川大学学报（哲学社会科学版）》2010 年第 3 期；《中华书局点校本〈周敦颐集〉考辨三则》，载四川大学古籍整理研究所、四川大学宋代文化研究中心编《宋代文化研究》第 18 辑，四川文艺出版社 2010 年 12 月版。现均已收入本书。

一、周木重辑《濂溪周元公全集》简况

《濂溪周元公全集》题署"琴川周木重辑"，琴川是江苏苏州的古称。据明朝嘉靖《常熟县志》载：周木字近仁，号勉思，明朝苏州常熟县人，成化十一年（1475年）进士，授南京行人司副，历官稽勋司郎中，预修《宪宗实录》，后出为浙江右参政，颇有建树。其人"游心理性"，崇尚理学，"尝读《近思录》，而悟为学之要"，著有《易心逸说》若干卷，《文集》《奏疏》若干卷。① 后来清代乾隆《常昭合志》、同治《苏州府志》又增其著述《延平答问续录》一卷，黄虞稷《千顷堂书目》卷三、朱彝尊《经义考》卷二二八再增其《考定古今孝经节文》一书。

至于题署周木重辑的《濂溪周元公全集》，上述著作都没有载录，传统的各种公私书目也不收，说明其流传不广。近些年出版的《现存宋人别集版本目录》《中国古籍善本书目·集部》等书始加著录，仅记天津图书馆藏。而据笔者调查，除天津图书馆外，至少还有三处藏有此书。具体情况是：

一是天津图书馆藏本。包括四部分，依次是：《历代褒崇礼制》一卷，《事实》一卷，《年表》一卷，《濂溪周元公全集》十三卷，四册一函。其中《濂溪周元公全集》卷十三终后还附有陈九畴写《易通复旧编序》《太极图说摘疑》《通书摘疑》《陈九畴先生来书》（有目无文）、（周木）《答书》、张元祯《周朱二先生年谱引》和程敏政书信一通等内容。这些内容的刊刻版式与前面不同，前面都是每页九行十七字，这里则是十行二十字，疑为补刻。

二是北京私人藏书家韦力先生藏本。据其"拍卖得书琐谈"，知其收藏的

---

① （明）嘉靖《常熟县志》卷3《选举志》《儒林志》，《北京图书馆古籍珍本丛刊》第27册，北京：书目文献出版社据嘉靖刻本影印，1998年。后来的（清）乾隆《常昭合志》卷8《人物志》、乾隆《江南通志》卷163《人物志·儒林一·苏州府》、同治《苏州府志》卷98《人物志》都是在此基础上编写的，内容大同小异。

是明弘治周木重辑的《濂溪周元公全集》十三卷，十二册二函，有湘雅堂藏书记、黄谬之印、咸夷、康生、大公无私 5 方钤印。[①]具体内容是否包括天津图书馆藏本的四部分，则不得而知。

三是日本名古屋市蓬左文库藏本。据严绍璗先生《日藏汉籍善本书录》著录，此书包括：《濂溪周元公全集》十三卷，《历代褒崇礼制》一卷，《后录》一卷，《濂溪先生大成集目录》一卷，共十二册。又据笔者所查，知此本的《后录》一卷实际就附在《濂溪周元公全集》卷十三的后面，与天津图书馆藏本相同；只是此本《后录》的后面还附有《濂溪先生大成集目录》（含《濂溪先生大成集拾遗》）和《元公周先生濂溪集总目》，则为天津图书馆藏本所无，版式与《全集》各卷内容一致；而天津图书馆藏本的《事实》和《年表》各一卷，蓬左文库藏本因缺失首册而未见。

四是日本京都大学文学部图书馆藏本。据严绍璗先生《日藏汉籍善本书录》著录，此书包括《濂溪周元公全集》十一卷，首二卷，末一卷，共十二册。又据笔者所查，该书具体包括《历代褒崇礼制》一卷，《事实》一卷，《年表》一卷，《濂溪周元公全集》十一卷。与天津图书馆藏本基本相同，只是缺《濂溪周元公全集》后面两卷。

以上四个藏本均无序跋，因此不详其具体刊刻时间。查天津图书馆和日本名古屋市蓬左文库藏本《濂溪周元公全集》卷十三后面所附内容，有周木答书一通，末署"成化二十一年月日木再拜复"，成化二十一年即公元 1485 年；又有张元祯《周朱二先生年谱引》，末署"时弘治壬子秋九月九日"，弘治壬子即弘治五年（1492 年），这是所有附录内容时间最晚的一篇。因此，《中国古籍版刻辞典》将此书著录为"明弘治间刻印"[②]，笔者认为是确切的。有学者将此书

---

① 韦力：《拍卖得书琐谈（二）：明弘治周木本〈濂溪周元公全集〉》，《收藏·拍卖》2005 年第 7 期。
② 瞿冕良编著：《中国古籍版刻辞典》"周木"条，济南：齐鲁书社，1999 年，第 380—381 页。

定为明末刻本 ①，恐误。

二、张栻《太极解义》的完整再现

张栻《太极解义》又名《太极图解义》《太极图说》《太极图解》，是解说周敦颐《太极图说》的重要文献，生前曾在高安（今属江西）刊刻，但很快收版不传 ②。朱熹在其《神道碑》中将此书列为未定稿，说是"欲稍更定焉而未及也" ③。但此书在南宋确曾流传，已知最早的周敦颐文集即由叶重开搜汇整理的《濂溪集》（序于淳熙十六年，即 1189 年，已佚），就将朱、张二人的《太极图解》一并收录 ④，南宋目录学著作《遂初堂书目》和《郡斋读书志附志》也分别以《南轩太极图解》和《张子太极解义》为名予以著录。可惜此书在宋以后就不见于各种公私书目了，绝大多数周敦颐文集也不收，故一般都认为此书久已失传 ⑤。

上世纪八十年代，北京大学陈来先生在国家图书馆藏的宋刻本《元公周先生濂溪集》中首先发现了张栻《太极解义》（初本）的佚文 ⑥，但一直未获学界重视。直到本世纪初，韩国学者苏铉盛博士才在陈来先生的指导下，利用这一发现为核心资料，在其博士论文中集中讨论了张栻《太极解义》中的重要观念

---

① 沈津：《美国哈佛大学燕京图书馆中文善本书志》第 1134 条"明万历周与爵刻本宋濂溪周元公先生集"，上海：上海辞书出版社，1999 年，第 632 页。
② （宋）朱熹著，郭齐、尹波点校：《朱熹集》卷 32《答钦夫仁疑问》，成都：四川教育出版社，1996 年，第 1401—1402 页；（宋）吕祖谦：《东莱集·别集》卷 7《与朱侍讲元晦》第十四书，文渊阁《四库全书》影印本。参见束景南《朱熹年谱长编》，上海：华东师范大学出版社，2001 年，上册第 489 页。
③ 《朱熹集》卷 89《右文殿修撰张公神道碑》，第 4555 页。
④ （宋）叶重开：《舂陵续编序》，载《元公周先生濂溪集》卷 8，《宋集珍本丛刊》第八册，北京：线装书局，2004 年。
⑤ 1999 年长春出版社出版的校点本《张栻全集》在"前言"中也将此书列为"失传的著作"。
⑥ 陈来：《朱熹哲学研究》，北京：中国社会科学出版社，1993 年，第 124 页注①。

和一些问题，并附有他复原的张栻《太极解义》①。后来他又写成《张栻的〈太极解〉》一文，并附上《张栻〈太极解义〉》发表②。最近德国慕尼黑大学汉学研究所苏费翔（Soffel, Christian）先生又在此基础上进一步探讨，尤其在考证方面做了一些恰当的纠正与补充③。不过他们所见的实际只是张栻《太极解义》的"初本"，而且还不完整。笔者最近则通过国家图书馆藏的另一宋刻残本《濂溪先生集》，发现了较"初本"更为通达完善而且文字内容几乎完全不一样的张栻《太极解义》，这对于重新研究张栻的太极思想及其演变情况提供了新的资料④。只是此本中间缺失数页，致使张栻的三段解说脱略，至为遗憾。幸运的是，笔者最近又在明朝周木重辑的《濂溪周元公全集》（日本名古屋市蓬左文库藏）中意外地得见完整的张栻《太极解义》，而且是与宋刻残本《濂溪先生集》所收完全相同的版本，均属于较"初本"更为完善的"正本"，具有十分重要的价值。兹转录于下（黑体为周敦颐《太极图说》原文，楷体为张栻解说文字），并结合宋刻残本《濂溪先生集》所录情况以及其他文献，以注释形式稍加说明，裨有助于张栻思想的进一步研究。

无极而太极

此极夫⑤万化之源而言之也。曰"无极而太极"，其立言犹云莫之为而

---

① 苏铉盛：《张栻哲学思想研究》第四章《太极论》，北京大学博士学位论文，2002 年。
② 收载陈来主编的《早期道学话语的形成与演变》，合肥：安徽教育出版社，2007 年，第 372—403 页、第 516—520 页。
③ ［德］苏费翔：《张栻〈太极解义〉与〈西山读书记〉》，载台湾《嘉大中文学报》2009 年第 1 期。后又以《张栻〈太极解义〉与〈西山读书记〉所存张栻佚文》为题，入载刘东主编《中国学术》第 29 辑，北京：商务印书馆，2011 年。
④ 参见拙文《现存两部宋刻周敦颐文集的价值》，载《四川大学学报（哲学社会科学版）》2010 年第 3 期。按：笔者撰写此文时，未能读到苏铉盛和苏费翔两位先生的论著，对陈来一书的那条注释也没有留意，故个别论述有欠周延，特别是未将宋刻本《元公周先生濂溪集》所收张栻《太极解义》佚文的发现权归于陈先生，是一失误。
⑤ 宋刻残本此处夹注有"一作本"三个小字。

为之之辞也①。有无本不足以论道，而必曰无极而太极者，所以明动静之本，著天地之根，兼有无、贯显微、该体用者也。必有以②见乎此，而后知太极之妙，不可以方所求也。其义深矣。

太极动而生阳，动极而静，静而生阴，静极复动，一动一静，互为其根，分阴分阳，两仪立焉。

太极涵动静之理者也，有体必有用，太极之动始而亨也，"动极而静"，利而贞也。动静之端立，则阴阳之形著矣。"一动一静，互为其根。"动为静之根，而静复为动之根，非动之能生静，静之能生动也。动而静，静而动，两端相感，太极之道然也。故曰："一阖一辟谓之变，往来不穷谓之通。"语其体，则"无极而太极"，冥漠无朕，而动静阴阳之理，无不具于其中。循其用，则动静之为阴阳者，阖辟往来，变化无穷，而太极之体各全于其形器之丙③。此《易》之所以为《易》也。④

阳变阴合，而生水火木金土，五气顺布，四时行焉。

阳主乎变，阴主乎合，其性情然也。阴阳变合，⑤五行之质形焉。五行之⑥质形于地，而气行于天。质之所生则水为首，而火木金土次焉；气之所行，则木为⑦先，而火土金水次焉。五气顺布，四时之所以行也。二气

---

① 朱熹与门人曾谈及张栻这一观点，见黎靖德编、王星贤点校《朱子语类》卷94："问：南轩说'无极而太极'，言'莫之为而为之'，如何？曰：他说差……"，北京：中华书局，1994年，第6册第2369页。
② 宋刻残本此处无"以"字。
③ "丙"字，宋刻残本作"内"，当是。
④ 此段内容又完整地见于真德秀《西山读书记》卷1，仅"变化无穷，而太极之体各全于其形器之丙"做"变化万物，而太极之体全其形器之内"，与此微异。文渊阁《四库全书》本。
⑤ 宋刻残本此处有"而"字。
⑥ 宋刻残本此处无"之"字。
⑦ 宋刻残本此处有"之"字。

五行，乃造化之功用，亦非先有此而后①有彼，盖无不具在②于太极之中，而命之不已者然也。

五行一阴阳也，阴阳一太极也，太极本无极也。

此复沿流以极其源也。言五行一阴阳，阴阳一太极，而太极本无极，然则万化之源，可得而推矣。非太极之上，复有所谓无极也。太极本无极，言无声臭之可名也。

五行之生也，各一其性。无极之真，二五之精，妙合而凝，乾道成男，坤道成女，二气交感，化生万物，万物生生而变化无穷焉③。

五行生质虽有④不同，然太极未尝不存⑤，故曰"各一其性"。无极之真，与夫二五之精，妙合凝聚，故有男女之象，<u>非无极之真为一物，与二五之精相合也。言无极之真，未尝不存于其中也</u>⑥。无极而⑦曰真，以理言也，二五而⑧曰精，以气言也。男女之象既成，则二象⑨交感而化生万

---

① "后"字，宋刻残本作"旋"，疑误。
② 宋刻残本此处无"在"字。
③ 此段的"五行之生也，各一其性"一句本是放在上一段"太极本无极也"之后，下面张栻的解说文字"五行生质虽有不同，然太极未尝不存，故曰'各一其性'"，也相应地是放在上面的。不过这是依据朱熹对周氏《太极图说》的分段法。张栻的分段法与朱熹有别，故此本在张栻的解说文字"五行生质虽有不同，然太极未尝不存，故曰'各一其性'"之后夹注说："正本'五行之生各一其性'附在下段"，宋刻残本在录载周氏《太极图说》"万物生生而变化无穷焉"一句后也夹注有"南轩将上文'五行之生也，各一其性'一句连'无极之真'解"一段小字。这两段夹注是有根据的，朱、张二人为此还在书信中有所争论，见《朱熹集》卷31《答张敬夫书三》。因此，这里周氏《太极图说》及张栻解义的文字在分段上已根据张栻的本意重新处理。
④ 宋刻残本此处无"有"字。
⑤ 宋刻残本此处有"也"字。
⑥ 画线部分又见于《西山读书记》卷1。
⑦⑧ 宋刻残本此处无"而"字。
⑨ "象"字，宋刻残本作"气"，疑是。

物，万物生生而变化不穷矣。盖有太极，则有二气五行，而万物生焉，此所谓性外无物也。万物之生，禀二五之气，虽成质各不同，而莫不各具一太极，此所谓物外无性也。故《通书》曰："二气五行，化生万物。五殊二实^①。是万为一，一实万分。"此之谓也。

惟人也，得其秀而最灵。形既生矣，神发知矣，五性感动而善恶分，万事出矣。

人与物均禀乎天而具太极者也。然人也禀五行之秀，其天地之心之所存，不为气所昏隔，故为最灵。物非无是，而气则昏隔矣。然就万物之中亦有灵者，盖于其身有气之所不能尽隔者也，人则为最灵矣。然人所禀之气，就其秀之中亦不无厚薄昏明之异，故及其形生神发，五行之性为喜怒忧惧爱恶欲者，感动于内，因其所偏，交互而形，于是有善恶之分，而万事从此出焉。盖原其本始，则天地之心，人与物所公共也。察其气禀之分，则人独为秀而最灵，而物则有异焉。又察其成质之后，于人之中又有厚薄昏明之殊焉。然人之赋质虽有殊，而其殊者可得而反也。其可得而反者，则以其气为最灵，太极之未尝不在者，有以通之故尔。物虽昏隔，而太极之所以为者，亦何有亏欠乎哉？

圣人定之以中正仁义而主静，立人极焉。故圣人与天地合其德，日月合其明，四时合其序，鬼神合其吉凶。

人不能以反其初，则人极不立，而去庶物无几矣，故定之以中正仁义而主静。圣人所以立人极也，动为诚之通，静为诚之复。中也，仁

---

① 宋刻残本此处还有"二本则一"四字，当是。

也，动而通也，始而亨者也。正也，义也，静而复也，利以贞者也。中见于用，所谓时中者也。仁主乎生，所谓能爱者也，故曰动而通也。正虽因事而可见，然其则先定。义虽以宜而得名，然其方有常，故曰静而复也。中也，仁也，本为体，而周子则明其用。正也，义也，本为用，而周子则明其体，盖道无不有体有用，而用之中有体存焉。此正乾始元而终贞之意。动则用行，静则体立，故圣人主静而动者行焉，动者行而不失其静之妙，此太极之道，圣人所以为全尽之也。太极立，则天地、日月、四时、鬼神之理，其有外是乎？故无所不合也，则以其一太极而已矣。

君子修之吉，小人悖之凶。

圣人者，不勉而中，不思而得。降于圣人，则贵乎修为，君子修之，而人极立，所谓吉也。小人悖之，而绝于天，所谓凶也。修之之要，其惟敬乎。程子教人以敬为本，即周子主静之意也[1]。要当于未发之时，即其体而不失其存之之妙。已发之际，循其用而不昧乎察之之功，则人欲可息，天理可明，而圣可希矣。[2]

故曰："立天之道，曰阴与阳；立地之道，曰柔与刚；立人之道，曰仁与义。"又曰："原始反终，故知死生之说。"

此说明[3]三才之所以立也，天之阴阳，地之柔刚，人之仁义，皆太极之道然也。故《易》曰：六爻之动，三极之道也。死生之说，非别为一事

---

[1] 画线部分又见于《西山读书记》卷5。
[2] 以上三段张栻解说在宋刻残本中已缺。
[3] "说明"二字，宋刻残本作"言"字。

也，亦不越乎动静阴阳者①而已。原②始而知其所以生，则反③终而知其所以死矣。④

大哉易也，斯其至矣！

易有太极，是生两仪，两仪生四象，四象生八卦，八卦定吉凶，吉凶生大业。《易》之道盖备于此，⑤图亦尽之矣。

此本还附有张栻的《太极图解序》和《太极图解后序》。《太极图解序》与宋刻《元公周先生濂溪集》卷一、文渊阁四库全书本《周元公集》卷一所录完全一致，只是末尾多出"广汉张栻敬夫序"数字。《后序》则与上述二书所录有明显不同，但与宋刻残本《濂溪先生集》所录一致，只是末尾无落款，不及宋刻残本全面。

三、宋刻《濂溪先生大成集》目录的再现及其价值

日本名古屋市蓬左文库藏本《濂溪周元公全集》卷十三终以后还附有两份完整的周敦颐文集目录，分别是《濂溪先生大成集目录》和《元公周先生濂溪集总目》。这是两份宋刻本周敦颐文集的目录，前者尤具有重要价值。

《濂溪先生大成集》是南宋道州郡守萧一致主持刊刻的，早已失传，今仅从南宋后期赵希弁《郡斋读书附志·别集类三》"《濂溪先生大成集》"条略知

---

① 宋刻残本无此"者"字。
②③ 宋刻残本此处有"其"字。
④ 朱熹与门人曾谈及张栻这一观点，见《朱子语类》卷94："林问：《太极》'原始反终，故知死生之说'，南轩解与先生解不同，如何？曰：南轩说不然……"，第6册第2386页。
⑤ 宋刻残本此处有"而此"二字，疑是。

一二："始，道守萧一致刻先生遗文并附录七卷，名曰《大成集》。"至于具体的收录情况，便一无所知了。因此，这份依靠《濂溪周元公全集》而保存至今的《濂溪先生大成集目录》，便显得弥足珍贵。据《目录》，《濂溪先生大成集》共七卷，卷一为《太极图》（说一篇朱熹氏全解），卷二为《通书》（凡四十章朱熹氏全解），卷三为《遗文》，卷四为《遗事》，卷五至卷七为附录；最后又有《濂溪先生大成集拾遗》，包括《游赤水县龙多山唱和诗八首》（附李参政跋尾）和《元公家集中诗七篇》两部分。尽管这些内容已全部收入后来的周敦颐文集之中，但我们从中还是可以得到一些重要信息。

第一，为确定《濂溪先生大成集》的最终刊刻时间提供了线索。《郡斋读书附志·别集类三》"《濂溪先生大成集》《濂溪先生大全集》"条载："始，道守萧一致刻先生遗文并附录七卷，名曰《大成集》。进士易统又刻于萍乡，名曰《大全集》。"表明《大成集》刻于《大全集》之前。而江西萍乡人胡安之曾有《书萍乡大全集后》[①]，开首即说："易兄纶叟兄弟，暇日携所刻周子《大全集》见示"，最后落款则是"绍定元年二月甲子"，可知《大全集》刻于绍定元年（1228年）初。《大成集》早于《大全集》，其刊刻时间当更早。这是《大成集》的初刻时间。今存《濂溪先生大成集目录》之后的《濂溪先生大成集拾遗》，当系补刻，其中有《游赤水县龙多山唱和诗八首》（附李参政跋尾）。据宋刻《元公周先生濂溪集》卷六，李埴（即李参政）此跋作于"绍定庚寅春分日"，即绍定三年（1230年），则《大成集》的最终刊刻时间当在绍定三年（1230年）之后，比《大全集》成书更晚。

第二，为了解周敦颐诗文在南宋的汇集过程提供了线索。据周敦颐好友潘兴嗣所撰《濂溪先生墓志铭》，周敦颐主要有"诗十卷"，文的数量则不详。由

---

① 载《元公周先生濂溪集》卷8。

于周敦颐在北宋时期地位不显，其诗文一直没有刊版流传，散佚十分严重。随着周敦颐在南宋学术地位的上扬，一些学者便致力于其诗文的搜访。《濂溪先生大成集目录》分正文与拾遗两部分，正文部分的诗文当是早先搜集的，拾遗部分的诗文则必是后来搜访所得。对比更晚的即在前面提到的宋刻残本《濂溪先生集》，我们可进一步知道周氏其他一些诗文汇入周敦颐文集的时间。如见于宋刻残本《濂溪先生集》而不见于《濂溪先生大成集目录》的《题丰都观三首》（《仙都观》《读英真君丹诀》《宿山房》）和《题寇顺之道院》数诗，当是更晚辑入周敦颐文集的。

第三，为考察张栻学术地位的沉浮提供了一定的依据。《濂溪先生大成集》卷一《太极图》部分只录载"朱熹氏全解"，而没有张栻的解义。之前在淳熙十六年（1189 年）序定的叶重开编《濂溪集》，同时收录有朱、张二人的《太极图解》；之后在宝祐三年（1255 年）或稍后编刻的《濂溪先生集》也同时收录有朱、张二人的《太极图解》；而在南宋灭亡前夕刊刻的《元公周先生濂溪集》，在目录中的卷一《太极图说》下明确标为"晦庵南轩解义并后论后序"，而在正文中则只见晦庵解义，无有南轩解义，仅存南轩的两篇序言。综合这些情况，可以看出张栻的学术地位在南宋后期起伏较大，至少在不同学者那里其地位甚为悬殊，与朱熹较为稳定而显著的学术地位不可同日而语。

至于《元公周先生濂溪集总目》，也具有一定的价值。将此目与前面提到的今存宋刻《元公周先生濂溪集》的目录对比，发现不论是文字内容，还是编排顺序和格式，两者几乎完全一致。因此可以肯定，这个《总目》实际就是今存宋刻《元公周先生濂溪集》目录的翻刻。除个别异体字、文字刻误和少数文字漏刻的差别外①，两者最大的不同在于卷七《濂溪六咏》作者的署名上。今

---

① 总的来说，这个《总目》不如宋刻本目录准确，除有三处明显刻误外，还漏刻了一些小字，甚至在卷十还漏刻了"江州濂溪书院后记冯梦得""江州咸淳增贡额记方逢辰"两条内容。

存宋刻《元公周先生濂溪集》卷七《濂溪六咏》的作者署为周以雅，而此本所附《元公周先生濂溪集总目》则署为潘之定，周木重辑的《濂溪周元公全集》卷九也是如此。据笔者调查，明以来各种版本的周敦颐文集（包括这个蓬左文库藏本）或全录《濂溪六咏》，或只收其中两首，均将作者署为潘之定。但究竟何说为是，有无可能是周木重辑时改署？现在尚难断定，有待资料的进一步掘发。（本文在资料搜集和核对过程中，得到刘世龙、范喜茹、杨小平、张雯、张卫忠、陈默、陈晔诸位师友的热情帮助，谨此致以衷心感谢！）

（原载《徽音永著：徐规教授纪念文集》，华东师范大学出版社，

2012 年 9 月）

嘉靖十四年本《濂溪集》的版本与价值

——兼及古籍整理的重要性

论从史出是史学研究的核心要义。这个"史",主要就是史料,其中传世文献往往是大宗。对于中国古代史研究而言,古籍文献的准确使用,离不开版本的辨识与价值的衡定。其中的高下是非,固然有许多的影响因素,但学者是否尽可能全面地掌握了有关资料,并加以细致的考察和通体的观照,恐怕又是最重要的。近些年来,笔者倾力从事"理学开山"周敦颐的文集编纂史研究,在接触的数十种版本中,发现有不少著录的疏误,其重要价值有些也隐晦不彰。本文重点考察的明朝嘉靖十四年(1535年)本《濂溪集》,就是一个突出的例子。

一、版本辨识:嘉靖十四年本《濂溪集》的初版与重印

宋儒周敦颐十三代孙周伦所编、明代九江府(治今江西九江市)同知黄敏

才刻于官府的《濂溪集》六卷本，在海内外共有 11 部藏本。^①其卷前有明人王汝宾跋和宋人胡安之序，卷末是林山跋。此本刊刻时间本来确凿无疑，因为卷前王汝宾跋署"嘉靖十四年乙未孟秋"，卷末林山跋落款"是岁乙未秋七月戊辰"，且明确说"编是集者周子世系伦也，正之者郡博左子序也，刻之者郡贰黄子敏才也"。保留这三篇完整序跋的版本，目前在中日两国 5 家图书馆有藏，即中国国家图书馆和台北"中央"研究院傅斯年图书馆藏三册本、山东省图书馆和台北"国家图书馆"藏二册本，以及日本静嘉堂文库藏六册本。^②

但是，此本在流传过程中却出现了一种情况，就是卷前王跋和卷末林跋都被裁去，只保留有卷前的宋人胡安之序。这很可能是不良书商所为，意在冒充宋本。后人即便不上当，也可能误判其刊刻时间。如台北故宫博物院藏二册本即是如此，馆藏信息著录为"明正德间刊本"，《中国古籍总目·集部》亦加沿袭。^③他们何以将此本定为"明正德间刊本"呢？

这个误判大约渊源于清人瞿镛《铁琴铜剑楼藏书目录》所记："《濂溪集》六卷，明刊本，宋周子撰。前有绍定元年萍乡胡安之序。……正德间刻本，后有新宁林山跋，谓编之者周世孙伦，刻之者黄子敏才也。"^④显然，瞿镛所见版本的卷首已无王汝宾跋，他所谓"正德间刻本"，可能是依据卷末林山跋语提到的林山、周伦、黄敏才的生活时代作出的推测，而且还没有细察林山跋语中"是岁乙未秋七月戊辰"的"乙未"年，因为"正德"年间并无"乙未"年，

① 中国古籍善本书目编辑委员会编《中国古籍善本书目·集部》(上海古籍出版社，1996 年，第 225 页)和中国古籍总目编纂委员会编《中国古籍总目·集部》(中华书局、上海古籍出版社，2012 年，第 203 页)分别只著录了 3 部和 4 部，去其重复，合计不过 5 部。

② 日本静嘉堂文库另一部藏本即陆心源旧藏二册本有明显缺页和错置，王跋放在卷末，胡序、林跋已佚。

③ 中国古籍总目编纂委员会编：《中国古籍总目·集部》，中华书局、上海古籍出版社，2012 年，第 203 页。

④ (清)瞿镛编纂、瞿果行标点、瞿凤起覆校：《铁琴铜剑楼藏书目录》，上海古籍出版社，2000 年，第 547 页。

不可能由此推测此本是"正德间刻本"。

　　当然，台北故宫博物院的误判也可能渊源于清末藏书名家缪荃孙，他在《艺风藏书记》卷六著录此书时说是"明正德间刊本"。①缪氏藏书后归戴伦吉，戴氏后赠重庆图书馆。此书上面的"荃孙""戴伦吉赠"印章即可说明这一递藏过程。此本与台北故宫博物院藏本一样，都是二册，已无卷前的王汝宾跋和卷末的林山跋，只在卷前保留有宋人胡安之序。缪氏未言其版本判断的依据，很可能是承袭《铁琴铜剑楼藏书目录》而来。

　　其实，民国大藏书家傅增湘曾见过台北故宫博物院这个藏本。他或云"明嘉靖刊本，九行十六字。故宫藏"②，或云"明刊本，九行十六字。（故宫藏书）"③傅氏所谓"嘉靖刊本"，是符合实际的。可惜台北故宫博物院的著录者或许根本没有注意到傅氏这一判断。

　　幸运的是，虽然缪荃孙当年将其收藏的《濂溪集》六卷本著录为"明正德间刊本"，但现在收藏单位重庆图书馆则没有依从。该书在"濂溪先生遗像"的右侧有朱笔所书的贴条："濂溪集六卷，明嘉靖十四年黄敏才刻本（全国古籍善本总目编辑处定）。"全国古籍善本总目编辑处这一鉴定无疑是正确的，《中国古籍善本书目·集部》遂如此著录，④只是晚出的《中国古籍总目·集部》反而遗漏此藏，实为憾事！

　　像台北故宫博物院藏本和重庆图书馆藏本这样卷首卷末只有宋人胡安之序的《濂溪集》六卷本，中国国家图书馆还藏有两部，分别为二册、四册装，

----

① 此书的刊刻时间为"庚子九月刻辛丑九月讫工"，现影印收载《宋元明清书目题跋丛刊》第十四册，北京：中华书局，2006年。缪先生藏本现藏重庆图书馆，书中尚有"荃孙"朱文方印。
② 莫友芝撰、傅增湘订补、傅熹年整理：《藏园订补郘亭知见传本书目》卷13上《集部三·别集类二·北宋》，北京：中华书局，1993年，第3册，第51页。
③ 傅增湘：《藏园群书经眼录》卷13《集部二》，北京：中华书局，1983年，第4册，第1146页。
④ 中国古籍善本书目编辑委员会编：《中国古籍善本书目·集部》，上海古籍出版社，1996年，第225页。

但国图将其著录为"递修本"，不知何据。另外，安徽省图书馆还有一部藏本（二册装），卷前是宋人胡安之序，卷末无林山跋，但有王汝宾跋（当是重装时误置卷末），惜跋文中间有缺页。

值得注意的是，笔者在比对各地藏本的过程中，还发现此本有初刻和重印之别。中国国家图书馆和台北"中央"研究院傅斯年图书馆藏三册本、日本静嘉堂文库藏六册本以及安徽省图书馆藏二册本同为初版，只是册数分合不一，山东省图书馆和台北"国家图书馆"藏本以及静嘉堂文库陆心源旧藏本（均为二册装）则是重印。这一点从其序跋即可看出。

先看卷首的王汝宾跋。中国国家图书馆和台北"中央"研究院傅斯年图书馆藏三册本、日本静嘉堂文库藏六册本均完整清晰，而山东省图书馆和台北"国家图书馆"藏本以及静嘉堂文库陆心源旧藏本则有缺角现象，见下面的图1、图2。这应该是刻板的问题，前者依据原版刻印，后者重印时部分版刻已经破损。安徽省图书馆藏本的王汝宾跋虽有缺页，但尚存之页没有缺角，当属前者。

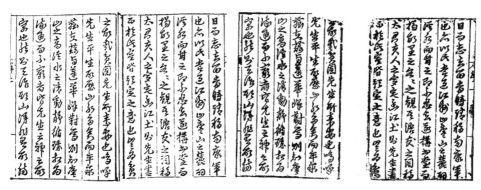

图1　日本静嘉堂文库藏六册本　　　　图2　台北"国家图书馆"藏本

再看林山跋语，中国国家图书馆和台北"中央"研究院傅斯年图书馆藏三册本、日本静嘉堂文库藏六册本是原版刻印，而山东省图书馆和台北"国家图书馆"藏本则是重新制版而成，文字表面上高度相近（属于影刻），实际很多字的笔画都有差别，稍微仔细一点地对比下面图3、图4的文字，即不难发现原刻和影刻之别。

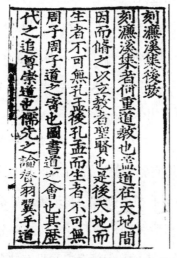 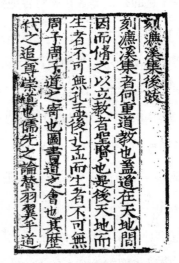

图3　日本静嘉堂文库藏六册本　　　图4　台北"国家图书馆"藏本

通过上述比对，我们确信，台北"国家图书馆"藏本（山东省图书馆和日本静嘉堂文库陆心源旧藏本同）实际是在原版的基础上重印的，重印时原版已有部分损坏，如王汝宾跋语部分刻板的角部已有缺损，林山跋语（陆心源旧藏本已佚）的刻板更是完全破损或遗失，以至需要重新制版。这是目前各本的馆藏著录者尚未揭示的一个现象。

由以上考述可知，在传世的11部嘉靖十四年本《濂溪集》中，最称完备的是中国国家图书馆和台北"中央"研究院傅斯年图书馆藏三册本以及日本静嘉堂文库藏六册本这3部，其他或是重印（版刻有缺损），或序跋不全。具体情况可制成下表（表1）：

表 1　嘉靖十四年本《濂溪集》各地收藏与版本情况表

藏　地	册数	初刻或重印	序跋情况	备　注
中国国家图书馆	三册	初刻	卷首依次是王汝宾跋、胡安之序，卷末是林山跋	序跋完整
台北"中央"研究院傅斯年图书馆				
日本静嘉堂文库	六册			
山东省图书馆	二册	重印		
台北"国家图书馆"				
安徽省图书馆	二册	初刻	卷首是胡安之序、卷末是王汝宾跋，缺林山跋	王汝宾跋当是此本重装时误置于卷末，且有缺页
日本静嘉堂文库		重印	仅有卷末的王汝宾跋，缺胡安之序、林山跋	此为清末陆心源旧藏本，有多处缺页和错置，王汝宾跋误置于卷末
中国国家图书馆	四册	不详	仅有卷首的胡安之序，缺王汝宾、林山跋	馆藏信息著录为"递修本"
	二册			
台北故宫博物院	二册			
重庆图书馆				

上述情况说明，传世的嘉靖十四年本《濂溪集》的情况较为复杂，有些是初版，有些则是重印的；有些序跋完善，有些序跋则不全；而且册数的分合也不一，有二册、三册、四册、六册等多种。面对如此繁复的局面，稍不注意，即可能作出错误的版本判断。像瞿镛、缪荃孙这样的藏书名家，像台北故宫博物院这样的知名文博机构，就出现了失误。其故非他，最重要的就是所见有限，以至推测失当，或以讹传讹。至于此本有初版和重印之别，更是无人明示。笔者幸运，承诸位学友鼎助，① 得以遍览这 11 部藏本，并加以仔细比勘，

① 范立舟、洪丽珠、（日本）白井顺、蒋晓春、郭畑、陈晔、冉艳红等师友或代为查阅，或热心引荐，谨在此致以衷心感谢！

故有上述较前辈或更准确的认识。由此笔者感到，古籍版本的勘定，一是不能盲从名家，二是要尽可能得见已知的所有版本，细致考察，反复比较，否则很可能沿袭旧有的陈见，或作出新的误判。

二、价值衡定：嘉靖十四年本《濂溪集》的文献价值与编纂史地位

在历代众多的周子文集中，嘉靖十四年本的编纂质量不算高，尤其对周子作品的著录很不全。最让人费解的是，卷二的《太极图说》竟然没有刻画"太极图"。而且，与宋刻十二卷本《元公周先生濂溪集》载录周子赋 1、文 5、书 6、诗 24、行记 5 总计 41 篇的诗文规模相比，此本的周子诗文只有 13 篇，书信、行记全失收。不仅如此，这 13 篇诗文中，居然还有误入者，如《天池》《宿崇圣》二诗就非周子作品，而分别是朱熹、彭思永所作。[①] 此本还有一些误题情况，如卷三《附录》开头的《无极而太极辨》《五行说》二文，宋本《元公周先生濂溪集》署名为黄榦，[②] 此本却误为程颐。

尽管如此，此本仍有一定的文献价值。最突出的，就是此本的王汝宾跋语系据作者草书手迹上板刻印，与后来的周子文集转为楷书加以著录相比，不仅保存了作者的手书原貌，而且所录文字更为准确。如后来的明嘉靖十九年（1540）鲁承恩编《濂溪志》卷十（万历二十一年即公元 1593 年胥从化等编《濂溪志》卷七之下依此而略有修正）、嘉靖三十七年（1558 年）九江榷使丁永成重刻嘉靖十四年本《濂溪集》的卷末、万历四十二年（1614 年）周子十七代

---

① 参见拙文《周敦颐诗文的汇集过程及若干考辨》，《宋史研究论丛》第 23 辑，北京：科学出版社，2018 年。

② 湖南省濂溪学研究会整理本《元公周先生濂溪集》卷 3，长沙：岳麓书社，2006 年，第 45—46 页。

孙周与爵辑《宋濂溪周元公先生集》卷首等，转为楷书时均有文字臆改，或识读有误。

为求准确识读，下面先将日本静嘉堂文库藏六册本的原版复制件截图展示，再列出笔者的识读文字，[①]并通过注文的方式，把鲁承恩本（简称鲁本）、胥从化本（简称胥本）和周与爵本（简称周本）收录时的不同识读情况列出，[②]且明辨其是非。由于丁永成重刻时误读臆改太多，我们只好将其文字单独列在后面，以供参考。为保证图文对应，下面的识读和注文中涉及的相关文字一律用繁体。

日本静嘉堂文库藏六册本的原版复制件截图（图 5）是：

图 5　日本静嘉堂文库藏六册本

笔者识读如下：

先生生於營道而卒於江州，故郡世[③]有先生之墓祀焉。或者謂先生貧不能歸，遂終於此，非知先生者也。先生雅志林壑，不為世故所窘束，凡遊歷所在，遇佳山水輒盤桓數日而忘去留，當時請移南康軍也亦以此。嘗

①　笔者识读过程中得到四川大学历史文化学院教授、书法家何崝先生的教正及学友黄博、宋晓希二君的帮助，谨此感谢！
②　本文所用的鲁本是韩国首尔大学奎章阁藏本，胥本和周本均为中国国家图书馆藏本。
③　"世"字，鲁本作"無"，显误，周本仍为"世"。

過江州，止①廬山之麓，酌溪水而甘之，即不忍去，遂構書堂，而揭故里之名名之。觀其語友之詞②，移太君夫人之窆宅幽江土③，則先生書留於此室，④皆預定之意也，豈為貧之故哉？貧固先生所素安也。嗚呼！先生平生所歷山水多矣，而卒永歎在茲⑤，與蓮華峰對焉。則知廬山之高、溪水之清，動靜循環，相為流通而不窮者，皆先生之神之所寓也。然則天作斯山，得⑥非有所待而就邪⑦？是⑧集之刻，所以載先生履歷之詳⑨，而并繫之以文。文也者，所以稽其道也；履歷也者，所以論其世也。先生之始終本末一以貫之者，庶可考而會其全矣！予江人也，仰止高山，光霽在目，能無興起之思邪？因僭言之，以幸私淑。

嘉靖十四年乙未孟秋，賜進士出身、蓮峰山人王汝賓⑩識。

丁永成重刻本著录如下：

先生生於營道而卒於江州。或者謂先生貧不能歸，遂終於此，非知先

---

① "止"字，鲁本作"上"，显误，周本仍为"止"。
② "詞"字，周本作"辭"，意同而字不同。
③ 此三字，鲁本作空格处理（似所见底本模糊不识），胥本直接不录，周本仍为"幽江土"。
④ "書留於此室"五字，鲁本作"來止於此寔"，显误，周本作"書揭於此室"，有一字之误。
⑤ "卒永歎在茲"，鲁本作"卒永茲在茲"，一字之差；而周本作"平泉莊雅構直"，则谬甚。
⑥ 周本在"得"字后误加一"人"字。
⑦ "就邪"，鲁本作"然邪"，当误，周本作"能神"，更误。
⑧ "是"字，鲁本误作"首"，胥本更正为"是"。
⑨ "詳"字，鲁本误作"祥"，胥本更正为"詳"。
⑩ "賓"字，周本误读为"憲"，当为形近之误。按，此字在后来一些目录书如陆心源《丽宋楼藏书志》卷75《别集类九》（清光绪八年刻十万卷楼藏本）、[日]河田熙著、杜泽逊等校《静嘉堂秘籍志》卷33（上海古籍出版社2017年版，下册第1317页）和严绍璗编著《日藏汉籍善本书录》（中华书局2007年版，下册第1510页）中均误为"憲"；叶德辉《郋园读书志》卷八则误为"寅"（杨洪升点校、杜泽逊审定本又改为"憲"，上海古籍出版社2010年版，第382页），台北"中央"研究院傅斯年图书馆著录此本时亦误作"寅"。其实，此本卷六恰有题署"王汝賓"的《谒濂溪祠》一首，江西地方志如嘉靖《九江府志》《江西通志》亦多次载录"王汝賓"其人其事。故此处确应读作"賓"。

生者也。先生雅志林壑，嘗過江州，覽廬山溪水之秀潔，樂之不忍去，遂構書堂，而揭故里之名名之。觀其語友之詞，改太君之窆，則其盡正於此，未必非先生預存之意也。嗚呼！先生始焉篤愛廬山之胜，而終棲神於莲花之峰，天作斯山，以待斯文，豈偶然哉！是集之刻，所以載先生履歷之詳，而并附之以文。文也者，所謂誦其詩讀其書者也；履歷也者，所以知其人論其世者也。先生之始終本末一以貫之者，在兹矣！予江人也，仰止高山，先哲在目，能無興起之思耶？因僭言之，以幸私淑。

嘉靖乙未孟秋朔後學王汝賓謹識。

显然，丁永成重刻时大约因为不能准确识读草书的王汝宾跋语，遂对其作了大量的文字改动和重新疏通。用心侈甚，失真更多！

至此，我们非常清楚，若非嘉靖十四年本的传世，我们便无法确知王汝宾原跋的模样。特别是单看丁永成重刻本此跋，文从字顺，不见破绽，很难知晓其中隐含的大量臆改。由此观之，传世文献浩如烟海，必然存在后人有意无意的改动，今人在阅读和使用时保持自觉的警惕，甚至批判意识，是很有必要的。

丁永成重刻本流传不广，未见传统任何公私书目著录，之后编刻的各种周子文集也从不曾提及。但我们绝不能因为它对王汝宾跋语的臆改太多，而加以轻忽。这不仅因为目前仅知杭州图书馆一家独藏，是难得的传世孤本，而且这部重刻本不是对原本的照搬照抄，还补充了一些新的内容，主要集中在卷六，共有 15 篇新增的明代诗文。将其与之后的周子文集各本比较，这 15 篇诗文中，邵宝 2 篇《祭文》、罗洪先 4 首《谒濂溪先生祠墓》诗，以及何迁《冬日谒濂溪先生祠》、毛起、王惠、徐冠各 1 首《吊濂溪》、陈守义 1 首《谒濂溪祠次壁间韵》，还有佚名的次王守仁《谒濂溪祠》一诗的《次韵》1 首，共 12

篇诗文，不见后来周子文集收录。① 如果再加上丁永成《重刻濂溪集叙》1 篇，总共可新辑 13 篇。近些年新编的《九江濂溪志》，亦未见此本，只依据其他文献收录罗洪先此处《谒濂溪先生祠墓四首》中的 1 首，② 其他 3 首仍失收。这些均可见丁永成重刻本也有一定的文献价值。

如果我们进一步把宋以来的各种周子文集贯通起来考察，嘉靖十四年本《濂溪集》则不仅具有一定的文献价值，在周子文集编纂史上也有其不可忽视的地位。

第一，此本突破了早期周子文集的编纂格局，将宋儒度正编的《（周子）年表》列入正卷编排。现存最早的周子文集目录是萧一致在嘉定十六年至宝庆二年（1223—1226 年）知道州期间编的《濂溪先生大成集》七卷目录，卷一至卷四依次为《太极图说》《通书》《遗文》和《遗事》，卷五至卷七为《附录》。③ 度正所编的《（周子）年表》，则置于卷首。④ 之后的两部宋刻周子文集，依然保持了这一格局。延至明朝弘治五年（1492 年）后不久苏州人周木编《濂溪周元公全集》十三卷，仍然如此。直到嘉靖十四年本《濂溪集》的出现，才打破了这个流传 300 多年的编纂格局。此本最大的变化，一是舍弃了《遗事》，二是把《年表》从之前文集的卷首移至正卷中。前者影响不大，后来很多周子文集仍有《遗事》（或称《杂记》《诸儒议论》）；后者影响极大，之后各种形式的周子文集，《年表》（或名《年谱》）几乎无不在正卷之中编排；即便是 1990 年中华书局点校本《周敦颐集》，《年谱》也是在正卷之后的《附录》中，而不是

---

① 罗洪先有《谒濂溪先生祠墓》一诗在清代道光年间编修的《濂溪志》和《周子全书》中收录，但与此不同，当是罗氏另外的诗篇。
② 李宁宁、黄林燕编纂：《九江濂溪志》，南昌：江西人民出版社，2016 年，第 187 页。
③ 萧一致编刻本已佚，但其目录还保存在日本名古屋市蓬左文库藏周木编《濂溪周元公全集》的卷末。
④ 日本名古屋市蓬左文库藏周木编《濂溪周元公全集》卷末附录的萧一致刻《濂溪先生大成集》目录未著录此《年表》，但明代张元祯在《周朱二先生年谱引》（附载明朝周木刻本《濂溪周元公全集》末）中则明说其书"首卷则《年表》也"。

置诸卷首。

第二，此本一些内容为后来编纂的周子文集参考和吸取。如对后世有深远影响的万历三年（1575年）本《宋濂溪周元公先生集》，[①] 就很得此本之助。受命参与编纂此本的蒋春生在序言中说："志（按指鲁承恩本《濂溪志》）则博而泛，其失也杂；集（按指王会编《濂溪集》）则简而朴，其失也疏，皆弗称。乃参取江州集，荟萃诠次类分焉。"[②] 所谓"参取江州集"，就是以嘉靖十四年《濂溪集》为重要参考。两本比勘，至少在江州地方文献的著录上，万历三年本实取自于嘉靖十四年本。对后世同样有深远影响的嘉靖十九年（1540年）鲁承恩编《濂溪志》的收录情况，也应做如是观。

第三，此本在卷首载录了明初大儒宋濂的周子像记，这是历代周子文集中最早的。后来各种形式的周子文集几乎都有宋濂的这篇像记（或称像赞），虽然未必都渊源于此本，但毕竟此本首开其端，具有发凡起例的开创地位。

第四，此本在《周子全书》系列的发展史上也起过特殊作用。我们知道，周子文集的编纂始于南宋，明代衍生出《濂溪志》和《周子全书》，别集、专志和全书三大系列相互影响，主体内容非常相近，共同构成了周敦颐文集的完整系列。其中最早的《周子全书》是明代万历二十四年（1596年）山东按察司副使、管直隶淮安府事张国玺编刻的《周子全书》六卷本。据笔者比对，这个《周子全书》六卷实际是江州本的翻刻，只是书名作了更改，序跋文字也全部换掉，而其他内容则一仍其旧。说来真是讽刺，对周子作品收录很不全的嘉靖十四年本《濂溪集》，在流传六十余年后居然改头换面成了历史上第一部《周

---

① 关于万历三年本《宋濂溪周元公先生集》和下面谈及的嘉靖十九年本《濂溪志》的深远影响，参见拙文《历代周敦颐文集的版本源流与文献价值》，载《河北大学学报（哲学社会科学版）》2020年第1期。
② （明）蒋春生：《宋濂溪周元公先生集序》，王俸、崔惟植等编《宋濂溪周元公先生集》卷首，湖南图书馆藏明万历三年刻本。

子全书》，历史发展不亦怪乎！

本来是一部连周子《太极图》都没有刻画、编纂质量不高的周子文集，经笔者与其前后的周子文集的通盘比较与观察，竟然发现其仍有不可忽视的文献价值，在宋以来近千年的周子文集编纂史上也有不同寻常的历史地位。这一认识的取得，关键在于瞻前顾后，把此本放在整个周子文集发展史上进行考察。史学名家钱穆说："学问贵会通。若只就画论画，就艺术论艺术，亦如就经论经，就文史论文史，凡所窥见，先自限在一隅，不能有通方之见。"① 其好友蒙文通也说："看历史，应从前后不同的现象看变化。……中国历史上的社会经济问题，只宜拉通来讲，才易看出变化，分在每段来讲，就不易比较了。"② 两位大师固然针对的不是古籍版本的认识，但从笔者以上的考述来看，这种注重通观的治学态度，于古籍的版本勘定及其文献价值、编纂史地位的认识，又何尝不适用呢！

三、余　论

本文以嘉靖十四年本《濂溪集》为例来谈的古籍版本和价值判断问题，实际上是古史研究者经常遇到而又难以回避的问题。被誉为"当今顶尖的古籍版本学家"③ 的黄永年先生在其《版本学》的讲义中开篇第一节就标明"古籍要讲版本"。为什么呢？他通俗易懂地说：

> 资料有真伪之别，精粗之分，运用时要"去粗取精，去伪存真"，也

---

① 严耕望：《治史三书》，沈阳：辽宁教育出版社，1998 年，第 266 页。
② 蒙默编：《蒙文通学记（增补本）》，北京：生活·读书·新知三联书店，2006 年，第 17 页。
③ 辛德勇：《研治古代文史的必备入门书籍——读黄永年先生著〈古文献学四讲〉》，《书品》2004 年第 4 期。

就是要加以"批判地审查"。而运用书籍时除对内容"批判地审查"外，对版本也要有所选择，要选择错字脱文比较少、比较接近原书本来面貌的本子作为研究的依据。这对古籍尤其重要，因为古籍经过多次抄写刻印，流传到今天往往有好几个内容有出入的本子，哪个本子好，哪个本子不好，这些本子之间有什么渊源递嬗关系，就构成一种专门学问。①

这种"专门"的版本学，固然不是研究者人人必须精通的，但运用古籍要讲究版本，"要选择错字脱文比较少、比较接近原书本来面貌的本子作为研究的依据"，则是对研究者的基本要求。要达到这一要求，就离不开古籍的整理研究。这方面文献学大家张舜徽先生说得好：

> 历史资料如此浩繁凌乱，如果不进一步加以研究整理，使之条理化、系统化，去粗取精，去伪存真，经过改造制作功夫，总结性地编述成书，那将只是未开掘的矿山，待开垦的荒地，面积虽广，蕴藏虽富，又何能充分发挥作用？②

确实，要使"浩繁凌乱"的"历史资料"（当然也包括各种版本的古籍）得到合理利用、"充分发挥作用"，第一步就要"加以研究整理"，进行"去粗取精，去伪存真"的工作。这种古籍整理工作在学术研究中具有十分重要的意义。自称"比较重视版本、目录"③的宋史专家黄宽重先生在专文总结学界整理古籍的情况时，开头不久就说：

---

① 黄永年：《古文献学讲义》，上海：中西书局，2014年，第139页。
② 张舜徽：《中国文献学》，上海：上海古籍出版社，2009年，第282页。
③ 黄宽重：《典籍增辉——中国大陆学界整理宋代典籍的回顾》，《宋史丛论》，台北：新文丰出版公司，1993年，第255页。

典籍整理的成就辉煌，不仅为研究者带来便利，更为其学术研究奠下良基。①

最后又总结道：

古籍整理工作，不仅为学术研究的发展奠下深厚的基础，同时，藉着整理传承学术经验，以及人才的训练，使学术研究由空泛趋于扎实，研究领域也随着典籍范围的扩展及新资料的发现而扩大。②

黄先生不仅论及古籍整理之后利用的便利，还注意到古籍整理过程对于人才培养和学术提升的作用。这后一点在古籍整理和宋史研究两方面都卓有建树的王瑞来先生那里，说得更为直白，甚至成为刚性的要求，他说：

我一直认为，有出息的文史研究者，至少一生要做一次古籍整理，哪怕是一部很小的古籍。具体动手，就会从实践中得到多方面的知识训练，这可以说是在书本上、课堂上难以学到的东西。③

笔者引述以上学界名流的论述，意在强调包括版本鉴定在内的古籍整理的重要性，虽然有些离题渐远，但绝非无的放矢。这不仅是因为"眼下搞文史的人，懂版本的人越来越少"④，而且在当今的学术评价体系中，古籍整理方面的

① 黄宽重：《典籍增辉——中国大陆学界整理宋代典籍的回顾》，《宋史丛论》，台北：新文丰出版公司，1993年，第255页。
② 黄宽重：《典籍增辉——中国大陆学界整理宋代典籍的回顾》，《宋史丛论》，台北：新文丰出版公司，1993年，第288页。
③ 王瑞来：《古籍校勘方法论》，北京：中华书局，2019年，"导言"第5页。
④ 辛德勇：《研治古代文史的必备入门书籍——读黄永年先生著〈古文献学四讲〉》，《书品》2004年第4期。

成果越来越不受重视（这一点无需赘述，凡是从事古籍整理的学者，无不有此感受）。其实，古籍整理极为不易，前举黄宽重先生就说：

> 古籍整理是一项相当艰巨的工作，需要有无比的恒心和耐心，同时涉及到文、史、哲、经学及版本、目录、文字、训诂、校勘等多方面的学问，需要多方面的学养，因此典籍点校者的辛勤和艰苦应受到敬重。①

笔者深以为然！本文只是对嘉靖十四年本《濂溪集》的版本及其价值的研究，在资料搜集和具体研究中，已经颇为艰辛。何况很多古籍整理还需要付出数十数百甚至成千上万倍这样的劳动呢！因此，笔者愿借此一角，吁请更多的学人自觉地进行古籍整理的训练，吁请更多的学者特别是掌握学术评价指挥棒的人"敬重"古籍整理研究者及其成果！

（原载《江西社会科学》2020 年第 8 期，标题为
《古籍的版本辨识与价值衡定——以明嘉靖十四年本〈濂溪集〉为例》）

---

① 黄宽重：《典籍增辉——中国大陆学界整理宋代典籍的回顾》，《宋史丛论》，台北：新文丰出版公司，1993 年，第 268 页。

嘉靖本《濂溪志》的再现及其价值

一、嘉靖本《濂溪志》的再现及其编者问题

明朝嘉靖十九年（1540年）永州府（治今湖南永州市）同知鲁承恩主持编纂的《濂溪志》，是第一部名实相副的记述宋儒周敦颐（濂溪先生）的人物专志。此本流传稀少，在笔者翻检的国内各种公私书目中，竟未提及，以至私心以为早已失传。但没想到的是，笔者在查找《韩国所藏中国汉籍总目》所记《濂溪志》时，竟意外地发现了这部绝世孤本。

《韩国所藏中国汉籍总目》第二册史部"传记类"著录道：

濂溪志

梅崖书屋（清）编次，芝城书院（清）校正

本版本（刊地未详）（刊者未详）万历年间／4册（零本）

27.4×17.3 cm

印：帝室图书之章

藏本：卷1—2（1册）缺

【奎章阁】^①

这个著录虽有编校者是清人、版本是明代万历年间这样明显的抵牾，但总体情况很清楚，包括编校者、册数、版式、板框、印章、藏地都有。笔者虽然研究过万历年间的三种《濂溪志》^②，对其他一些《濂溪志》的情况也心中有数，但从不知有"梅崖书屋编次"的《濂溪志》。这会不会是梅崖书屋重编或翻印某种万历本《濂溪志》而来的呢？为释此疑惑，笔者拜托诸多师友查找，最后在韩国首尔大学哲学系郭沂教授及其硕士生杨雨溪同学的直接帮助下，获得了这部藏于韩国首尔大学奎章阁的珍贵古籍的复制本。

图1

图2

此本原为五册，第一册已佚，后四册尚存（卷三至卷十）。每一册封面左上有"濂溪志 ×"这样的书名和册数标记，右上有该册的内容说明"×类""×× 类"；右下则贴有记录其藏地、书号、册数等内容的紫色方形标签。

① 【韩】金寅初主编：《韩国所藏中国汉籍总目》，首尔：学古房，2005 年，第 2 册，第 353 页。
② 参见拙文《万历〈濂溪志〉三种及其承继关系》，《图书馆杂志》2021 年第 5 期。

【见图1】每一卷的卷端题署"梅崖书屋编次　芝诚书院校正　濂溪书院刊行"三行字，卷三至卷五的末端题署"永州府零陵县儒学教谕陈谟校正　永州府儒学训导张世器同校"两行字，卷六以后的末端则没有题署。每一册卷端页的顶部从右至左依次有"帝室图书之章""朝鲜总督府图书之印""서울大学校图书"三枚方形红色印章，显示出其递藏轨迹。【见图2】

此本卷端明明题署"梅崖书屋编次"，为什么笔者判定这是在中国久已失传的明朝鲁承恩编纂的《濂溪志》呢？最直接的证据有二：

一是保存在其他周子文集的鲁承恩自序（作于嘉靖十九年）所述与此本的分卷分类情况吻合。鲁承恩自序其书的结构说："首之图像，以正其始；次之序例、目录，以明其义；次之御制，以致其尊；次之遗书，以昭其则；次之著述、践履，以纪其迹；次之事状、事证，以详其实；次之谱系、谱传、谱稽，以衍其裔；次之奏疏、公移，以取其征；次之表、说、辨、赋、诗、记、序、跋，以备其考；次之祭文、附录，以稽其终。"[①]"次之著述"以下的内容正好与韩国此藏本相合。此本第一册已佚，第二册是卷三的著述类、履历类，卷四的事状类、事证类；第三册是卷五的谱系类、谱传类和谱稽类，卷六的奏疏类、公移类；第四册是卷七的表类、说类、辨类、赋类、诗类和卷八的记类，第五册是卷九的记类、卷十的序类、跋类、祭文类和附录类。除了鲁承恩自称的"践履"与此本的"履历"有一字之差外，其他表述竟完全一致。

二是此本卷末有鲁承恩弟子钱尚青作于嘉靖二十五年（1546年）的《刻濂溪志序》，其中写道："吾师近塘先生鲁公崛起儒绅，慨然以先生之道自任……乃出其所集《濂溪志》以示，欲授诸梓，以规厥传，不徒秘之为家乘焉已

---

① （明）鲁承恩：《濂溪志序》，（明）胥从化、谢琯编：《濂溪志》卷7下，中国国家图书馆藏明万历二十一年刻本。

也。""近塘先生鲁公"即是鲁承恩。① 这里明确说此本是鲁承恩"所集"。

至此，我们可以肯定此本就是明代嘉靖十九年鲁承恩编纂的《濂溪志》。正所谓"礼失求诸野"，国内久已不传的这部周敦颐传记，竟然在消失数百年后于异国他乡重被发现。周敦颐、鲁承恩英灵有知，必将含笑于九泉！只是万分遗憾的是，此本第一册已佚，鲁序所谓的"首之图像，以正其始；次之序例、目录，以明其义；次之御制，以致其尊；次之遗书，以昭其则"的具体情况，我们已不能知晓。另外从卷末落款"嘉靖丙午岁"的鲁承恩弟子钱尚青《刻濂溪志序》和全书的一些内容来看，此本并没有在鲁承恩编出之后立即刊印，而是在其弟子钱尚青得其书并略作增补后刻于嘉靖二十五年（1546），后又有少量补刻内容（字体明显与之前有别），集中在卷十，最晚一文是李发《谒元公奠文》，时在"万历拾柒年"即公元 1589 年。

当然，编者鲁承恩何以不直署其名，而要在卷端题署"梅崖书屋编次"？梅崖书屋会不会是鲁承恩的书房雅称？由于现存有关鲁承恩生平事履的资料极少，对这些疑问我们还无法回答，有待资料的进一步掘发。

作为人物专志，一般认为《濂溪志》起于明朝弘治四年（1491 年）周子十二代孙周冕编修的《濂溪遗芳集》。清人常在为康熙本《道国元公濂溪周夫子志》作跋时就说："惟濂溪有志，自弘治辛亥始也，距今已一〔二〕百年，凡六刻矣。"② 这里的"弘治辛亥"，就是道州知州方琼为周冕编修《濂溪遗芳集》作序的弘治四年。后来道光十九年（1839 年）周子二十七代孙周诰在其《濂溪志》后所附《濂溪遗芳集》（与周冕本同名）的卷前语中更进一步指出：

---

① 明朝唐诰修、齐柯纂的《和州志》卷 3《官司志》（明万历三年刊本），有署名"近塘鲁承恩"的"题咏"一首；在鲁承恩《列秩题名记》后面的"附记"中，又有"右题名记，为前守鲁近塘先生所撰"语。

② （清）常在：《修濂溪志跋后》，吴大镕修、常在编：《道国元公濂溪周夫子志》卷末，清康熙二十四年刻本。

"宏治四年辛亥，州侯方公刻有《濂溪遗芳集》，后之守土者辑其大纲以为志，至今因之。"①这里的"后之守土者"，就是本文所述的永州府同知鲁承恩。他是继周冕本之后第一个以"濂溪志"为名编纂周敦颐人物专志的人，在《濂溪志》系列发展史上具有开创性。不仅如此，考虑到周敦颐文集编纂始于南宋，明代衍生出《濂溪志》和《周子全书》；别集、专志和全书三大系列相互影响，主体内容非常相近，故可统称为周敦颐文集。②这样，嘉靖本的再现，就不仅可以让我们重睹这部最早的名实相副的《濂溪志》原貌，也可以弥补周敦颐文集编纂史的一个重要缺环。至于嘉靖本《濂溪志》究竟是如何以周冕《濂溪遗芳集》为"大纲"进行编纂的，则由于周冕本的失传，而难以知晓了。

二、万历本《濂溪志》对嘉靖本的改编和删减

嘉靖本《濂溪志》刊行后，最早参考利用其书来编纂新的周子文集的，是万历三年（1575年）本《宋濂溪周元公先生集》十卷（下称万历本《全集》）。但万历本《全集》以为其书很"杂"，且只视其为三大参考版本之一，③因此实际吸收不多，比较明显的只有卷四的周子六封书信和卷十的祭文（后两篇除外），是直接来自嘉靖本的。真正承袭其书名，并以其为底本来新编周子文集的，是道州永明县（治今湖南江永县）知县胥从化、道州儒学署学正谢睨在万

---

① "宏治"即"弘治"，此避清高宗乾隆弘历讳。
② 梁绍辉《周敦颐评传》书末所附"周敦颐全集版本"（南京大学出版社，1994年，第408—413页）、刘小琴《周敦颐文集版本考略》（《北京大学中国古文献研究中心集刊》第4辑，北京大学出版社，2004年，第417—430页）均如此处理，笔者亦认同，参见拙文《历代周敦颐文集的版本源流与文献价值》，《河北大学学报（哲学社会科学版）》2020年第1期，第1—10页。
③ （明）蒋春生：《宋濂溪周元公先生集序》，（明）王偁、崔惟植等编：《宋濂溪周元公先生集》卷首，湖南省图书馆藏明万历三年刻本。另外两种参考本是嘉靖十四年周伦编《濂溪集》六卷和嘉靖二十二年王会编《濂溪集》三卷。

历二十一年（1591年）编的《濂溪志》（下称万历本《濂溪志》）。编者在《叙例》中对嘉靖本进行了尖锐批评，先是直言其书"漫漶不易读"，有明显破损或模糊之处，接着很不客气地指斥道："读之而芜秽也，谬误也，重复也，款次之舛紊也。盖参萃焉，曾是称志，其愈能几？"①几乎要否定它作为人物专志的资格了。而在全部的8条凡例中，有7条都是针对嘉靖本的，批评相当细致。在这样的基调之下，万历本对嘉靖本作了全面的改编。

首先是在卷次和类别方面做了全新的调整。嘉靖本《濂溪志》的分类非常独特，每一卷都有若干以"×类""××类"为名的类别，这是笔者所见其他《濂溪志》和周子文集没有的现象。而且这些分类或按文章的属性，或依文章的体裁，缺乏相对统一的标准。大体说来，前五卷是按文章的属性来分类的，依次是：卷一御制类，卷二遗书类，卷三著述类、履历类，卷四事状类、事证类，卷五谱系类、谱传类、谱稽类；后五卷基本是按文章的体裁来分类的，依次是：卷六奏疏类、公移类，卷七表类、说类、辨类、赋类、诗类，卷八、卷九记类，卷十序类、跋类、祭文类，最后是附录类。万历本编者对此不以为然，在《叙例》的第一条就明确指出：

志主图书，苞举杂著，他不得而先焉。唯是扶舆勃发乎千年，存著永承于万禩。芳迹攸寓，肖图在前，而光霁遗仪，必冠卷首，固志体然哉。爰论其世、其年表、事状乎，乃诸儒之论核矣。自余褒崇、纪述、题咏、祭谒，以次胪列，而所为谱系，则翰博之以故，志于是终焉。

所谓"志主图书""固志体然哉"，所谓图像"必冠卷首"、著录谱系后"志

① （明）谢朏：《濂溪志叙例》，（明）胥从化、谢朏编：《濂溪志》卷首，中国国家图书馆藏明万历二十一年本。

于是终焉"，表明编者对人物志的卷次安排有新的思考和把握。具体说来，其书保持了嘉靖本十卷的规模，但在卷目卷次和大类归并方面调整明显，卷首是序言、叙例和目录，之后依次是：卷一元公遗范、元公芳迹（按指图像），卷二元公遗书、元公杂著，卷三元公年表，卷四元公事状，卷五诸儒议论，卷六历代褒崇，卷七古今纪述，卷八古今题咏，卷九古今祭谒，卷十濂溪世系。这全部是按照文章（少量是图表）的属性来分类编排的，且每一卷的卷目都是四字组合，相当齐整，从而克服了嘉靖本既按文章属性又按文章体裁来分类分卷的混杂情况，显得更为清晰，编者自称是"井井乎，绎绎乎，其得当于大观"，殆非虚言。

其次是纠正了嘉靖本的不少"谬误"。万历本编者在《叙例》中指出：

旧志谬误颇多。如五行、太极二说，本黄榦所作，而以为程颐。此类犹其小者耳。乃元公《上二十六叔》《与仲章》二书，载之漳浦王氏集，而志析为四，不大谬乎？后书实六月十四日，志脱十字，又于"夏热"上增"首"字。观度氏谱，以"可具酒果香茶告闻先公谏议"为六月十四日手帖，此足证志、集之得失矣。二说不必入志，余谬误悉正之。

这里的"王氏集"，指嘉靖二十二年（1543年）知道州王会编的《濂溪集》。这段批评所说的"五行、太极二说"，是指嘉靖本卷七的《五行说》《无极而太极辩》两篇。这两篇为宋儒黄榦所作，早在宋刻十二卷本《元公周先生濂溪集》卷三中已有著录。嘉靖本误题为程颐，乃是渊源于嘉靖十四年（1535年）周伦编《濂溪集》卷三。万历本《濂溪志》不是将作者回署为黄榦，而是直接将此"二说"删去。至于把周子的两封家书《上二十六叔书》和《与仲章书》割裂为四封，并有字词方面的讹误，也为万历本所纠正。

在万历本编者看来，嘉靖本的"谬误"还不止此。万历本《叙例》有一条就说："《年表》，宋山阳度氏所撰，小有遗误，今搜补而考正之，诸野人诞语不使冒而入焉。"经笔者比对，此本卷三载录的《濂溪周元公年表》，与之前弘治年间（1488—1505年）苏州人周木重辑《濂溪周元公全集》（下称弘治本《全集》）卷首的《濂溪周元公年表》基本一致，《叙例》所谓的"遗误"当非嘉靖本所为，而是渊源有自，不过万历本确实加以纠正了。重要的有两方面，一是周子"卜居庐山"并筑书堂事，嘉靖本系于熙宁五年，万历本考证认为最初应在嘉祐六年，熙宁五年是最后"定居"时间；二是"虔州失火"、周子移官事，嘉靖本系在嘉祐八年，万历本同意道州人费椿的更定，改系前一年即治平元年。

当然，万历本对嘉靖本改编时还做了大量删繁就简的工作。编者不仅在《叙例》的开头对嘉靖本有"芜秽""重复"之讥，在后面的凡例中更有具体的指责，或言其将朝廷下发的诏书、公文以及臣僚的奏疏和谢表按"御制、奏疏、公移、表"四个类别分别收载有"强析""重出"和"割解舛牾"之弊，或言其"杂言、记、序重复为甚，其芜者、赘者各卷多有之"。万历本编者自称对这些"悉并删正"。其具体情况相当复杂，在此不便详述。概括说来，万历本对嘉靖本的删减主要有两方面的情况，一是压缩改写其长篇，如对嘉靖本奏疏类的吴革、郭廷坚奏疏和表类的郭廷坚谢表三篇文献合并到宸纶类《敕赐道源书院》时，就有上千字的删减，包括吴革奏疏由950字减为310字，郭廷坚奏疏由1130字减为116字；二是直接删去其诸多篇什，据统计，嘉靖本共有60多篇文献为万历本改编时删去，数量之大，近于斧削！

由于改编后的万历本《濂溪志》的卷类编排更为合理，各种谬误大为减少，"芜者、赘者"情况显著改善，因此其刊行后得到了广泛重视，成为明清时期各种《濂溪志》版本的重要依据，其他一些周子文集或也以之为重要参考，^①而原来的嘉靖本《濂溪志》则很快为人所弃，以致不见传统任何公私书目著录。这造成了一个严重后果，那就是为万历本删减的很多文献长期湮晦不明。嘉靖本的再现，才使得这些珍贵文献重为人知。

三、大量珍贵文献的复出及其价值

诚如上述，嘉靖本中共有 60 多篇文献为万历本改编时直接删去。进一步比勘，发现其中有 45 篇未见其他现存著作（包括周子文集）载录，实为难得的新见资料，兹表列于下。

表1　被万历本《濂溪志》删去且未见其他著作载录的 45 篇文献情况表

嘉靖本卷次（被删篇数）	篇　名	作　者	备　注
卷四事状类（2篇）	跋濂溪先生行实	鲁承恩	此为托名，编者鲁承恩在上文中已指出
	元公家本行实	黄鲁直	
卷五谱系类（2篇）	周氏支系	周冕	
	跋周氏支系	鲁承恩	
卷五谱传类（1篇）	周砺等73人小传		计为1篇
卷五谱稽类（4篇）	祖宗规约（九则）		计为1篇
	拙逸先生像赞	胡　训	此篇及下篇，均记述五经博士周冕
	翰林五经博士拙逸先生行状	何天衢	
	跋濂溪谱	鲁承恩	
卷六公移类（1篇）	书院再复公移嘉靖十八年		
卷七说类（1篇）	复说	侯廷训	

① 参见拙文《历代周敦颐文集的版本源流与文献价值》,《河北大学学报（哲学社会科学版）》2020 年第 1 期。

(续表)

嘉靖本卷次 （被删篇数）	篇　名	作　者	备　注
卷七诗类（23篇）	望濂溪	沈　庆	
	月岩	汪　浩	
	赠周翰博荣归	凌　志	
	赠周翰博荣归	方　勉	
	爱莲亭	莫　英	
	爱莲亭	张子昂	
	仰元公辞	方　琼	
	濂溪祠	孟　春	嘉靖本有二首，万历本 《濂溪志》只录第一首
	爱莲亭	孟　春	
	忆元公	方　琰	
	和邵公韵	周绣麟	
	谒元公二首	周绣麟	
	谒元公	何应潮	
	仰元公	周　鹏	
	和提学沈公韵	蒋　灏	
	谒元公	李　仁	
	月岩	丁致祥	
	谒元公	陈士恩	
	书层岩	萧文佐	
	游月岩	林凤鸣	
	濂溪	康正宗	
	谒濂溪故里祠	李　发	
卷七颂类（1篇）	元公颂	张时秦	
卷十序类（3篇）	濂溪遗芳后序弘治癸亥	郑　满	现存郑满《勉斋先生遗 稿》三卷（《四库存目丛书》 集部第46册）无此序
	刻周元公年表序	黄　焯	
	褒崇道学制序弘治甲子	程　崧	

（续表）

嘉靖本卷次 （被删篇数）	篇　名	作　者	备　注
卷十跋类（1篇）	太极书院重刊周子书跋	仇　熙	
卷十祭文类（5篇）	春秋二仲次丁祝文 （濂溪故里）		万历本《濂溪志》删去此文，而以《濂溪祠春秋二仲次丁祝文》为名录载嘉靖本的《春秋二次丁祝文（濂溪书院）》；弘治本《濂溪周元公全集》卷十虽有录载，但文字不及嘉靖本全。
	祭元公文	萧文佐	
	祭元公文	马元吉	
	谒元公奠文	朱应辰	
	谒元公奠文	张守约	
卷末（1篇）	刻濂溪志序	钱尚青	

上表这些被万历本直接删去的文献（均为明人所写），加之被万历本压缩的其他一些文献，随着嘉靖本的再现，得以露出庐山真面目。其价值究竟如何呢？当然还需要更深入地研究，这里仅略述两方面。

一是可知明朝洪武初期编纂、景泰年间重编的《周氏族谱》的大体面貌，并对有关问题的研究提供新的线索。

周敦颐家族的《周氏族谱》，宋代即有，现存宋本《濂溪先生集》《元公周先生濂溪集》的卷首分别有《家谱》《濂溪先生世家》，明代弘治本《全集》卷首也有《濂溪周元公世谱》，其他很多周子文集也有或详或略的《世系图》，它们实际都渊源于周家的《族谱》，但内容整个说来都比较少。像嘉靖本《濂溪志》这样大量载录《周氏族谱》的情况，之前之后的周子文集都不曾有过。

嘉靖本《濂溪志》卷五的谱系、谱传和谱稽三类，比较集中地载录了明朝洪武初期周壎（周子九代孙）初编、景泰七年（1456年）周冕（周子十二代孙）重编《周氏族谱》的不少内容，再加上卷四载录的托名黄鲁直的《元公家本行实》和卷十张韶的《周氏族谱序》，就可以得知这部早已失传的《周氏族谱》的大体面貌。即其卷首有洪武十一年（1378 年）张韶为周塤初编《周氏族谱》所写的序言，接着有重编者周冕景泰七年（1456 年）所述的《周氏支系》和从周氏始祖、晋朝扬州都督周浚开始的《濂溪宗派图》；之后是宗族中一些重要人物的小传，或详或略；再就是载录有家训性质的《祖宗规约》九则，以及时人胡训和何天衢分别为周冕所写的《拙逸先生像赞》和《翰林五濂溪志经博士拙逸先生行状》。至于《濂溪志》编者鲁承恩的《跋濂溪谱》，或不收载其中。

据笔者调查，现在所能见到的以周敦颐为祖先的周氏族谱，基本都是清代以来的，很少有明代的，像嘉靖本《濂溪志》载录的成于明代中前期这么早的《周氏族谱》，迄今尚未查得，其珍贵价值毋庸置疑。笔者 2019 年 12 月初至周敦颐家乡道县开会，其间曾在周敦颐故居附近一周姓农民家得见抄本《先贤世家族谱》（崇本堂珍藏，图 3），卷首第一篇序即是张韶所作，后面亦有宗派图、人物小传。尽管文字内容与此《濂溪志》所载不尽相同，但从中可见这部早期《周氏族谱》的部分内容是一直在周氏家族内流传的，是后来《周氏族谱》的源头。

这部载录于嘉靖本《濂溪志》中的早期《周氏族谱》，固然有一般族谱追溯的远祖不尽可信①、混入

图 3

---

① 此谱追溯的远祖是东晋的扬州都督周浚，《濂溪志》编者鲁承恩认为不可信，故在《濂溪宗派图》中不录周浚以下的前二十世，只从周敦颐父辈（二十一世）开始列起；人物小传更是前二十一世都没有，仅从二十二世周砺（周敦颐兄）写起。

其他家族名人^①等通病，但毕竟是族人自编，透露了外人不易知晓的一些内容，为我们研究有关问题提供了特别的价值。比如最近笔者考察周氏家族在宋元明时期的迁徙问题时，这部《周氏族谱》就提供了重要线索。其情况较为复杂，笔者已另撰文探讨。^②

还有，周敦颐出生的具体时间，南宋度正编的《濂溪周元公年表》不载，并在小字注文中写道："先生之生，所系甚大，当书其月、日、地，而史失其传，今存其目而阙之，以俟博考。"^③之后的周子文集和年谱也长期未记，但清朝道光十九年（1839 年）周子二十四代孙周诰编的《濂溪志》，在《年谱》中则明确写道："宋真宗天禧元年丁巳五月五日，先生生于道州营道县之营乐里楼田保。"^④笔者一直对这一具体的生日记载疑惑不解，在查阅的一些以周敦颐为祖先的周氏族谱中也未见记载。不过，嘉靖本中托名黄鲁直的《元公家本行实》的一条记载则为此提供了解答的线索。《行实》载：

> 天禧元年丁巳五月二日夜，（周母）郑氏沐浴更衣，至夜五鼓，闻空中音乐嘹亮之声，将曙，五星悬辉于庭，后化为五土埠。于洞中三日，正午，而公生焉。

这固然有些神化了，不过如果将"于洞中三日"理解为周母在洞中（《行实》后记周氏"大族有宅，居于洞中"）继续居住了三天，则周子诞生之时正好是五月五日，与周诰所记一致，说明周诰的记载并非当时编出，而是早在明

① 此谱就把两宋之交的福建浦城人周武仲列为周敦颐侄子，并有小传。
② 参见拙文《宋元明时期江州周氏宗族的迁徙及相关问题考述——以族谱记载的周敦颐后人为中心》，《西北大学学报（哲学社会科学版）》2022 年第 2 期。
③ （宋）度正：《濂溪周元公年表》，见湖南省濂溪学研究会依据宋刻本整理的《元公周先生濂溪集》卷末，长沙：岳麓书社，2005 年，第 231 页。
④ （清）周诰编：《濂溪志》卷 3《年谱》，清道光十九年刻本。

代中前期就已在周氏家族内部存在和流传了。当然，如果将"三日"理解为五月三日，则与周诰所记相差两天，两者也是相当接近了。

另外，通过周冕《周氏支系》，我们可知周冕除了编有《濂溪遗芳集》以外，还在其前辈周壎的基础上重编了这部《周氏族谱》；而且通过《濂溪志》卷五谱稽类载录的时人胡训和何天衢分别为周冕所写的《拙逸先生像赞》和《翰林五经博士拙逸先生行状》，我们对周子家族史上第一位翰林院五经博士周冕的生平事迹也有了更多的了解。① 岂止周冕呢？由于此本还载录了上至周敦颐兄周砺下至周冕共 12 代、73 人的小传，其中绝大多数人的情况不是其他文献容易得见的，这就更加体现出了此本《濂溪志》的特殊价值。

二是可对一些重要史实和著作有更全面和具体的认识。

此举三例。第一，关于明朝正统年间"褒崇道学"事。这是当时的一件大事，《明英宗实录》曾对此分两处记载，先是在正统元年（1436 年）七月庚戌条载录"顺天府推官徐郁言四事"，第一事即是尊崇圣贤、褒崇道学事；接着在正统八年（1443 年）八月壬辰条载录皇帝"诏复宋儒周敦颐、程颢、程颐、司马光、朱熹"的最终结果。② 这一结果在《明英宗宝训》卷一"崇儒"部分也有记载③。不过《明英宗实录》《宝训》的记载都很简略，分别只有不到三百字和一百字的篇幅，其他一些典章制度著作和地方文献的记载或更为简略，难知其详。而嘉靖本《濂溪志》的《褒崇道学公移》一文，共约 2240 字，为我们提供了当时比较完备的情况。之后的万历本《濂溪志》对此做了大幅度删减，仅有不到 500 字的篇幅，其他周子文集的记载也没有超过 500 字的。岂止

---

① 关于周冕的研究，目前仅见周欣《"五经博士"周冕对濂溪学发展的影响》（《南昌大学学报（人文社会科学版）》2017 年第 5 期）一文，但周氏未见嘉靖本《濂溪志》的记载。

② 《明英宗实录》卷 20，正统元年七月庚戌条，第 393 页；卷 107，正统八年八月壬辰条，第 2169—2170 页。台北：台湾"中研院"史语所校勘本，1962 年。

③ 《明英宗宝训》卷 1《崇儒》，台北：台湾"中研院"史语所校勘本，1962 年，第 67 页。

文字和内容，在著录格式方面，嘉靖本基本上是照录公文原本，而万历本是完全的改写（之前的弘治本《全集》虽保留了部分公文格式，但文字压缩后亦不足 500 字）。因此嘉靖本对这段公移的载录不但最为全面，而且原始性强，比其他文献所载明显包含了更为丰富的细节和信息，可以让我们更完整地理解当年徐郁为褒崇道学所提出的理由和具体措施，也可以知道当时奏疏递进之后各方面的应对和处理情况，以及当时此类公文比较规范的格式。这些都是其他文献所载不完全具备的。

　　嘉靖本载录的这段公移的具体情况较为复杂，不宜在此赘述。但有一点必须指出，那就是嘉靖本之所以能有如此详细载录，关键在于利用了弘治十七年（1504 年）道州知州程崧编纂的《褒崇道学制》一书。此书流传不广，未见任何公私书目著录；而程崧的序言又为万历本删去，以致此书此序长期隐晦。程崧序言有这样一段关键叙述：

　　　　然制，吾考之，先守方君虽已梓入《遗芳》，畏其字句多繁，乃刻其概。而于国朝崇重优恤之典，向未获尽。予叨守先生之乡，沐先生之泽，因照制刷检其故纸，玩而读之，乃国制也。残陋殊甚，深为叹惜。即命六曹吏书遍搜别项文移，悉令呈堂，果得数纸。其字画有鲁鱼亥豕之讹者，考而正之，检其颠末，补缀而备录之。①

　　这是一段重要文字，由此可知这篇被嘉靖本《濂溪志》收录的《褒崇道学公移》，就是程崧知道州时从故纸堆中翻检所得，而万历本《濂溪志》和之前弘治本《全集》的节录文字，实际主要来自道州守方琼序于弘治四年（1491

---

① （明）程崧：《褒崇道学制序》，（明）鲁承恩编：《濂溪志》卷 10，韩国首尔大学奎章阁藏嘉靖二十五年刻本。

年）的《濂溪遗芳集》。《褒崇道学制》虽佚，但它的收录之功，则通过嘉靖本《濂溪志》的再现，而得以为世所知。

第二，关于江西南安军道源书院在明朝嘉靖年间的兴废情况。南安军是二程十四五岁时从学周子之处，在南宋时随着周子和理学地位的上扬而被誉为道学发源之地，因此建有纪念周子的祠堂和书院（初名周程书院，后皇帝赐名道源书院），并延续至元明清时期。明朝嘉靖十八年（1539 年），南安府同知侯廷训曾利用嘉靖十五年（1536 年）刻本《南安府志》和其他文献的有关资料，汇编成《道源书院集》一书。此集久佚，不见历代书目著录，但黄佐的序言、侯廷训的说文和有关南安军推崇周子及道源书院发展方面的丰富资料，则为嘉靖本《濂溪志》所吸收，总计 26 条。万历本《濂溪志》在改编时整整删去 10 条，其中 8 条尚见于嘉靖十五年刻本《南安府志》，但有 2 条，即嘉靖十六年南安府同知侯廷训的《复说》、嘉靖十八年《书院再复公移》，则未见之后任何著作包括地方志著录，实属嘉靖本《濂溪志》留给我们的珍贵文献。前者是侯廷训在道源书院讲论理学"复"义思想的文献，其价值或有限。但后者是关于道源书院在嘉靖十年（1531 年）被改为启圣公祠之后、又在嘉靖十八年（1539 年）正式恢复其旧名的公文，则相当宝贵。如果不是嘉靖本的再现，我们就只能通过嘉靖《南安府志》卷十七的《道源书院建置纪》，知道源书院在嘉靖十年被改为启圣公祠，而对其何时恢复、如何恢复，则无从知晓。由此更可见嘉靖本载录《书院再复公移》这一朝廷文档的特殊价值。

第三，关于明代嘉靖十一年（1532 年）潞安府（治今山西长治）重刻的《周子书》。此书早已失传，过去我们依据万历本《濂溪志》等文献载录的宋圭序略知一二，现在我们根据此本载录的仇熙《太极书院重刊周子书跋》，可知其更多情况。最重要的就是此本的书名和底本。明代藏书家徐𤊰的家藏书目明载其书名、刻者为"周子书，宋圭刻"。①从其藏书目录的体例看，"周子书"就是书名。但过去我们所见只有宋圭《重刻濂溪集跋》，则其书名似乎应该是《濂溪集》。嘉靖本《濂溪志》载录的仇熙《太极书院重刊周子书跋》，则让我们相信徐渤所记正确无误，其书名应该是《周子书》。而且，以前我们也不清楚宋圭所刻依据的是什么底本，仇熙此跋则有重要提示，他写道：

> 去年秋，龙门先生来治潞安，简政敦教，未期民革，一旦进熙曰："予尝闻汝考令名于泾埜翁，汝考不复起，汝不思克绍，可乎？"袖出《周子书》一册曰："读此，可以立厥身、荣厥亲。"

这位"泾埜翁"，就是学者称为泾野先生的关中大儒吕枏。埜即野的古字，泾埜翁即是泾野翁。从这段叙述来看，此《周子书》就是指吕枏在嘉靖五年（1526年）编的《周子抄释》，宋圭翻刻时将书名略加变化而已。

总之，嘉靖本《濂溪志》刊行不到半个世纪，就为万历本《濂溪志》全面改编，后者流传广泛，而前者却从此隐晦，被万历本删去和压缩改写的很多文献也随之失传。幸赖韩国首尔大学奎章阁藏此一部，尽管已非完帙，但多数内容则保存了下来。这部在国内失传数百年的重要古籍的再次现身，不但弥补了周敦颐文集编纂史特别是《濂溪志》系列的一个重要缺环，而且随之露出真容的还有被万历本删除和压缩的大量珍贵文献。本文只是初步介绍和研究，其重要价值还有待更深入地掘发和探讨。

（原载《宋学研究》第四辑，浙江大学出版社，2023年12月）

---

① （明）徐渤：《徐氏红雨楼书目》卷3，上海古籍出版社据1957年古典文学出版社排印本重印，2005年，第299页；又见徐书另一抄本《徐氏家藏书目》卷3，马泰来整理，上海古籍出版社，2014年，第266页。

万历《濂溪志》三种及其承继关系

　　《濂溪志》是辑录宋儒濂溪先生周敦颐的生平事迹、诗文著述以及他人赠答、褒崇、诠释、纪述周子的有关作品的人物专志，在传统图书分类法中一般归属史部的传记类，是了解和研究周敦颐及其思想的重要文献。早在明朝弘治四年（1491年），周子后裔周冕就编有《濂溪遗芳集》，学者或认为这是最早的《濂溪志》。① 至嘉靖十九年（1540年），在永州府同知鲁承恩的主持下，形成了最早的名实相符的《濂溪志》。到万历年间，《濂溪志》编纂进入高潮，已知有万历二十一年（1593年）湖南永州府永明县知县胥从化、道州儒学署学正谢觊编纂的《濂溪志》十卷本、万历三十七年（1609年）道州守臣林学闵编修的《濂溪志》四卷本，以及题署"李桢撰"（或称"辑""编"）的《濂溪志》"九卷"本。之后《濂溪志》的编纂似乎转入低潮。天启四年（1624年）道州守臣

---

① 清人常在为康熙二十四年（1685年）吴大镕主修《道国元公濂溪周夫子志》作跋时说："惟濂溪有志，自弘治辛亥始也，距今已一［二］百年，凡六刻矣。"（《修濂溪志后》，载该志末）这里的"弘治辛亥"，就是周冕编修《濂溪遗芳集》的弘治四年（1491年）。后来道光十九年（1839年）周诰在其《濂溪志》后所附的《濂溪遗芳集》的卷前语中也说："宏治四年辛亥，州侯方公刻有《濂溪遗芳集》，后之守土者辑其大纲以为志，至今因之。""宏治"本应为"弘治"，此避清高宗弘历名讳而改。

李嵊慈虽然编有专志，还写有《濂溪周元公志序》，但正式刊印时则明确题署《宋濂溪周元公先生集》，称集不称志。至清代，真正以"濂溪志"命名的则只有两部，分别是康熙二十四年（1685年）知道州事吴大镕主持编刻的《道国元公濂溪周夫子志》十五卷和道光十九年（1839年）周子后裔周诰编刻的《濂溪志》七卷。

在以上这些"濂溪志"文献中，弘治《濂溪遗芳集》早已散佚，不可详论；嘉靖《濂溪志》国内久已不传，目前仅知韩国首尔大学奎章阁藏有一部（残）①，尚未见学人论及；天启以来的诸种《濂溪志》则保存完好，著录清晰，无有异议；唯有万历时期的三种《濂溪志》，不论是其编刻者和刊印时间，还是递修和保存状况，以及前后的承继关系，都存在一些模糊认识甚至错误的判断，其价值也还有待进一步发掘。有鉴于此，笔者撰此小文，希望有助于廓清《濂溪志》的版本问题并推进濂溪学研究的不断深入。

一、上海图书馆藏十卷本《濂溪志》的编者和价值

明朝万历二十一年（1593年）胥从化、谢觊编《濂溪志》十卷本（下简称胥本《濂溪志》），目前在中日两国三家图书馆有藏。最完整的是日本尊经阁文库藏本，1934年编印的《尊经阁文库汉籍分类目录》和2007年出版的《日藏汉籍善本书录》均有著录②，笔者亦曾托人代为查核。流传最广的则是中国国家图书馆藏本，此本存卷首至卷二、卷七至十，缺卷三至六。俞冰、马春梅编

---

① 此本原为五册，现存四册（卷三至卷十），卷端题署"梅崖书屋编次芝诚书院校正濂溪书院刊行"三行字，梅崖书屋疑为鲁承恩书房雅称。笔者最近得其复制本，详情另文论述。

② 分见［日］尊经阁文库编《尊经阁文库汉籍分类目录》，1934年，第183页；严绍璗《日藏汉籍善本书录》，北京：中华书局，2007年，第537页。案：二书均著录该志为"七册"（托人核查亦然），后者并言该志是"原江户时代加贺藩主前田纲纪等旧藏"。

《中国历史名人别传录·周濂溪先生实录》第一册影印此本（本文依此）①，王晚霞博士据此校注后收入其《濂溪志（八种汇编）》②。

但最值得留意的恐怕还是上海图书馆藏本。此本在上图的著录信息是："《濂溪志》十卷，明李桢辑，明万历刻本，四册，存九卷：卷二至十。"这一信息基本上被先后出版的《中国古籍善本书目》和《中国古籍总目》所沿袭。③应该说，这一著录大体可信，唯一的失误出在辑者。笔者持同为十卷的国图本《濂溪志》与上图本对勘，发现两书都完整保存的卷七至卷十，在文字、版式等方面完全相同，可以断定两者是同一版本；另外上图本目录存卷八的部分内容（始于《题月岩》）和卷九的全部，正文卷二存《宿崇圣》一文以后的内容，以此与国图本相应部分对勘，两者也完全吻合。再者，国图本缺卷三至卷六的正文部分，但目录尚存，将此四卷目录与上图本正文的相应部分比较，两者也契合无间。据此，上图本和国图本为同一版本乃确凿无疑。而国图本卷首《濂溪志叙例》的落款为"永明县知县胥从化编订、道州儒学署学正事举人谢觊编校"，知此本确如馆藏信息著录的为"（明）胥从化、（明）谢觊编"（传

---

① 余冰、马春梅：《中国历史名人别传录·周濂溪先生实录》，第一册，北京：学苑出版社，2007年。

② 王晚霞：《濂溪志（八种汇编）》，长沙：湖南大学出版社，2013年。案：国图藏本卷首李桢序名下端有朱文长印"京师图书馆藏书印"，说明本是清末学部奏请筹建、民国初开放的京师图书馆所藏。查缪荃孙1911年编成的《学部图书馆善本书目》，在"史部·舆地类·山川"中确曾著录此书，明确写道：《濂溪志》十卷，胥从化编，万历壬辰刊本。"不知是否为完帙。此目收录在1912年的《古学汇刊》中，后整理收入张廷银、朱玉麒主编的《缪荃孙全集·目录1》，南京：凤凰出版社，2013年。此据后者，第469页。京师图书馆后改名为国立北平图书馆，1933年赵万里编印的《国立北平图书馆善本书目》的正文虽未著录此本，但在附录部分《国立北平图书馆善本书目新旧二目异同表》的"史部·舆地类"中则写道："濂溪志十卷，存一、二，七之【至】十。"存佚情况已与现在所见全同。此目最近与日本仓石武四郎当时在国立北平图书馆拍摄的书影一起影印出版，取名《旧京书影：1933年北平图书馆善本书目》，北京：人民文学出版社，2011年。此处引文见影印本第951页。

③ 中国古籍善本书目编辑委员会：《中国古籍善本书目·史部》，上海：上海古籍出版社，1991年，第469页；中国古籍总目编纂委员会：《中国古籍总目·史部》，北京：中华书局；上海：上海古籍出版社，2009年，第691页。案：前者笼统地标为"明刻本"。

统书目或省去谢踆）。既然如此，上图本也必定为胥从化、谢踆所编，而非所谓的"李桢辑"。此本之所以被误标为"李桢辑"，除了缺失卷首的序言和叙例导致无法直接判定其编者外，恐怕更多的还是受清代《四库全书总目》卷六十《〈濂溪志〉九卷提要》所谓"李桢撰"的误导所致（详见本文第三部分）。

上图本钤有"黄裳容氏珍藏图籍"印，知其本为近代著名学人黄裳（1919—2012 年，原名容鼎昌）藏书。卷前有黄氏红笔题跋一页，述其得书缘由和版本概况：

> 此亦天一阁书，题《濂溪志》十卷，而失其卷一及卷二。前十五番序跋亦失去，其余得之甬上估人许，前仍存目数番，盖已成零叶矣。犹是明时旧装，爰重付装池藏之。查阮元《天一阁目》，有《濂溪集》六卷，未云钞刻，序跋皆宋时人，殆非一书。此或早日流出阁外者乎？书刊于万历中，而结体精劲，犹有嘉隆遗风。第四本前旧签犹存，古朴可爱。虽是不完之书，亦大可爱玩也。昨日天极燠暖，已为盛暑，犹奉母观剧，浣华所演韩国夫人金山之役，衣厚甲为曼妙之歌舞，叹为观止。夜深归寓，而新装诸书，自吴下寄至，不便思睡，展阅至夜深，研朱漫记。甲午芒种前二日黄裳记。①

所谓"甲午芒种前二日"，即 1954 年 6 月 4 日，由此可知黄裳是在上个世纪 50 年代得到此书的。最初还是明朝旧装，系从著名的藏书楼天一阁流出，后重新装订。今翻检原书，共四册，确如黄氏所云，卷前序文、叙例、卷一内容尽失，目录仅存"数番"，正文存卷二《宿崇圣》一文以后至卷十的内容；

---

① 杜泽逊：《四库存目标注》第二册史部，上海：上海古籍出版社，2007 年，第 780—781 页。

第四册封面签仍存，题"濂溪志智"。

将上图本订正为与国图本同一版刻的胥本《濂溪志》，既有准确编目的意义，又可弥补国图本的缺卷部分，两者合观，可在国内即得一完整的胥本，不必仰仗日本尊经阁文库藏本。另外，黄裳先生 1999 年初在其《来燕榭书跋》一书的后记中曾说："余购书喜作跋语，多记得书始末，亦偶作小小考订，皆爱读之书也。未尝理董，近始写为一卷，佚失孔多，有待续补。"①《濂溪志》这条题跋就属"佚失"之一，可为"续补"。

杜泽逊先生在其《四库存目标注》史部一册中曾述及上图本《濂溪志》，并录载黄裳手跋，于笔者着力在先，至所感佩！但他将其标注在"《濂溪志》九卷，明李桢撰"条下，显然是依从《四库全书总目》卷六十的著录，未就其撰辑者予以纠正，诚为智者一失。

二、林学曾编《濂溪志》四卷本改编自胥本《濂溪志》

万历三十七年（1609 年）道州守臣林学曾编修的《濂溪志》四卷本（下简称林本《濂溪志》），国内未见传本，传统的公私书目亦未见著录，国外目前也仅见日本内阁文库有藏，实属海内外珍稀孤本。内阁文库藏本虽然早在 1956 年编印的《内阁文库汉籍分类目录》中已著录公布②，2007 年严绍璗先生又在其《日藏汉籍善本书录》中续加著录③，扩大其影响，但直到最近几年，才由王晚霞博士专门著文，揭示其版本面貌、内容特点和文献学价值。④ 这无疑是对

---

① 黄裳：《来燕榭书跋》，上海：上海古籍出版社，1999 年，第 385 页。
② ［日］内阁文库编：《内阁文库汉籍分类目录》，1956 年，第 90 页。
③ 严绍璗：《日藏汉籍善本书录》，北京：中华书局，2007 年，第 537 页。
④ 王晚霞：《日藏两种〈濂溪志〉价值考论》，《南昌大学学报（人文社会科学版）》2017 年第 4 期。

濂溪学研究的重要贡献。而且，她还将此本正确地表述为四卷，客观上纠正了上述两部书目单凭其版心显示的卷数而著录为"九卷"的疏误。

不过，对林本源流的考述还有必要再进一步。上引王晚霞文虽然已将林本与胥本进行了比对，但只关注到了二者之间的差异性，指出"林本的编排体例、内容，与胥从化版差异较大"，没有明言二者的继承关系。其实，林本是在胥本基础上改编而来的。

大体言之，林本的改编手法是：删去胥本的目录、叙例和卷十的内容之后，将胥本其他内容重新整合，并做若干增删，形成为四卷本，分装四册。林本虽然在每卷卷端均新题"晋江林学闵鼎修"，但实际上其编刻主要是直接利用胥本的版刻而来，或将原来的卷头挖改甚至直接抹去，或将原来的卷叶调换，多处出现前后不连贯的情况；加之版心基本照旧，以致出现版心显示的卷目与新改的卷头往往不符的乱象。

具体说来，林本的卷首是整合胥本的卷首和卷一的内容而成。胥本卷首依次是李桢、郭惟贤二序，谢贶执笔的叙例，全书目录和四幅图像；卷一为"元公遗范"，包括周敦颐画像和朱熹、宋濂赞语。林本的卷首只保留了胥本李桢、郭惟贤二序（版刻照旧），之后的七幅图像则是重新绘制的，并汇总有"古今纪述题咏姓氏"。

卷一是据胥本卷二《元公遗书》（图1）、《元公杂著》和卷三《元公年表》的内容合并而成，原来卷二的标目"元公遗书"四字已被挖去（图2）。

卷二是据胥本卷四《元公事状》（图3）、卷五《诸儒议论》和卷六《历代褒崇》的内容合并而成，原来卷四的标目"元公事状"四字已被挖去（图4），《宋史·道学传》一文也被删除；卷六《历代褒崇》的《宸纶》部分在最后新增《钦赐周谏议从祀启圣祠》一文，《公移》部分则全删。

卷三是选取胥本卷七和卷七之下两卷《古今纪述》的部分内容而成（图5、6），

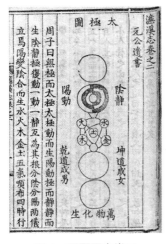 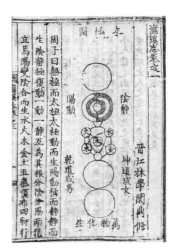

图 1　国图胥本卷二　　　　图 2　林本卷一，卷端已挖改，版心仍为卷之二

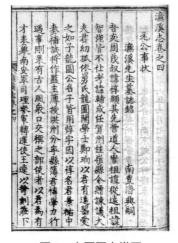 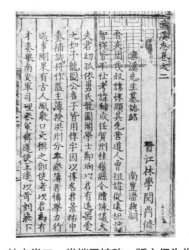

图 3　上图胥本卷四　　　　图 4　林本卷二，卷端已挖改，版心仍为卷之四

并补充林学闵、张乔松、路云龙、徐之孟 4 篇文章。本卷错装明显，疑在流传过程中散乱、重装时粗疏所致。

卷四主要是综合胥本卷八《古今题咏》和卷九《古今祭谒》内容而成（图7、8）。《古今题咏》部分错装甚多，且有大量增删，其中"诗"部分尤为明显，如整体删除胥本前面的 12 首诗，后面又有 27 首诗陆续被删，并新增 40

图 5　国图胥本卷七

图 6　林本卷三，卷端已挖改，版心仍为卷之七

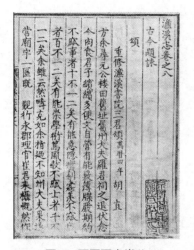

图 7　国图胥本卷八

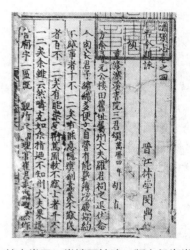

图 8　林本卷四，卷端已挖改，版心仍为卷之八

多首诗。《古今祭谒》部分则新增张勉学《谒元公祭文》、张守刚《祭周谏议文》和林学闵《议春秋丁特祀谏议公祠》3 篇。

卷末则新增编者林学闵的《濂溪先生志后序》。

尽管林本是根据胥本改编而来，并沿用了胥本的绝大多数版刻，但并非可以轻忽，仍有值得重视的价值。最突出的有两点：一是为后来众多版本认同，包括中华书局点校本《周敦颐集》中的周敦颐像，最早就来自此本，其周子像的左边特别刻有"万历己酉后学晋江林学闵描刻"数字（见下一部分的图11）；二是此本在胥本的基础上已增补近50篇诗文，数量不菲，在文献保存方面有特殊贡献。

三、长期误题的所谓"李桢撰"《濂溪志》"九卷"本及其与林本的关系

本文开头提到的题署"李桢撰"万历刻本《濂溪志》"九卷"，虽未入载《四库全书》，但在《四库全书总目》卷六十《史部十六·传记类存目二》有著录："《濂溪志》九卷，两淮马裕家藏本。明李桢撰。"这个所谓"李桢撰"的"九卷"《濂溪志》本，民国时期的国立北平图书馆曾收藏一部，入选"甲库善本"，1933年赵万里编印《国立北平图书馆善本书目》（俗称"甲目"）时予以著录："《濂溪志》九卷，明李桢辑，明万历刻本。"①仅仅把《四库总目》的"李桢撰"改为"李桢辑"而已。后来王重民对此书的版刻情况有更深入的钻研，但仍然沿袭之前赵万里编目时所谓"李桢辑""九卷"的著录②。

这个国立北平图书馆藏本后来辗转迁至台湾，先放置台北"中央图书馆"（今名台北"国家图书馆"），后移藏台北故宫博物院（台北"国家图书馆"仅保留有缩微胶卷）。两馆的著录信息都是"九卷""（明）李桢编""明万历二十一年刻本"。2013年中国国家图书馆编《原国立北平图书馆甲库善本丛书》时，将其影印收录（效果极差），书前著录为："《濂溪志》九卷，（明）李桢

① ［日］倉石武四郎摄影，赵万里编：《旧京书影：1933年北平图书馆善本书目》，北京：人民文学出版社，2011年，第805页。
② 王重民：《中国善本书提要补编》，北京：书目文献出版社，1991年，第18页。

撰，万历刻本。"显然还是承袭了《四库总目》以来的表述。

以上著录信息还反映在流传甚广的福建省图书馆藏本《濂溪志》中。福建本原系福建鳌峰书院藏书，现影印后收载《四库全书存目丛书》《续修四库全书》，王晚霞博士又据后者校注后收录其《濂溪志（八种汇编）》中。诸家在著录时均承袭了《四库总目》的意见，将其定为"李桢撰""九卷""万历刻本"（或"万历二十一年刻本"），《濂溪志（八种汇编）》的"前言"甚至说此书由李桢"刻印"，并径称其为"李桢版《濂溪志》"。①

上述自清代中期《四库总目》以来延续了200多年的所谓"李桢撰"（或称"李桢辑"）、"九卷"，甚至被标为"万历二十一年刻本"的《濂溪志》的著录信息是否可信呢？下面我们再完整地引述《四库全书总目》卷六十的著录内容：

> 《濂溪志》九卷，两淮马裕家藏本。明李桢撰。桢字维卿，安化人。隆庆辛未进士，官至南京刑部尚书。事迹具《明史》本传。是编虽以濂溪为名，列乎地志，实则述周子之事实。首载《太极图说》《通书》，次墓志及诸儒议论、历代褒崇之典，次古今纪述，次古今题咏并祭告之文。②

以此比对上述各家图书馆所藏或为各大丛书影印甚至被校注的这种《濂溪志》，我们发现：《四库总目》对《濂溪志》内容的叙述属实，但在编撰者和卷数方面存在明显误判：一是李桢只是两篇序文之一的作者，并非全书的编撰者；二是此本版心文字虽有"卷九"之多，但实际是按四卷规模编刻的，题署"四卷"才符合实际。因此，上述《四库总目》以来对所谓"九卷"本《濂溪

---

① 王晚霞：《〈濂溪志〉版本述略》，《中南大学学报》2011年第3期。
② 四库全书研究所整理：《钦定四库全书总目（整理本）》卷60，北京：中华书局，1997年，上册第837页。

志》的各种著录，在编撰者、卷数方面都是需要纠正的。

现在要追问的是，既然此本也是四卷，那与前述林学闵四卷本是否有直接关联呢？笔者经过对勘，发现两本的内容和版刻都基本一致，二者的承继关系十分明显。但"李桢版"《濂溪志》对林本又做了若干处理。其中林本每卷卷端题署的"晋江林学闵鼎修"七字、卷末的林学闵《濂溪先生志后序》，已不见于这个所谓的"李桢版"了。进一步对勘发现，凡是林本有"林学闵"的地方，在"李桢版"中均被剔除。

比如两本的卷首，序言、图像及其说明文字都基本一致（仅篇目的装订顺序略异），但林本的《濂溪周先生书院图》，左上边题署"万历己酉林学闵修"八字（图9），而"李桢版"图的左上边已成空白（图10）；林本的《周濂溪先生真像》的左边有"万历己酉后学晋江林学闵描刻"13字（图11），而"李桢版"像的左边也全是空白（图12）。这两处都明显看出"李桢版"已将林本文字剜除。

更为明显的挖改痕迹在两本卷首的《古今纪述题咏姓氏》处，两本名录多数相同，但最后一页则有很多不一致的地方，"李桢版"的改换痕迹十分明显，

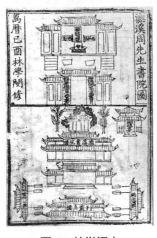

图9　林学闵本

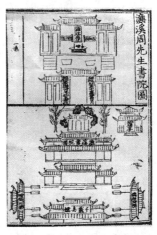

图10　台北故宫"李桢版"

图 11　林学阅本　　　　　　　　　　　图 12　台北故宫"李桢版"

其中包括将林本的"林学阅"剜除，甚至出现最左边一列上面空缺两人姓名的
"开天窗"情况。详见下面两幅截图：

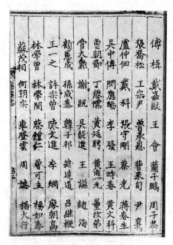 

图 13　林学阅本　　　　　　　　　　　图 14　台北故宫"李桢版"

再如卷三的《光霁亭记》一文，林本题署"林学阅"，而"李桢版"则无
署名，明显是剜除了。

还有卷四《古今题咏》部分的《和王郡尊七言一首》，林本署"温陵林学

闵"，而"李桢版"的落款仅一"温"字，显系剜除不净的表现；《次兄仲韵一首》，林本署名"林学闵道州守"，而"李桢版"则缺署名，显系剜去。有意思的是，《次兄仲韵一首》一文后林本还有许宗曾、陈文进、李炯、林学闵、蔡体仁五人之诗，占一页，版心页码为"四十一"，而"李桢版"则缺失此页。缺页当然可能是散佚的缘故，但更可能是编刻者见有"林学闵"的诗，就直接删去了，以致殃及其他4人。

结合上述比勘，我们认为，这个"李桢版"《濂溪志》明显是林本《濂溪志》的挖改本，是直接利用林本的版刻和卷分而来，凡涉及林学闵名字处均剜除，甚至直接不录其人其文。那种所谓李桢版《濂溪志》在前、"林学闵版《濂溪志》是李桢版《濂溪志》的挖改本"的判断[1]，显系疏误。

依据前述和进一步调查发现，这个误题"李桢撰""九卷"的《濂溪志》四卷本，大陆地区藏有两部，无锡图书馆藏本已残，仅存前三卷；福建省图本错装明显，并非佳本，如卷一之后依次是卷四的部分内容、卷三、卷二，最后又是卷四的其他内容；台湾地区藏有一部，即台北故宫藏本，仅有少量错装，是目前所见最完善的四卷本。当然，台北故宫本可能刷印稍早，福建本有少量新增内容（详下），属稍后的补刻本。

那此本究竟刊于何时呢？既然此本挖改自林学闵本，当然就不是台北二馆著录的"万历二十一年刻本"，考虑到林学闵任道州知州在万历三十六年至三十八年（1608—1610年）[2]，因此台北这个藏本最早应在林学闵离任之后重新挖改刻印，即在万历三十九年（1611年）或稍后；福建本则有明显补刻，如卷四《古今祭谒》部分新增邓云霄祭文，云其祭祀周子在"万历四十二年"，这是此本有明确落款时间最晚一文；卷四《古今题咏》部分又新收题署"族孙进

① 王晚霞：《日藏两种〈濂溪志〉价值考论》，《南昌大学学报（人文社会科学版）》2017年第4期。
② （清）刘道著修，钱邦芑纂：《永州府志》卷6，清康熙九年刻本。

士周淑（永明人）"一诗，据康熙《永明县志》卷三，周淑是万历四十四年（1616 年）进士。由此推测福建本当在万历四十四年后补刻。综上，我们姑系"李桢版"《濂溪志》的编刻时间为"万历末"，或大体可信；但编刻者究竟是谁，则需要进一步考究。

还要说明的是，第一，"李桢版"《濂溪志》虽是林本的挖改本，但也并非没有价值，除了福建本在卷四的《古今题咏》部分新收周淑一诗、《古今祭谒》部分新增邓云霄祭文外，我们还发现，包括台北地区在内的这几部《濂溪志》，在卷四的《古今题咏》部分都较林本多一页内容，包括孟养浩、杨载植、陈之京和应世科 4 人《咏光霁亭》5 诗，从卷首的《古今纪述题咏姓氏》名录来看，这 4 人不见于林本而见于"李桢版"，因此应是在林本基础上新增的。第二，杜泽逊先生在《四库存目标注》中已注意到福建本《濂溪志》的版心卷次与卷端卷次"不尽一致"的现象，并与上图藏《濂溪志》十卷本做过比勘，正确地指出："较其大者，福建本虽有可补上图本之缺者，但仍以上图本为更完备。"①但是，杜先生未能见到林本，因此既没有正确地辨证福建本为"四卷"、撰辑者并非"李桢"的事实，也不能明了上图本、林本和福建本《濂溪志》的前后承继关系。本文的考索，或可聊补杜先生《标注》一书之憾。

综上所述，在万历时期面世的三种《濂溪志》中，万历二十一年（1593 年）胥本（十卷）最早，是祖本，之后万历三十七年（1609 年）林本（四卷）和万历末"李桢版"（四卷）都是改编本，其中林本改编自胥本，"李桢版"又是林本的挖改本。就价值而言，胥本自然最高，但林本和所谓"李桢版"仍有文献的补充价值。其中林本的周敦颐像系编者林学闵描刻，为后来众多版本采用，在周子图像史上占有重要地位；两种改编本虽然删去了胥本的不少诗文，

---

① 杜泽逊：《四库存目标注》第 2 册史部，上海：上海古籍出版社，2007 年，第 780 页。

但合计也增补了50多篇，数量不菲，其文献保存之功不可忽视。

最后我们制成下表，以更形象地展示万历三种《濂溪志》的基本情况及其承继关系。

表1　万历三种《濂溪志》概况及其承继关系

时　间	编辑者	卷　数	藏　地	存佚情况	影印整理情况	承继关系
万历二十一年	胥从化、谢觊	十卷	日本尊经阁文库	存（全）		据卷首《叙例》，此本主要改编自嘉靖鲁承恩编《濂溪志》。
			上海图书馆（旧题李桢辑）	存（残，缺卷首、卷一）		
			中国国家图书馆	存（残，缺卷三至六）	《中国历史名人别传录·周濂溪先生实录》影印、《濂溪志（八种汇编）》	
万历三十七年	林学闵	四卷（旧题九卷）	日本内阁文库	存（全，但错装明显）		改编自胥从化本，版刻仍旧。
万历末	佚名（旧题李桢撰辑）	四卷（旧题九卷）	福建省图书馆	存（全，但错装明显）	《四库全书存目丛书》和《续修四库全书》影印、《濂溪志（八种汇编）》	挖改自林学闵本，版刻仍旧。台北藏本刷印稍早，福建省图藏本则有补版。
			无锡图书馆	存（残，缺卷四）		
			台北故宫博物院	存（全）	台北"国家图书馆"有缩微胶卷，《原国立北平图书馆甲库善本丛书》据此影印	

（本文在资料查找过程中，得到洪丽珠、陈雷、段宇、陈微、冯明华、刘益民、蒙家原、胡华喻等学友的帮助，研究生何佳岭、朱领同学对本文的规范亦有贡献，谨此一并致谢！亦感谢外审专家提出的宝贵修改意见！）

（原载《图书馆杂志》2021年第5期）

清刻周敦颐文集

清康熙本《周濂溪先生全集》编纂的
动因、特点与流传

《周濂溪先生全集》十三卷是清代理学名臣张伯行在康熙四十七年（1708）

福建巡抚任上编刻的（图1）。张
伯行（1651—1725 年）字孝先，号
恕斋，晚号敬庵，河南仪封（治
今河南兰考县）人。康熙二十四
年（1685 年）进士，累官至礼部尚
书，卒赠太子太保，谥清恪。生荣
死哀，有"天下清官第一"的美称，
更是清朝仅有的三位从祀孔庙的大
儒之一（另两位是汤斌、陆陇其）。①

图 1　康熙四十七年刻本《周濂溪先生全集》

①　参见张天周《张伯行略论》,《中州学刊》1983 年第 6 期;《张伯行的学术事功述论》,《史学
　　月刊》1985 年第 4 期;韩秀锦《张伯行学行略述》, 河北师范大学硕士学位论文, 2006 年;
　　程分队《清初理学名臣张伯行研究》, 河南大学硕士学位论文, 2010 年。

与之前的周子别集都是单刻本不同,《周濂溪先生全集》属于张氏主持编刻的《正谊堂丛书》(最初有实无名)系列的一种。这是周子文集诞生以来,首次进入大型丛书编刻,在周子文集编纂史上具有开创性。这套丛书最初分为立德、立功、立言和气节四部,后又补充诸儒粹语和诸儒文集两部,总计六部共 55 种图书。这些图书以程朱理学文献为主,是对宋以来程朱理学文献的一次集中梳理、总结和表彰,其中《周濂溪先生全集》属于最早编刻的"立德部"的第一种书籍,地位非同寻常。

一、编纂动因

康熙五十一年(1712 年),因江南科场舞弊案而引发的江南总督噶礼和江苏巡抚张伯行的督抚互参中,噶礼曾列数张伯行七大罪状,其中之一就是"为官专以刻书、印书为业",张伯行在向康熙帝的回奏中解释说:

> 臣叨中进士,蒙皇上传谕曰:"进士回家,不可荒废学业。"臣恪遵圣训,回家闭户读书,见得程朱之书与孔、曾、思、孟相合。又新奉功令,文闱论题,亦出《性理》。故将周、程、张、朱之书刊刻,以广其传,并将先儒之有合于周、程、张、朱者,亦为刊刻。此皆仰体圣训,使天下之人知圣贤之书不可不读,读其书而率其教,入为孝子,出为忠臣,用副皇上崇儒重道之意。①

张氏这里将其编刻图书的来龙去脉说得比较清楚,尤其强调了与"皇上崇

---

① (清)费元衡:《诰授光禄大夫礼部尚书加二级赠太子太保谥清恪敬庵张先生行状》,载(清)钱仪吉《碑传集》卷 17,北京:中华书局,1993 年,第 514 页。

儒重道"的密切关系，是对噶礼指控的有力回应。其中所谓的"将周、程、张、朱之书刊刻"，就是指张氏在之前的福建巡抚任内刊刻《正谊堂丛书》之事（江苏巡抚任内仍在延续）。张氏这里强调把符合孔孟传统的"周、程、张、朱之书"刊刻传播，是"仰体圣训"，"用副皇上崇儒重道之意"，固然道出了其编刻丛书的重要缘由，但还不完全。要完整理解张伯行编刻包括周敦颐文集在内的这套丛书的动因，还必须结合张氏的时代、思想和福建的理学传统来加以论说。

"自姚江倡异学以来，天下风靡"。① 明代中期以来王阳明心学长期流行，末流不免空疏之弊。加之明朝灭亡，清初一批官僚、学者遂把矛头指向王学，认为唯有与王学相对的程朱理学才是正途，所谓"救弊之法无他，亦唯有力尊考亭耳"。② 这样，程朱理学得到清初以来学者的大力提倡，得到朝廷的大力扶持，整个社会形成了一股"尊程朱而抑陆王"的学术风气和社会思潮。正如梁启超所观察到的："当晚明心学已衰之后，而盛清考据学未盛之前，朱学不能不说是中间极有力的枢纽。"③ 其中当时的最高统治者康熙帝，无疑起了正面引导和推波助澜的积极作用。康熙在侍读学士和讲官如熊赐履、魏裔介、李光地等人的影响下，"夙好程朱，深谈性理"④，对以朱熹为代表的理学非常推崇，他曾说："自汉以来，儒者世出，将圣人经书多般讲解，愈解而愈难解矣。至宋时，朱子辈注四书五经，发出一定不易之理，故便于后人，朱子辈有功于圣人经书者，可谓大矣。"⑤ 甚至把朱熹的思想与整个国家和社会的长治久安紧密联系在一起，"朱夫子集大成而继千百年传绝之学，开愚蒙而立亿万世一定之

① （清）张伯行：《正谊堂文集》卷6《答浙江彭学院》，丛书集成初编本。
② （清）陆陇其著，王群栗点校：《三鱼堂文集》卷5《答嘉善李子乔书》，杭州：浙江古籍出版社，2018年，第84页。
③ 梁启超：《中国近三百年学术史》，北京：东方出版社，1996年，第117页。
④ （清）昭梿撰，何英芳点校：《啸亭杂录》卷1《崇理学》，北京：中华书局，1980年，第6页。
⑤ （清）章梫：《康熙政要》卷16《崇儒学第二十七》，清光绪刊本，收录于王有立主编《中华文史丛书》，台北：华文书局，1968年，第759页。

规。……朕读其书，察其理，非此不能知天文相与之奥，非此不能治万邦于衽席，非此不能仁心仁政施于天下，非此不能内外于一家。"① 缘此，康熙"御制《四书》《孝经》《易经》讲义，颁行天下；披览周、程、张、朱之书，时书其诗文以赐群臣；又命儒臣纂修诸书，次第告成"。② 这对社会上下推崇程朱理学之风不能不给予巨大影响。

在此时代风气的濡染下，张伯行逐渐确立了以程朱理学为正学的学术信仰。事实上，张伯行出身书香世家，在家庭的熏染下，很早对理学就有了解，《年谱》载："东冈公（按指张父）亦喜公有儒者气象，语之曰：'宋朝周、程、张、朱五子，乃上接孔、曾、思、孟之传者也，他日务读其书。'公志不忘，每过书肆，必问有周、程、张、朱之书否？"③ 但由于科举的压力，张伯行直到康熙二十四年（1685 年）进士及第后才大量和比较深入地研读理学著作，并给予高度认同，所谓"及读《小学》《近思录》、程朱《语类》《文集》，恍然曰：'此孔孟正传也，入圣门庭在是矣。'乃于濂洛关闽之书口诵手钞，伋伋如将不及。"④ 从此以后，张伯行秉持"圣人之道，自秦汉以来，惟濂洛关闽得其宗"的思想，一方面视陆九渊、王阳明一派的心学为"异学"，"排击不遗余力"，明确表示"程朱之与陆王，如雅郑、朱紫，正邪截然"；⑤ 一方面大力推崇和宣

---

① （清）章梫：《康熙政要》卷 16《崇儒学第二十七》，第 754—756 页。
② （清）张伯行：《道统录序》，见《道统录》卷首，清同治五年福州正谊书院刻、同治八年至光绪十三年续刻《正谊堂全书》本。这里所谓"命儒臣纂修诸书"，自然包括理学重臣李光地等人受命编修的《御纂朱子全书》。其书虽然成书于张伯行编刻《周濂溪先生全集》数年之后，但开始时间则在张本之前。
③ （清）张师栻、张师载：《张清恪公年谱》卷上，顺治十四年条，清乾隆四年正谊堂刻本。
④ （清）张师栻、张师载：《张清恪公年谱》卷上，康熙二十四年条，清乾隆四年正谊堂刻本。按："伋伋"似应为"矻矻"之刻误。
⑤ （清）杭世骏：《道古堂全集·文集》卷 32《礼部尚书张公伯行传》，清乾隆四十一年刻光绪十四年汪曾唯修本。按：张伯行虽然多次排击陆王心学，但并没有专门著书，不过曾在福建巡抚和江苏巡抚任内刊刻批判陆王心学甚力的两部重要著作，即张烈的《王学质疑》和陈建的《学蔀通辨》。参见张师栻、张师载《张清恪公年谱》卷上，康熙四十七年条；卷下，康熙五十二年条，清乾隆四年正谊堂刻本。

扬程朱理学，"凡所以切磋友朋，勉进后辈，尤以程朱之学为急"。①并把排击陆王"异学"、宣扬程朱正学作为自己神圣的使命，明确表示："当今之世，非吾直上，其谁任之？吾辈不出而担当天下事则已，苟出而得行其志，得为其事，不大为整顿一番，救陷溺，扶正道，使一世咸归一道同风之上理，则平生之所学谓何？是以古来有志之士，断不肯依阿淟涊，因人成事，庸庸碌碌，甘与草木同腐也。"②康熙四十六年（1707 年），早以治理黄河和为官清正驰名的张伯行，在南巡的康熙帝的亲自提拔下，由江苏按察使升任福建巡抚，这给了张氏以程朱理学来"一道同风"的难得机遇。

福建自宋以来就是文化发达之区，尤其理学传统相当深厚，历史上盛称的"道南"一脉，就是由宋代福建学者杨时、罗从彦、李侗、朱熹传承而来，形成蔚为壮观的闽学大本营，在整个理学体系中占有极其重要的地位。推崇程朱理学的康熙帝对此也多所表彰，如在康熙二十九年（1690 年），曾亲书"大儒世泽"匾额，及对联"诚意正心阐邹鲁之实学，主敬穷理绍濂洛之心传"，赐福建考亭书院（渊源于朱熹生前的考亭精舍）悬挂。③福建的理学传统和康熙帝的表彰，对张伯行无疑是莫大的激励。正如他自己所写道的：

闽中素号海滨邹鲁，自龟山（杨时）载道而南，三传至考亭（朱熹），濂洛之学盛于东南。其渊源上接洙泗，自宋迄今，闽士蔚兴，与中州埒。圣天子崇儒重道，于龟山、豫章（罗从彦）、延平（李侗）三君子及考亭夫子，皆亲制御书匾联，表扬祠宇，云章烂然，辉映日月。务俾闽士瞻仰

---

① （清）朱轼：《太子太保礼部尚书张清恪公伯行神道碑》，（清）钱仪吉《碑传集》卷 17，第 498 页。
② （清）张伯行：《正谊堂文集》卷 6《答浙江彭学院》，丛书集成初编本。
③ （民国）《建阳县志》卷 8《祠祀志》，民国十八年铅印本。

兴起，益励所学，以无负先儒之教，于以育人才、厚风俗，意甚盛也。不佞躬膺简命，来抚斯邦，夙兴夜寐，惟思以广教化为先务。①

到任福建巡抚的张伯行有一系列"广教化"之举，最主要的就是大力宣扬康熙帝倡导和自己认同的程朱理学：一方面编纂《道统录》《濂洛关闽书》《濂洛风雅》《朱子语类辑略》《学规类编》《养正类编》，删补《道南源委》等书，另一方面则在巡抚所在的福州创办鳌峰书院，延请志同道合的漳浦学者蔡璧为山长，"凡四方绅士宏博俊义良逸者，咸萃于斯，共相切劘"②，并利用书院的正谊堂，主持编刻了规模巨大的《正谊堂丛书》：

> 张清恪公抚闽三载，甫下车即以表彰道学、造就人才为先务，创建鳌峰书院于九仙山之麓，颜其堂曰"正谊"，集诸生而讲授之。搜求先儒遗书，手自校刊，合理学、经济、气节各集共五十余种，所自纂辑尚若干种，此《正谊堂全书》之缘起也。③

"正谊"出自汉儒董仲舒的名言："正其谊不谋其利，明其道不计其功。"谊者，义也。而"谊"又与"道"互文。因此"正谊"即是以孔子为代表的儒家道义为正的意思。由于此句已被朱熹整合进其《白鹿洞书院揭示》（俗称《白鹿洞书院学规》），而张伯行又将《揭示》列于规范书院的《学规类编》之首，因此这里的"正谊"更是以宋以来的程朱理学道义为正之意，是张氏以程朱理学为正学的重要标识，具有鲜明的程朱理学特征并成为鳌峰书院对师生的基本

---

① （清）张伯行：《正谊堂文集》卷9《鳌峰书院记》，丛书集成初编本。
② （清）蔡世远：《二希堂文集》卷9《先考武湖府君行状》，文渊阁《四库全书》影印本。
③ （清）杨浚：《正谊堂全书跋》，见《正谊堂全书》卷末，《正谊堂全书》本。

要求。事实上，《正谊堂丛书》(后发展成《正谊堂全书》)之编刻，确实是张伯行在福建巡抚任内最重要的"表彰道学"活动，也是其一生对理学发展和传播影响最大的活动，是其入祀孔庙的重要基础。

丛书既以程朱理学文献为主，因此作为理学开山祖师的周敦颐的文集自然不可或缺。而从张伯行自己所谓"故称不朽者三，首曰立德，而功与言次之"，"兹部汇编立德，以五君子（按指濂洛关闽的代表人物即周敦颐、程颢、程颐、张载和朱熹）立之宗，其他皆可从此统焉"①的表述来看，周子文集在整个丛书系列中无疑是重中之重。而且，当时的濂洛关闽"五君子"文集，只有周子的是"全集"，其他都是选编，即便是《朱子文集》也仅有十二卷。这一情况更增重了周子文集的分量。只是要说明的是，张氏当时并没有"正谊堂丛书"之名，不过从他最早编刻的"立德部总序"中就明言这套书分为立德、立功、立言和气节四部（后来追加的诸儒粹语和诸儒文集两部，实际是前四部的补充）来看，张氏当时已有总体的规划，"正谊堂丛书"可谓有其实而无其名罢了。

二、编纂特点

张伯行在编刻《周濂溪先生全集》的序言中，曾说出其书之由来："甲戌岁（康熙三十三年，1694 年），余馆中垣，居京师，乃于报国寺中偶得《濂溪全集》，如获至宝。"《周濂溪先生全集》就是在《濂溪全集》的基础上改编而来的。经笔者比勘，这里的《濂溪全集》，即是明代弘治年间苏州人周木重辑的《濂溪周元公全集》，张氏所辑《全集》是对周本《全集》的改编。关于张氏改

---

① （清）张伯行：《正谊堂文集》卷 7《立德部总序》，丛书集成初编本。

编周本的具体情况,笔者十多年前已有专文讨论,^①兹不赘述。这里着重谈谈张本的编纂特点。

一是比较简明。较之于周木本,张本虽然仍有十三卷的规模,但整体上已大为缩减。从结构上看,张本放弃了周本包括卷首、正编和后录三部分的体系,完全删去了周本后录的内容,又将周本卷首的内容进行大幅度调整和删减:一是将《濂溪周元公年表》和《历代褒崇礼制》分别以《年谱》和《历代褒典》的形式排入正编(内容有增有减);二是将卷首的《濂溪周元公事实》中的《宋史道学本传》、潘兴嗣《先生墓志铭》和朱熹《先生事状》三篇文字移附于张本卷十《年谱》之后;三是将卷首的其他内容全部删除。这样,周本卷首多达五个总目的内容,至张本卷首则仅有张伯行序言一篇而已,繁简对比,十分鲜明。

至于正编十三卷,张本也较周本简明得多。如关于周子《太极图说》和《通书》及其相关内容的著录上,张本虽然沿袭了周本的主要内容,但删去了周本卷一著录的张栻《太极图解义》及两篇序文,以及《晦庵答东莱书》,还删去了周本卷二的《南轩文集语录问答及解义初本》的几乎全部内容,卷三《诸儒太极类说》的黄榦的《语录问答》《无极太极辩》《五行说》、真德秀《问答》的部分内容、游诚之《书图解后》和叶采《近思录集解序》及其《太极图集解》的大部分内容,以及周本卷五《诸儒通书类说》的《南轩文集并语录问答》《黄勉斋语录问答》《蔡节斋议论》、蔡念成《通书志学章讲义》《论语孔颜所乐二章讲义》和余宋杰《太极图说衍义并跋》等内容。

关于周子的遗文、遗事,张本虽然基本照录周本,但也有一些删减。如张本卷八著录的周氏遗文及其相关内容,将周本所附的 6 篇傅耆写给周氏及周兄

---

① 参见拙文《周敦颐文集三个版本的承续关系》,《宋代文化研究》第 20 辑,成都:四川大学出版社,2013 年,第 301—314 页。

卢氏的书信全部删除，还正确地将非周子所作的《宿大林》诗去掉。张本卷九的《遗事》，也较周本少了两段内容，一是见于《晦庵语录》的徐寓与朱熹问答的话，从后面仍有"三段《晦庵语录》"小字注释来看，此或系漏刻；二是见于《二程语录》的"周茂叔，穷禅客"一段，这可能也是漏刻，亦有可能是张伯行认为有损周氏形象而故意删除的。

张本卷十的《年谱》，是据周本卷首的《濂溪周元公年表》后移形成的，虽有少量内容的增加，但主要还是删减，最明显的是将周本沿用宋本而来的小字注文完全删除。另外卷十一《诸记序铭》和卷十二《诸记并祭祀诸文》，虽全部选自周本卷九至卷十三的内容，但较周本已大为删减，少了30余篇文章；卷十三的《历代褒典》，也舍弃了周本附录的很多奏札，显得更为简明。

这里要说明的是，虽然张本在改编周本时，侧重在压缩和删减，但也有一些新增内容。如卷一新增了宋末饶鲁、元末黄瑞节的论说，卷四新增了明代薛瑄（文清）的一些论说；还在卷二编排朱熹《答陆子美书》《答陆子静书》时，补充了陆九渊兄弟写给朱熹的书信，并放在朱熹答书之前。这些无疑有利于读者更好地把握周氏的太极思想。另外比较集中的新增体现在卷十三的《历代褒典》上，主要是在周本（下限是明景泰七年，即1456年五月）的基础上，增补了明清时期的褒崇典制，一直补到"今上"即康熙二十四年（1685年）六月，这当然是与时俱进的结果。但总体来说，其新增是很少的，并不能改变张本较周本大为简明的特点。

二是突出朱熹。我们在比勘两本时，发现张本很注意突出朱熹。如在著录周子《太极图说》的相关解说文字时，不仅以专卷的形式编排《朱子语类》的有关内容（卷三，来自周本卷二的相关内容），而且对周本原来的朱熹讲友张栻的有关内容几乎全部删除（仅在卷一《朱子太极图说解》下面"圣人定之以中正仁义……合其吉凶"段落的解释中引录了张栻的一段解说），还将周本卷一的《晦庵答东莱书》也删去了。另外，张本卷一著录朱熹《太极图说解》时，虽然删去了张栻的《太极图说解》，但在解义的每一条后面，又选录朱熹、张栻（仅有上述 1 条）、陈淳、叶采、真德秀、饶鲁等人的若干论说，其中仍以朱熹的论说为主，并在卷一的最后补上朱熹的一大段辩论；又将朱熹《记国史濂溪传后》那段主要讨论周子《太极图说》第一句话究竟是"无极而太极"还是"自无极而太极"的内容选出，放在卷二《诸儒太极论辨》的最后。

在著录周子《通书》及其相关解说文字时，一是将朱熹在淳熙十四年（1187 年）最后完成《通书解》定本所写的《后序》（或称《后记》）放在最前面（卷五的开头）；二是将周本卷五单独编排的《晦庵文集并语录问答》的有关内容以《语类附见》的形式集中散入《通书》各章之后；三是将周本卷五的《晦庵文集并语录问答》最前面的 4 段总论析出，以《晦庵答汪帅书》《晦庵答何子京书》《晦庵答李方子》和《晦庵答余大雅》的形式编排在卷七《诸儒通书论序》中；四是在卷七中新增了程颐进入太学所写的《颜子所好何学论》，此文被朱熹认为是"祖述"周氏《通书》之意的文章，故张伯行有此编排，这可以说是张氏在编排上的一个创举。这些变化同样也体现出张本突出朱熹的原则。

张本之所以突出朱熹，甚至不惜删减朱熹讲友张栻、吕祖谦的内容，当与朱熹地位日益高涨、宋代理学（此狭指程朱一系）逐渐化约为"濂洛关闽"这一长期发展的学术大势有关。朱熹本与张栻、吕祖谦为讲友，并称"东南三贤"，但张、吕二人早于朱熹离世 20 年，朱熹的学术成就后来远远大于张、吕，因此在南宋后期朱熹的地位已日渐超过张、吕。不仅在朝廷赐谥方面朱熹早于张、吕，而且在淳祐元年（1241 年）宋理宗下诏将北宋周子、二程、张载和南宋的朱熹即宋代道学"五臣"从祀孔庙，此处已无张、吕（当然二人后来也从祀孔庙）的位置。从此，周、程、张、朱五人所代表的濂、洛、关、闽四系就逐渐成为人们对程朱一派理学的代称。张伯行深受这一传统的影响，不仅多次以"周程张朱""濂洛关闽"指称他推崇的程朱理学，而且还专门编有《濂洛关闽书》《道统录》《道南源委》等书，对朱熹的称扬远胜张、吕，并完全认同朱熹"集诸儒之大成"的传统说法。故他创建的鳌峰书院的结构是"前建正谊堂，中祠周、程、张、朱五夫子，后为藏书楼"①；在编刻《正谊堂丛书》的"立德部"时，也明确指出："兹部汇编立德，以五君子立之宗，其他皆可从此统焉。"即按濂、洛、关、闽的代表人物周敦颐、程颢、程颐、张载和朱熹五人为主，其他理学诸儒为辅的原则进行。朱熹始终是南宋理学的唯一代表，张栻等人只居于从属的地位。因此在《正谊堂丛书》中，张栻的文集《张南轩文集》排在《立德部》的后面，而吕祖谦文集根本没有入列（后来左宗棠主持刊印《正谊堂全书》时才在"名儒文集部"补列）。事实上，张伯行对朱熹的特别尊崇，在当时学林中也是有目共睹的。如主持《明史》编修的重臣张廷玉就说："数十年来，海内所信，为能守朱子之学者不过数人，而吾同姓仪封公（按指张伯行）其一焉。"②为张伯行作行状的费元衡也说："先生之学即朱子之学。自朱子以来，大儒间出，其传未尝灭熄，而见道之确、行道之果、传道之广、卫道之严，未有如先生者。"③认识到这一点，我们对张本突出朱熹的特点就更容易理解了。

三是综合之前别集两大系统的体例。张本直接改编自周本，因此大体恢复了自南宋有周子文集以来至明朝周木本长期流行的周子遗书、遗文、遗事和附录的别集编排格局，从而与自万历三年本以来没有以"附录"为卷目的别集编

---

① （清）张伯行：《正谊堂文集》卷9《鳌峰书院记》，丛书集成初编本。
② （清）张廷玉：《太子太保礼部尚书张清恪公墓志铭》，（清）钱仪吉《碑传集》卷17，第501页。
③ （清）费元衡：《诰授光禄大夫礼部尚书加二级赠太子太保谥清恪敬庵张先生行状》，（清）钱仪吉《碑传集》卷17，第527页。

排系统不同（这两大系统的情况拟另文专述）。当然，这种"恢复"不是完全的，张本的编排格局实际上综合了之前这两大别集系统的体例。

周本比较严格地保持了宋本以来的周子遗书、遗文、遗事和附录的编排格局，而张本则不严格，前九卷还是遗书、遗文和遗事的格局，但从第九卷开始，先是在遗事之后附录诸贤赠送唱酬，接着在卷十一和卷十二分别附录诸记序铭和诸记并祭祀祝文，而在卷十和卷十三则著录年谱和历代褒典，实际上是将周木本卷首的相关内容后移至此而形成的，且不见"附录"字样。年谱初名年表，长期载于周子文集卷首，其进入正卷开始于明嘉靖十四年（1535 年）周伦编《濂溪集》六卷本（卷一即是《年表》）；历代褒典的有关内容在宋本文集中见于附录，至周木本则以《历代褒崇礼制》为名集中著录于卷首，后在明嘉靖二十二年（1543 年）王会编《濂溪集》三卷本则以《历代褒崇》为名进入正卷（卷三）。万历三年（1575 年）本《宋濂溪周元公先生集》综合了这两部《濂溪集》的处理方式，将年谱和历代褒崇均列于正卷，这一格局长期传承，直到康熙三十年（1691 年）周沈珂父子重辑《宋濂溪周元公先生集》时，仍相沿不改。至于周子文集的另外两个系统即《濂溪志》和《周子全书》，也都是将年谱和历代褒崇列于正卷编排。张伯行本应该受到这种流行了两百多年的编排格局影响，而在改编周木本时将年谱和历代褒典列于正卷编排。

三、流传影响

张本改编周本时删去了不少内容，固然失却了一些重要信息，《年谱》也有一些臆改之处，反映出编者偏狭的道学心理和美化周敦颐的编刻意图。但整个说来，重新形成的张本较周本更为简明，其突出朱熹的特点也顺应了时代思潮，而在综合之前两大别集系统的编排格局后也更具体例优势，因此这无疑是

一部更好的周子别集。一方面，它和《正谊堂丛书》的其他书籍一起，长期是
鳌峰书院师生讲论理学的教材之一，"对鳌峰书院在教育上确立程朱道统以及
对其成为清代程朱理学的重镇都发挥了重要作用"，[①] 也对清代福建地区的人才
涌现起到了很大的促进作用。[②] 另一方面，后来的一些官僚学者或以其为底本
重编周子文集，或加以翻刻重印。前者以乾隆年间董榕的"进呈本"《周子全
书》和光绪年间关中大儒贺瑞麟编《周子全书》为代表，后者以同治年间闽浙
总督左宗棠主持刻印的《正谊堂全书》本最有影响。关于《周子全书》系列，
另有专文详述，这里略述左宗棠主持刻印的《正谊堂全书》本。

左宗棠（1812—1885 年）是清代晚期中兴名臣，洋务派代表人物之一。他
推崇程朱理学，对张伯行及其主持刻印的《正谊堂丛书》给予高度评价，遂在
同治五年（1866 年）以闽浙总督身份来到福州后专门成立正谊堂书局（次年并
入正谊书院），继承张伯行弘传理学之志，着手重刻这套丛书。即他自己所指
出的：

> 曩者仪封张清恪公孝先先生之抚闽也，与漳浦蔡劝公闻之（按指蔡
> 璧之子蔡世远，字文勤）先生讲明正学，闽学大兴。清恪汇刻儒先遗书
> 五十五种，扫异学之氛雾，入宋儒之堂奥。本爵部堂乡举以后，即得上刻
> 残编读之，以未睹全书为歉。兹来清恪旧治，亟询是书，仅存四十四种，
> 而鳌峰书院所藏版片，以蠹蚀无存矣。爰设正谊堂书局，饬司道筹款，就
> 所存本先付手民开雕，余俟访寻续刻。书成，散之各府县书院，俾吾闽人

---

① 王胜军：《〈正谊堂全书〉与鳌峰书院关系考论》，《江西教育学院学报（社会科学版）》2013
年第 2 期。
② 参见叶宪允《论福建鳌峰书院的刻书和藏书》，《上海高校图书情报工作研究》2005 年第 4
期；许维勤《鳌峰书院的学术传统及其对林则徐的滋养》，《清史研究》2007 年第 3 期。

士得以日对儒先，商量旧学，以求清恪、文勤遗绪。①

所谓"讲明正学，闽学大兴"，"扫异学之氛雾，入宋儒之堂奥"，说明左宗棠完全认同张伯行以程朱理学为正学的思想，对其刻印的《正谊堂丛书》的价值称扬备至。可惜他过去并没有机会读到"全书"，这次来到张伯行编刻丛书的故地后也没有找全，鳌峰书院所藏的雕版也荡然无存。为此，左宗棠依托新建的正谊堂书局，在张伯行旧本的基础上，主持刻印了更大规模的《正谊堂全书》。从后来实际刻印情况来看，这套《全书》包括张伯行原刻本四十九种（有六种没有找到），加上补刻十四种，续刻五种，共计六十八种，总体上保持了原来所谓的六大部类和以程朱理学为主的格局。②

《正谊堂全书》由左宗棠主持，他是"策划者和重编者"；具体负责的"总校"则是其助手杨浚，是"丛书编校的具体组织者，执行者和续编者"。③不仅左宗棠和杨浚是学养深厚的举人，另有校读、分校共一百四十多人，也都具有举人、优贡、副贡身份。因此这是一个水平很高的编校队伍，加之管理严格、规范，有所谓"日读二十页，校一千字"的要求④，因此这套丛书不仅较旧本更为完整，而且也纠正了旧本的不少错、讹、倒、脱等处，堪称"精校本"，备受学林重视，流传广泛。正如学者所指出的：

> 按照左宗棠的思路，《正谊堂全书》刻就之后，散发给府县各书院使用，此书在福建流传十分广泛。我们检视中国数十个重要图书馆馆藏，惊

---

① （清）左宗棠：《左宫保示》，见《正谊堂全书》卷首，《正谊堂全书》本。
② 关于张伯行康熙间的原刻本和后来左宗棠、杨浚在同治至光绪间的重刻续刻情况，详见徐长生《〈正谊堂丛书〉与〈正谊堂全书〉考论》，《安徽理工大学学报（社会科学版）》2020年第1期。
③ 陈庆元、陈成基：《〈正谊堂全书〉初编重编与续编》，《古籍研究》2020年下卷。
④ 《正谊书局章程》，见《正谊堂全书》卷首，《正谊堂全书》本。

奇发现，这部书几乎馆馆有藏！偏远如内蒙古图书馆、哈尔滨图所藏亦完好无损。①

《正谊堂全书》本《周濂溪先生全集》，不仅在二十多年后即清光绪六年（1880 年）收载《洪氏唐石经馆丛书》（洪氏公善堂刻本），而且在近代先后收载《丛书集成初编》（1936 年）和《国学基本丛书》（1937 年）之中，成为长期流行的周敦颐文集版本（封面一般省称为《周濂溪集》）。《丛书集成初编》本在 1985 年由中华书局影印，同年台湾新文丰出版公司也影印收入《丛书集成新编》，1998 年四川人民出版社又影印收入《诸子集成续编》。《国学基本丛书》本也曾由香港文学研究社重印。另外已知 1970 年严一萍又将其选入《百部丛书集成》，由台湾艺文印书馆"原刻景印"；1990 年学苑出版社再改以《太极图详解》为名出版；最近学者选编《历代全集丛刊》（河南人民出版社 2018 年），也收录此本。可以说，在文渊阁《四库全书》影印出版和中华书局点校本《周敦颐集》出版之前，在众多周敦颐别集的版本中，张伯行本是最为流行的。而且，张伯行本不仅是第一部以丛书的形式收载的周子文集，也是进入丛书系列次数最多的一种周子文集。在此意义上，我们说它是自万历三年本之后周子别集编纂史上又一部长期流行的典范文集，恐不为过。

（原载《莲叶流珠：纪念周敦颐逝世 950 周年暨九江濂溪首届理学文化论坛文集》，

江西九江，2023 年 7 月）

---

① 陈庆元、陈成基：《〈正谊堂全书〉初编重编与续编》，《古籍研究》2020 年下卷。

文渊阁四库本《周元公集》的提要及底本问题

文渊阁《四库全书》"集部三·别集类二"收录宋代理学名儒周敦颐的文集《周元公集》八卷，书前《提要》云：

> 《周元公集》八卷，宋周惇颐撰。……此本首遗书、杂著一卷，次图、谱一卷，其后六卷则皆诸儒议论及志传祭文……其集明嘉靖间漳浦王会曾为刊行，国朝康熙初，其裔孙周沈珂又重镌之。原本后附《遗芳集》五卷，乃汇辑后裔之著述事迹，与本集不相比附，今别入之总集类。

这段话于实际情况有两处明显不符。第一，四库本《周元公集》卷一为遗书，卷二为杂著，后面六卷才是"诸儒议论及志传祭文"，并无任何"图谱"的内容。第二，整个《四库全书》并没有收载《周氏遗芳集》，《遗芳集》只是入列《四库全书总目》（下简称《总目》）"史部·传记类·存目"中，不存在所谓"别入之总集类"的情况。

这两点出入也反映在《总目》卷一百五十三"集部六·别集类六"的《〈周元公集〉提要》中，该《提要》云：

> 《周元公集》九卷（编修朱筠家藏本）。宋周子撰。……此本亦不知何人所编，凡遗书、杂著二卷，图、谱二卷，其后五卷则皆诸儒议论及志传祭文……明嘉靖间漳浦王会曾为刊行，国朝康熙初，其裔孙沈珂又校正重镌。……原本后附《遗芳集》五卷，乃沈珂辑其先世文章事迹，自为一编，与本集不相比附，今别入之总集类，不使相淆集中。①

对比这两篇《提要》，二者的承继关系十分清楚，但也有三处明显不同：一是《总目》著录的是九卷，而四库本为八卷；二是《总目》说"凡遗书、杂著二卷，图、谱二卷"，而四库本则说是"首遗书、杂著一卷，次图、谱一卷"；三是《总目》说后五卷为"诸儒议论及志传祭文"，而四库本说是"后六卷"。

我们知道，四库阁本书前的《提要》，本是根据总纂官修改后的《总目》抄写的，按理二者应当一致。但由于阁书提要抄写在前，《总目》定稿刊刻在后，中间相距十余年之多。在此期间，总纂官纪昀等人对汇总后的提要又进行了多次修改，因而使《总目》和阁书提要在内容上多有不同。② 上述四库本《周元公集》书前提要与《总目》的差别只是一例。但这种在卷数和卷目的叙述上都有明显差异的情况，并不多见。其中必有缘故。

有意思的是，《总目》卷六十"史部十六·传记类存目二"尚有一篇《〈周

① 《四库全书简明目录》卷15《〈周元公集〉提要》本乎此，上海：上海古籍出版社，1985年，第625页。
② 参见黄爱平《四库全书纂修研究》，北京：中国人民大学出版社，1989年，第336—351页。

元公集〉提要》，该《提要》云：

> 《周元公集》十卷（编修朱筠家藏本）。明周沈珂编。……是集卷一为图、像，卷二为世系、年谱，卷三为遗书，卷四为杂著，卷五为诸儒议论，卷六为事状，卷七为褒崇优恤，卷八为祠墓诸记，卷九卷十皆附录后人诗文。

不难看出，这篇《提要》所述的《周元公集》在卷数及卷目上，与前两篇《提要》又有不同；而且将编者明确定为"周沈珂"（《总目》卷一百五十三则说"不知何人所编"，只把周沈珂视为"校正重镌"者），并认定为明朝人，而非"国朝康熙初"人。

为什么三篇《提要》所依据都是周沈珂编刻的《周元公集》，而在内容叙述上却有如此大的差异呢？哪篇《提要》所述更符合周沈珂编刻的《周元公集》原本呢？

笔者有幸在北京师范大学图书馆查得周沈珂编刻的《宋濂溪周元公先生集》十卷本，及所附的《世系遗芳集》五卷，为上述问题的解决提供了条件。

北师大馆藏本为明朝万历四十四年（1616年）刻，题"裔孙周沈珂同男之翰重辑"。说明周沈珂并非"国朝康熙初"人，而是明朝万历年间人，《总目》卷六十所述为实，其他两篇《提要》均误。① 又将北师大馆藏本的卷数及卷目与《总目》卷六十所述对比，发现二者也完全一致，说明《总目》卷六十所述

---

① 此为笔者当时撰文时的错误判断。实际上，北师大馆藏本《宋濂溪周元公先生集》为清朝康熙三十年（1691）周沈珂周之翰父子在明万历四十二年（1614）周与爵父子辑《宋濂溪周元公先生集》基础上，做若干校补之后重新刷印而成，只因为缺卷首周沈珂周之翰父子叙，也无卷尾的周之翰叙，以致误标为"明万历四十四年周沈珂刻本"，进而影响了笔者当时的判断。参见拙编《历代周敦颐文集序跋目录汇编》，上海：上海古籍出版社，2020年，第185—186页。

更符合周沈珂编刻的《周元公集》原本。进一步将北师大馆藏本《宋濂溪周元公先生集》与四库本《周元公集》对比，发现《宋濂溪周元公先生集》前两卷的"图像、世系、年谱"等内容已不见于《周元公集》，但后八卷即卷三至卷十的内容，与《周元公集》卷一至卷八的内容，不论是结构、顺序、卷目，还是标题、文字，都几乎完全一致。两相比勘，仅见一些细微的差别，如《宋濂溪周元公先生集》径称朱熹，而《周元公集》则改称朱子；《宋濂溪周元公先生集》称明朝为"国朝"，而《周元公集》则改称"前明"；《宋濂溪周元公先生集》卷四《元公杂著》录有周氏书信六通，而《周元公集》卷二《元公杂著》只有前五通，最末一通《慰李才元书》则不录。

至此可以确知：第一，《四库全书》所收《周元公集》八卷的底本就是北师大馆藏本《宋濂溪周元公先生集》十卷，《周元公集》乃《宋濂溪周元公先生集》的简称，编刻者周沈珂系明朝万历年间人。第二，《四库全书》在收录《宋濂溪周元公先生集》时，不但将其所附的《世系遗芳集》五卷全部遗去，而且还把前两卷的内容也径直删掉，这两卷正是四库本《提要》和《总目》两篇《提要》述及的"图谱"（即卷一濂溪故里祠宇书院图、濂溪在州祠宇书院图、月岩图、元公像并赞，卷二元公世系图、元公年谱），从而导致三篇《提要》所述与四库本《周元公集》实际载录情况存在明显出入。由此也可知《提要》的作者们当时并无删削有关"图谱"之意，"图谱"之被删削当为具体收录分装者之妄为。第三，《四库全书》在收录《宋濂溪周元公先生集》时，还做了一些必要的技术处理，如将"朱熹"改称"朱子"、将"国朝"改称"前明"等；也有少量遗漏，如失载周氏《慰李才元书》一通；另外还把原书前面的四篇序跋也全部删去（这些序跋依次是：王会《濂溪集叙》、王汝宪《刻濂溪集跋》、丁懋儒《刻濂溪周元公集叙》、吕霍《宋濂溪周元公先生集序》）。《宋濂溪周元公先生集》前的序跋和前两卷的图谱，对于理解《周元公集》的源流和认识周敦颐的生平学术都很有帮助，其被无端删去，反映出有关收录者的无识。

最后还有两点：一是《总目》卷一百五十三云《周元公集》为九卷，又说"后五卷则皆诸儒议论及志传祭文"，与《宋濂溪周元公先生集》的实际情况均相差一卷，可能是其作者所见不全或失察所致；二是《总目》既在"集部·别集"类著录《周元公集》，又在"史部·传记类"著录，虽显体例不一，前后抵牾，但实是《周元公集》内容的特殊性有以致之，正如《总目》卷六十所谓：此书"虽以集为名，实则周子手著仅五之一，今人之传记类中，从其实也"。

（原载张其凡、李裕民主编《徐规教授九十华诞纪念文集》，
浙江大学出版社，2009 年 4 月）

新编周敦颐文集

中华书局点校本《周敦颐集》考辨三则

中华书局 1990 年出版的点校本《周敦颐集》，目前较为通行。但由于点校者未能较为全面地梳理历代周敦颐文集的版本，特别是没有很好利用宋、明版本，致失误较多。今不暇详辨，仅举出三则，略加考证。

一、关于卷三《书窗夜雨》和《石塘桥晚钓》二诗

此二诗实际是一首诗，应题作《夜雨书窗》。这在已知的多种宋刻本周敦颐文集中是很清楚的。南宋后期道州郡守萧一致主持刊刻的《濂溪先生大成集》(七卷)虽然久已失传，但其目录还完整地保存在明代弘治年间周木重编的《濂溪周元公全集》卷十三后的附录中①。该目录的最后是《濂溪先生大成集拾遗》目录，其中有《元公家集中诗七篇》，内有《夜雨书窗》诗，而无《石塘桥晚钓》诗。较《濂溪先生大成集》稍后刊刻的宋本《濂溪先生集》(不分

---

① 周木重编本目前有多处收藏，笔者所见为天津图书馆和日本名古屋市蓬左文库藏本。

卷）①，其书已残，但也有完整的目录传世，同样有《家集中七首》，也只有《夜雨书窗》诗，而无《石塘桥晚钓》诗。以上二本所收《夜雨书窗》诗虽然仅存目录，但明言出自"家集"，是很有说服力的。宋亡前夕刊刻的《元公周先生濂溪集》十二卷②，保存至今，在卷六中没有《石塘桥晚钓》诗，但有《夜雨书窗》诗。该诗共 12 句，其中前 6 句与点校本《周敦颐集》所收《书窗夜雨》诗完全相同；后 6 句与《石塘桥晚钓》诗也基本相同。这就说明，点校本《周敦颐集》所收《书窗夜雨》和《石塘桥晚钓》二诗，本为一诗，题名是《夜雨书窗》；点校本《周敦颐集》将其析为两首著录，并将《夜雨书窗》改为《书窗夜雨》，是不符合历史实际的。

当然，这并非点校者的臆改，他的失误渊源有自。中华书局点校本《周敦颐集》的底本是清朝光绪年间贺瑞麟所编《周子全书》，而贺瑞麟又主要是依据康熙年间张伯行所编《周濂溪先生全集》③。张本卷八有《夜雨书窗》和《石塘桥晚钓》二诗，在《石塘桥晚钓》诗的标题后有小字一段："旧无此五字，而此诗又连上共作一首，今从《遗芳集》改正。"说明张伯行最初所见的周敦颐文集也是将《夜雨书窗》和《石塘桥晚钓》二诗联为一首著录的，题名就是《夜雨书窗》。这与我们上面所举三个宋刻本的情况完全相同。将此诗析为《夜雨书窗》和《石塘桥晚钓》两首来著录，源于明朝弘治四年周敦颐十二代孙周冕编刻的《濂溪遗芳集》，后来张伯行承袭其说，贺瑞麟踵而继之，中华书局点校本又沿而不改，及至后来的《全宋诗》卷四一一也延续了这一失误。

---

① 此本现藏于中国国家图书馆。
② 此本原藏于中国国家图书馆，现有多种影印本和整理本。笔者所用为《宋集珍本丛刊》第八册影印本，北京：线装书局，2004 年。
③ 笔者所据为丛书集成初编本。

二、关于卷三《宿大林寺》诗

此诗实际并非周敦颐所作。点校本《周敦颐集》在此诗后注释说："此诗据吕本补，其他本无。"所谓吕本，就是明朝嘉靖五年（1526）吕楠所编《周子抄释》，今有文渊阁四库全书本。吕楠将此诗收入《周子抄释》，实际是个疏误。此诗本是北宋彭应求所作，周敦颐到合州（治今重庆合川）为官时发现于温泉寺，并为作序，诗、序均刻于温泉寺。南宋合州巴川学者度正出知重庆府时再度将此诗此序发现。这在宋刻《元公周先生濂溪集》卷六的记载中是很清楚的，该卷在收载周敦颐《彭推官诗序》的同时，还附上彭应求的诗，题为《宿崇圣院诗》；也附有度正的跋语。明代周木重编的《濂溪周元公全集》，在卷六中的著录与此相同。又，上举南宋《濂溪先生大成集》和《濂溪先生集》也收载周敦颐此序，题作《宿崇圣院诗序》。吕本误将此诗的序者作为作者，是很不应该的；点校本《周敦颐集》不辨其伪，误上加误，同样是很可惜的。又，文渊阁四库全书本《周元公集》卷二也将此诗误录于周敦颐名下，题作《宿崇圣》，《全宋诗》卷四一一又误加沿袭。

三、关于附录度正的《周敦颐年谱》

为周敦颐作《年谱》，始于南宋湖南学者杨齐贤。后来度正不满其所作，乃自为《年表》（含后序），宋刻《元公周先生濂溪集》卷首所载即是。之后各种版本的周敦颐文集一般都收载或附有度正所作的《年表》，或题作《年谱》。仔细查检可以发现，虽然这些《年表》（或《年谱》）都署名度正，但实际上不同时期的文集编刻者都做了或多或少的增删、改动，有些内容甚至与度正原来所作差别极大。这一现象至今还少为学者注意。中华书局点校本《周敦颐集》

附录一所收度正的《周敦颐年谱》(下简称《年谱》),依据的是清末贺瑞麟所编《周子全书》所录《年谱》,较之于宋刻《元公周先生濂溪集》所收度正的《濂溪先生周元公年表》(下简称《年表》),就有不少变化。兹举两例。

天禧元年丁巳条:在叙述周敦颐出生情况时,《年谱》载:"(周敦颐父亲)先娶唐氏……唐卒,继娶侍禁成都郑灿女,是生先生。"《年表》则载:"(周敦颐父亲谏议公)先娶唐氏……唐卒。左侍禁郑灿,其先成都人,随孟氏入朝,因留于京师。有女先适卢郎中,卢卒,为谏议公继室,是生先生。"很明显,《年表》显示周敦颐的父母均是再婚之人,他的母亲是再嫁之妇。可是《年谱》却把这一重要事实抹去了,这与清代以妇女再嫁为耻有关。

嘉祐二年丁酉条:关于周敦颐在合州的教学情况,《年谱》载:"九月,回谒乡士,牒称为'解元才郎',今不详为谁氏子?盖当时乡贡之士,闻先生学问,多来求见耳。"《年表》则载:"九月,回谒乡士,牒称为'解元才郎',今不详其为谁氏子?当是去年乡贡,今年南省下第而归者,闻先生学问,故来求见耳。"两相对比,《年谱》美化周敦颐形象的情况是十分清楚的。

仅举上面两例(实际还有不少),即可证明点校本《周敦颐集》所附度正《周敦颐年谱》,已经过后人明显的改动,意在净化、美化周敦颐的道学形象,既与度正原来所作差别甚大,也与周敦颐生平的实际情况不符。点校本没有出注加以说明,乃是未见宋本《年表》引起的失误。这是值得读者和研究者警惕的。

(原载《宋代文化研究》第十八辑,四川文艺出版社,2010 年 12 月)

周敦颐文集的版本源流

周敦颐文集三个版本的承续关系

宋刻《元公周先生濂溪集》、明代周木重辑的《濂溪周元公全集》和清代张伯行编辑的《周濂溪先生全集》，是三个重要的周敦颐文集版本。由于清代张伯行本两次刻印于清代后期，民国时期又收入《丛书集成初编》和《国学基本丛书》，故流传较广，为学者常加引用。宋刻本和明代周木重辑本则因成书久远和长期深藏个别图书馆，而为学者稀见。笔者有幸全睹这三个版本，并得到不少有用和珍贵的信息^①，而且在仔细比对的过程中，还发现它们三者之间存在明显的前后承续关系，即明代周木本是在宋刻本的基础上重辑而成，清代张伯行本又是以明代周木重辑本为底本而编刻的。明了这一关系，不但有助于在今后编出更加完善的周敦颐文集版本，而且可以从各本内容的增删中更好地体味编者的用心，时代的烙印，深入理解周敦颐形象的历史变迁，以及其他相关人物、著作的沉浮。

---

① 参见拙文《现存两部宋刻周敦颐文集的价值》，《四川大学学报（哲学社会科学版）》2010年第3期；《明刻〈濂溪周元公全集〉价值略述》，《徽音永著：徐规教授纪念文集》，上海：华东师范大学出版社，2012年9月。

一、三个版本简况

（一）宋刻《元公周先生濂溪集》，原藏中国国家图书馆，二十册，现有《北京图书馆古籍珍本丛刊》《宋集珍本丛刊》和《中华再造善本丛书》等影印本和岳麓书社已出的两个整理本①。此本包括卷首和正编两部分，卷首为《濂溪先生周元公世家》及《濂溪先生周元公年表》一卷；正编共十三卷，卷一至卷五为遗书，卷六为遗文、遗事，卷七至卷十二则为附录。此本成于南宋末期的江州②，具体编者不详。

（二）明代周木重辑的《濂溪周元公全集》，弘治间（1488—1505年）刻印，目前所知有四处收藏：一是天津图书馆，四册一函③；二是北京私人藏书家韦力先生，十二册二函④；三是日本名古屋市蓬左文库，十二册⑤；四是日本京都大学文学部图书馆，十二册⑥。综合这四地所藏情况，可知此本共分十三个总目，包括卷首、正编和后录三个部分。卷首依次是：濂溪周元公遗像、仕履简况，是为总目一；《濂溪周元公世谱》，为总目二；《濂溪周元公事实》，为总目三；《濂溪周元公年表》，为总目四；《历代褒崇礼制》，为总目五；接着是正编《濂溪周元公全集》，为总目六到总目十三下，共有十三卷：卷一至卷六是关于周敦颐著作及相关内容，卷七为遗事，卷八至卷十三为附录。卷十三终后

---

① 2006年版仍题为《元公周先生濂溪集》；2007年版则改题为《周敦颐集》，收入《湖湘文库》。
② 梁绍辉先生著《周敦颐评传》（南京大学出版社1994年版），在附录部分介绍此本时，说是"宋长沙建安本"，不知何据。本文依从唐之亨先生《重刊宋版〈元公周先生濂溪集〉序》的考证，湖南省濂溪学研究会整理《元公周先生濂溪集》卷首，长沙：岳麓书社，2006年。
③ 天津南开大学历史学院范喜茹博士曾代查此本的基本情况，包括目录、后录及年表等内容。谨此致谢！
④ 韦力：《拍卖得书琐谈（二）：明弘治周木本〈濂溪周元公全集〉》，《收藏·拍卖》2005年第7期。
⑤ 此本的全部内容承游学日本的杨小平先生代为复印，谨此致谢！
⑥ 此本的濂溪周元公遗像、仕履简况、濂溪周元公世谱、濂溪周元公事实和濂溪周元公年表等卷首的内容，承游学日本的尤东进博士托人复印。此本和上述蓬左文库藏本的获得，均得到四川大学历史文化学院刘世龙教授的多方联络和张雯女士等人的具体帮助，谨此致谢！

为《后录》，包括：陈九畴写《易通复旧编序》《太极图说摘疑》《通书摘疑》《陈九畴先生来书》(有目无文)、(周木)《答书》、张元祯《周朱二先生年谱引》和程敏政书信一通等内容，其中蓬左文库藏本还附有《濂溪先生大成集目录》(含《濂溪先生大成集拾遗》)和《元公周先生濂溪集总目》，这两个目录都是宋刻本周敦颐文集的目录，其中后者就属上述宋本，有一定价值。

（三）清代张伯行编辑的《周濂溪先生全集》十三卷，康熙四十七年（1708 年）序定。后有同治五年（1866 年）福州正谊堂刊本，收入《正谊堂全书》；不久有光绪六年（1880 年）洪氏善堂刊本，收入洪汝奎辑《洪氏唐石经馆丛书》。民国二十一年（1932 年），商务印书馆据《正谊堂全书》本排印为《丛书集成初编》本，共三册；次年又编入《国学基本丛书》。或名《周濂溪集》。此本卷首仅有张伯行序，没有其他内容，卷末也无后录，较上述宋本和周本都要单纯和简明些。张伯行在序中写道："甲戌岁（即公元 1694 年），予官中垣，居京师，乃于报国寺中偶得《濂溪全集》，如获至宝"，后来他就是在此基础上"订讹编次，付之剞劂"的。这里的《濂溪全集》，实际就是明朝周木本。这从下一部分的叙述中就会看得很清楚。

二、三个版本的承续关系

笔者在比对的过程中，发现以上三个版本（以下依次称为宋本、明本、清本）具有明显的承续关系，属于同一系统的周敦颐文集版本。下面我们从几个方面进行具体阐述。

（一）关于周敦颐的《年表》

周敦颐的《年表》在宋本题为《濂溪先生周元公年表》，放在卷首，明本沿而用之，文字内容包括说明性的小字，从头到尾几乎都无改动，两者的继承关系十分清楚。当然也有一些微细的差别，最突出的是最末署名度正的跋文。宋本《年表》的跋文（《全宋文》依此收录，题为《周元公年表后记》）署名度正，但观其用语，特别是其中在记录度正的话后有"并令记之"语，显非度正自记。明朝周木大约注意到这一问题，做了两处改动，一是"皆口授子弟执笔"，改为"皆口授弟蕃执笔"①；二是"并令记之"改为"故并记之"。虽然只有数字之易，但这样就像是度正自记的口吻了。

清本卷十为《年谱》，实际是据明本《濂溪周元公年表》改编而成。这从全文的结构安排、文字内容上都看得很清楚，特别是明本对度正跋文的上述处理，完全为清本所继承，这尤能说明它们之间的承续关系。总体来看，清本虽有少量内容的增加，但主要还是删减，最明显的是将周本沿用宋本而来的那些说明性小字完全删除，同时也有个别的文字改写和调整。不过，清本的有些删减和改写并不妥当。兹举两例：

天禧元年丁巳条：在叙述周敦颐出生情况时，《年谱》载："（周敦颐父亲）先娶唐氏……唐卒，[继娶]侍禁成都郑灿女，是生先生。"《年表》则更详："（周敦颐父亲谏议公）先娶唐氏……唐卒。左侍禁郑灿，其先成都人，随孟氏入朝，因留于京师。有女先适卢郎中，卢卒，为谏议公继室，是生先生。"很明显，《年表》显示周敦颐的父母均是再婚之人，他的母亲是再嫁之妇。可是《年谱》却把这一重要事实抹去了，这当与清代特别是张伯行本人以妇女再嫁为耻有关。

嘉祐二年丁酉条：关于周敦颐在合州的教学情况，《年谱》载："九月，回

---

① 大约有此变化，笔者所见多数周敦颐文集将此跋署为度正弟度蕃所为。如明朝万历三十四年徐必达《合刻周张两先生全书》本、万历四十年顾造《周子全书》本、万历四十二年周与爵《宋濂溪周元公先生集》、清修四库本《周元公集》、乾隆二十一年董榕《周子全书》本等等。

谒乡士，牒称为'解元才郎'，今不详为谁氏子？盖当时乡贡之士，闻先生学问，多来求见耳。"《年表》则载："九月，回谒乡士，牒称为'解元才郎'，今不详其为谁氏子？当是去年乡贡，今年南省下第而归者，闻先生学问，故来求见耳。"两相对比，《年谱》美化周敦颐形象的情况是十分清楚的。

（二）关于周敦颐的著作

周敦颐的著作主要有《太极图说》《通书》和若干诗文三部分，内容不多，要形成文集的规模实际很勉强。为此，从宋本开始，就注意收载相关的内容。

1. 关于《太极图说》及相关内容

宋本共有三卷内容，明本完全加以继承，清本则增为四卷。为便比较，兹将三本收录的具体内容列表如下：

表1　三本关于周敦颐的《太极图说》及相关内容的收载情况

卷别	宋本 《元公周先生濂溪集》	明本 《濂溪周元公全集》	清本 《周濂溪先生全集》
卷一	太极图（附晦庵解义）、太极图说（附晦庵南轩解义并后论后序）、诸儒太极类说（含延平师生问答、晦庵答南轩书、晦庵答东莱书、晦庵辩答梭山象山书）	太极图（附晦庵解义）、太极图说（附晦庵南轩解义论序）、诸儒太极类说（含延平师生问答、晦庵答南轩书、晦庵答东莱书、晦庵辩答梭山象山书、程端蒙与象山书）	太极图、太极图说、朱子图解、朱子太极图说解附辨
卷二	诸儒太极类说（晦庵文集语录问答）	诸儒太极类说（晦庵文集语录问答）	诸儒太极论辨（含延平师生问答、晦庵答陆子美书、晦庵答陆子静书、程端蒙与象山书、晦庵答胡广仲书、晦庵答杨子直书、晦庵答廖子晦书、晦庵答黄直卿书、晦庵记国史濂溪传后）

卷别	宋本《元公周先生濂溪集》	明本《濂溪周元公全集》	清本《周濂溪先生全集》
卷三	诸儒太极类说（含南轩文集并语录问答及解义初本、陈北溪太极字义、黄勉斋语录问答、勉斋无极太极辩、勉斋五行说、勉斋中庸总论、真西山问答、蔡节斋太极原说、游诚之书图解后、度性善书图解后、叶平岩近思录集解序并太极图集解）	诸儒太极类说（含南轩文集语录问答及解义初本、陈北溪太极字义、黄勉斋语录问答、勉斋无极太极辩、勉斋五行说、真西山问答、蔡节斋太极原说、勉斋中庸总论、游诚之书图解后、度性善书图解后、叶平岩近思录集解序并太极图集解）	朱子语类附见
卷四			诸儒太极发明（含陈北溪太极字义、黄勉斋中庸太极体用说、度性善书晦庵太极图解后、薛文清读书录论太极图）

从上表可以看出，明本基本上是沿用宋本，清本则有很大变化。具体而言，较之于宋本，明本只是在卷一的最后新增了程端蒙《与象山书》1篇内容。这是从目录上的反映，具体到正文，宋本在卷一《太极图说》部分只列朱熹（晦庵）的解义，去除了张栻（南轩）的解义，而且在载录张栻《太极解义后序》的后半段时误将下面的《延平师生问答》的一段内容掺入。明本则克服了这两大不足。这一情况可有两种解释，一是周木发现了宋本的不足，主动加以改动完善；二是今天所见的宋本是后来的翻刻本，张栻解义被故意删除，《太极解义后序》的后半段为误刻，周木所见是原版而非翻刻本。

清本虽源自明本，特别是将明本新增的程端蒙《与象山书》也收录在卷二，但两相比较，变化明显，张伯行下了很大功夫进行调整，至少体现了以下几个变化的原则。

一是突出朱熹的原则。在明本中有不少朱熹讲友张栻的内容，清本基本上完全删除，包括张栻的《太极图解义》及两篇序文，以及原来明本的《南轩文集语录问答及解义初本》（卷三）的几乎全部内容，仅仅在卷一《朱子太极图说解》下面"圣人定之以中正仁义……合其吉凶"段落的解释中引录了张栻的一段解说。另外还将明本卷一的《晦庵答东莱书》也删去了。这些反映出张伯行突出朱熹、排除朱熹讲友张栻、吕祖谦（东莱）偏狭的道学心理，并不可取。

二是相对集中的原则。如明本在著录《太极图说解》时，只有朱熹、张栻的解义，是比较简明的。清本则在朱熹解义的每一条后面，选录朱熹、张栻（仅有上述 1 条）、陈淳、叶采、真德秀、饶鲁等人的若干论说（以朱熹为主），这些内容不少就来自原来明本的卷二、卷三；又如将朱熹《记国史濂溪传后》那段主要讨论周氏《太极图说》第一句话究竟是"无极而太极"还是"自无极而太极"的内容也选出放在卷二《诸儒太极论辩》的最后。这些既进一步体现出上述所谓突出朱熹的原则，也有利于读者的集中研读。

三是精减的原则。即便是朱熹学生黄榦、陈淳的内容也有减少，如黄榦的《语录问答》《无极太极辩》《五行说》等内容（明本卷三）就被删去，只保留了他的《中庸总论》，且改题为《中庸太极体用说》，还删去了真德秀《问答》的部分内容、游诚之的《书图解后》和叶采《近思录集解序》及其《太极图集解》的大部分内容（明本卷三）。这些删除是否妥当，自是仁智互见。

四是补充的原则。除了删减外，清本也有一些补充，既包括原来就有姓名的朱熹等人的一些论说，尤其是在卷一的最后补上朱熹的一大段辩论；也新增了宋末饶鲁、元末黄瑞节（卷一）和明代薛瑄（文清）的一些论说（卷四）。还有就是在卷二编排朱熹《答陆子美书》《答陆子静书》时，把陆九渊兄弟写给朱熹的书信也一并收录，而且放在朱熹答书之前。这些都有利于读者更好地把握周氏的太极思想，值得称道。

2. 关于《通书》及相关内容

宋本共有两卷内容，明本完全加以沿用，清本则增为三卷。同样为便比较，将三本收录的具体情况列表如下：

表 2　三本关于周敦颐《通书》及相关内容的收载情况

卷别	宋本《元公周先生濂溪集》	明本《濂溪周元公全集》	清本《周濂溪先生全集》
卷四	通书（含晦庵解义并后录后序）、诸儒通书类说（含糊五峰序略、祁居之后跋、晦庵后序三篇、南轩后跋）	通书（含晦庵解义并后录后序）、诸儒通书类说（含糊五峰序略、祁居之后跋、晦庵建安南康延平序、南轩后跋）	
卷五	诸儒通书类说（含延平师生问答、晦庵文集并语录问答、南轩文集并语录问答、陈北溪字义、黄勉斋语录问答、蔡节斋议论）	诸儒通书类说（含延平师生问答、晦庵文集并语录问答、南轩文集并语录问答、黄勉斋语录问答、蔡节斋议论、陈北溪性理字义、蔡念成通书志学章讲义、又论语孔颜所乐二章讲义、余宋杰太极图说衍义并跋）	通书一（即通书的前20章。含朱熹通书后序、晦庵解义、朱子语类附见）
卷六			通书二（即通书的后20章。含晦庵解义、朱子语类附见、朱熹通书南康本序）
卷七			诸儒通书论序（含伊川颜子好学论、胡宏通书序略、祁宽通书后跋、朱熹通书延平本序、张栻通书后跋、延平师友问答、晦庵答汪书、晦庵答何子京书、晦庵答李方子、晦庵答余大雅、陈北溪性理字义）

由上表可以看出，明本基本上是照录宋本而来，只是在卷五的顺序上略有调整，并在最后增加了蔡念成《通书志学章讲义》《论语孔颜所乐二章讲义》

和余宋杰《太极图说衍义并跋》，这3篇内容实际上存于宋本，只是被编排在卷九《讲义》类中。应该说，明本的这一调整有利于读者对《通书》的集中研读。

清本在明本的基础上做了更大的调整，一是将朱熹在淳熙十四年（1187年）最后完成《通书解》定本所写的《后序》（或称《后记》）放在最前面，即卷五的开头；二是将明本卷五单独编排的《晦庵文集并语录问答》的有关内容以《语类附见》的形式集中散入《通书》各章之后，这实际上是张伯行在处理周氏《太极图说》有关论说内容时的集中原则；三是将明本卷五的朱熹建安本、南康本、延平本三篇后序拆开，将南康本、延平本后序分别散入卷六、卷七中，而将建安本后序完全删掉①；四是将明本卷五的《晦庵文集并语录问答》最前面的4段总论析出，以《晦庵答汪帅书》《晦庵答何子京书》《晦庵答李方子》和《晦庵答余大雅》的形式编排在卷五《诸儒通书论序》中；五是删除了明本在宋本基础上新增的蔡念成《通书志学章讲义》《论语孔颜所乐二章讲义》和余宋杰《太极图说衍义并跋》的内容，还删去了明本卷五的《南轩文集并语录问答》《黄勉斋语录问答》和《蔡节斋议论》三部分的内容，这些调整同样反映出张伯行偏狭的道学心理和精减的原则；六是在卷七中新增了程颐进入太学所写的《颜子所好何学论》，此文被朱熹认为是"祖述"周氏《通书》之意的文章，故张伯行有此编排，这可以说是张氏在编排上的一个创举。这些变化同样或多或少地体现出张伯行突出朱熹的原则。

3. 关于遗文及相关内容

在对周氏遗文及相关内容的处理上，明本基本上是照录宋本，但又有一些

---

① 建安本后序的主要内容见于后来的南康本后序，这大概是张伯行删除建安本后序的原因。

微调，反映在：第一，依据明代新编的《遗芳集》，将宋本《夜雨书窗》一诗析为《书窗夜雨》和《石塘桥晚钓》二诗①；二是在卷六的后面新增《任所寄乡关故旧》《宿大林》《春晚》和《牧童》4诗，其中《宿大林》诗本是北宋彭思永所写，由周氏发现并写序（即《彭推官诗序》），序文和原诗就在同卷的前面，不知编者何故如此不慎！

明本的上述变化也反映在清本（卷八）中，只是清本正确地将《宿大林》诗去掉，诚为明智之举。具体说来，清本对明本的内容几乎是照录，标题、顺序和文字几乎全部一样，包括各种小字注解的内容，但也有删减。最明显的是将明本所附的6篇傅耆写给周氏及周兄卢氏的书信全部删除，实属不妥。

（三）关于周敦颐的遗事

关于周氏遗事，明本基本上也是照录宋本，并单独成卷，只是在个别文字上做了处理。这种处理也为清本完全吸收。与明本比较，清本主要是少了两段内容：一是见于《晦庵语录》的徐寓与朱熹问答的话，从后面仍有"三段《晦庵语录》"小字注释来看，此系漏刻；二是见于《二程语录》的"周茂叔，穷禅客"一段，这可能也是漏刻，亦有可能是张伯行认为有损周氏形象而故意删除的。

（四）关于周敦颐文集的附录

周敦颐文集的附录篇幅很大。宋本有6卷，依次是：杂诗、杂文、诰命讲义和3卷祠记。这些内容基本上为明本承袭，明本在将《诰命讲义》移往他处后，也用了6卷来呈现：卷八《诸贤赠送唱酬等作》完全是照录宋本卷七《杂

---

① 这种处理实际不妥，参见拙文《中华书局点校本〈周敦颐集〉考辨三则》，《宋代文化研究》第18辑，成都：四川文艺出版社，2010年。

诗》的前半部分；卷九《诸贤怀仰纪述等作》先是照录宋本卷七《杂诗》的后半部分，接着是照录宋本卷八《杂文》的部分内容，并选录了宋本卷十至卷十二的有关内容；卷十《诸贤祭告元公文》主要是照录宋本卷八《杂文》的部分内容，并略作增补；卷十一至十三《诸贤建修元公书院祠堂记》主要是将宋本的 3 卷祠记重新编排而成，内容上增多去少。

具体来看，与宋本相比，明本增加了不少内容：一是卷九的目录最后新增孔延之《邵州新迁州学记》，并有小字说明："原本有目无文，今从之"；二是新增朱熹《爱莲诗》一首于卷九，末注"此诗近见《遗芳集》，录之"数字；三是在卷十的末尾新增三文，分别是：道州书院春秋二仲丁祝文、道州故居祠堂春秋二季丁祭谏议大夫元公并二子文、道州书院次丁祝文，并注明说："已上道州三祝文俱出剑江周驿丞家谱后录"；四是在卷十一魏了翁的《道州濂溪书院记》文后多出落款"资政殿大学士前签书枢密院事魏了翁撰"数字，并多出南宋人史复祖、吴梦弼的两篇跋文①，说明周木至少在这篇记文上另有所据；五是在卷十三末新增 5 篇，分别是宋人陈宗礼的《南安军司理厅改创先生祠记》、元人欧阳玄的《道州路重修濂溪书院记》、高若凤《南安路道源书院鼎建大成殿记》、刘伟节《重修道源书院记》、明人叶盛《道源书院记》。另外除了将部分文章移到他处外，也删去了一些，如见于宋本卷十的两篇祠记：冯梦得的《江州濂溪书院后记》、方逢辰的《江州咸淳增贡额记》，就不见于明本。其删除疑因这两篇记文都是歌颂晚宋奸臣贾似道的缘故。

另外明本在少数诗文的标题上较宋本稍微有些变化，如卷八《诸贤赠送唱酬等作》所录傅耆《和周茂叔暨阎裴三公招隐诗》，在宋本原为《周茂叔送到近诗数篇，因和渠阎裴二公招隐诗》；赵抃《次韵周茂叔重阳节近见菊》，在

---

① 其中史复祖不见于新出的《全宋文》作者之列，此跋文自然也失收。

宋本中"茂叔"为"前人";另外卷九《诸贤怀仰纪述等作》一开头较宋本增加有"按已下诸诗疑皆出于先生殁后之作,何以知之?观苏公诗有曰"一段文字。明本在少数诗文的署名上也较宋本不同,最大的不同是将《濂溪六咏》的作者由宋本的周以雅改题为潘之定(卷九),原因不详。

清本将上述明本附录内容压缩为3卷,卷九《诸贤赠送唱酬》《诸贤怀仰纪述》主要是照录明本卷八《诸贤赠送唱酬等作》的全部内容和卷九《诸贤怀仰纪述等作》的大部分内容;卷十一《诸记序铭》和卷十二《诸记并祭祀诸文》全部选自明本卷九至卷十三的内容,只是较明本已大为删减,少了30余篇文章。

(五)关于历代褒崇情况

褒崇周敦颐的文献,宋本是以附录的形式排在正编卷九,名为《诰命》,下限在宋理宗淳祐十二年(1252年)。明本则专门以《历代褒崇礼制》一卷提到卷首,在几乎完全照录宋本《诰命》(仅仅将北宋王珪《改大理寺丞制词》移到卷首的《濂溪周元公事实》中去)的基础上,又做了大量补充,一直补到明代宗景泰七年(1456年)五月。清本则以《历代褒典》为题,放在全书最后一卷,在沿袭明本主要内容(舍弃了很多附录的奏札,显得更为简明)的基础上,继续增补,一直补到"今上"康熙二十四年(1685年)六月。

三、简要的总结

综上所述,明本非常接近宋本,是在几乎全部照录宋本内容并有所调整的基础上,进一步补充若干内容而成,大体可以说是宋本的扩展版。这里主要就补充情况加以总结。较之于宋本,明本的补充是明显的,主要表现在:

第一，新增濂溪周元公遗像、仕履简况和《濂溪周元公事实》三部分，在《历代褒崇礼制》部分增加了宋末到明初的若干文献（卷首），使褒崇周敦颐的情况能够比较连贯地得到展现。这里要特别指出的是，《濂溪周元公事实》部分有《濂溪先生行录》一文，署名朱熹，有一千余字。这可能是误题，此文很多内容都是抄录蒲宗孟的《濂溪先生墓碣铭》，而蒲文非朱熹所认同[①]，朱熹绝不会大量抄录蒲文的，在历代各种朱熹文集里也不见此文。[②]

第二，补充了张栻（南轩）的《太极解义》（卷一），这是目前所有周敦颐文集各种版本中唯一完整收录张栻《太极解义》的版本，使长期失传的张栻《太极解义》又完整地再现出来，这不但具有很高的文献学价值，而且对深入研究张栻的学术思想具有重要意义。[③]

第三，增补了周敦颐《任所寄乡关故旧》《宿大林》《春晚》和《牧童》4 诗（卷六），其中《宿大林》诗为误收；附录部分新增了朱熹《爱莲诗》一首（卷九）和 3 篇祝文（卷十）。

第四，更完整地收录了魏了翁《道州濂溪书院记》一文和南宋人史复祖、吴梦弼的两篇跋文，可以弥补魏了翁文集的不足；其中史复祖不见于新出的《全宋文》作者之列，此跋文也失收。因此这些文章可以稍补《全宋文》之不足。

第五，新增记文 5 篇，包括宋人陈宗礼 1 篇，元人欧阳玄、高若凤、刘伟节各 1 篇和明人叶盛 1 篇（卷十三）。

第六，明本在正编之后还多出《后录》一卷，有关内容已在本文第一部分记述，此不赘。其中蓬左文库藏本所附周敦颐文集两个宋刻本的目录，有一定价值。

除了补充以外，明本也改正了宋本的一些失误，如准确地载录了张栻《太极解义后序》的后半部分内容，不但克服了宋本的不足，也纠正了很多周敦颐文集版本的疏失；卷首的《濂溪周元公世谱》虽然本于宋本的《濂溪先生周元公世家》，但又有几处明显的改动和调整，即将周敦颐父辈式、辂分别改为识（一作式）、伯高（一作辂），又增加周敦颐同母异父的哥哥文（完整的姓名是卢惇文），其依据就是《年表》（宋本和明本在这些人名的记载上是一致的），明显较宋本更佳。另外，明本将《濂溪六咏》的作者由宋本的周以雅改题为潘之定（卷九），未知当否；删去了宋本卷十的两篇歌颂晚宋权臣贾似道的祠记，这当与人们自宋末以来就形成的贾似道是奸臣的形象有关。

与明本主要是在宋本基础上扩展而成不同的是，清本则在明木本的基础上做了很大的调整，可以说完全是一个改编版。清本放弃了明本包括卷首、正编和后录三部分的结构体系，完全删去了明本后录的内容，又将明本卷首的《濂溪周元公年表》和《历代褒崇礼制》分别以《年谱》（卷十）和《历代褒典》（卷十三）的形式排入正编（内容有增有减）。清本卷一至卷八载录周敦颐著作及其相关内容，除了卷八《遗文》部分基本上照录明本外，其他部分都做了很大的调整，虽有少量的内容增补，但主要还是删减和压缩，较明本更为简明。这种删减和压缩的情况更突出地表现在对附录（卷九、卷十一、十二）的记载上，据笔者统计，附录部分比明本相关内容少了30多篇文章。简则简矣，但由此也失去了很多信息。

清本更大的问题还在于不恰当地改编和删减，如在《年谱》中注意美化周敦颐，特别是抹去了周母是再嫁之妇的历史事实；在著录周氏《太极图说》及其相关内容时，完全删除了张栻的《太极图解义》及两篇序文，以及原来明本的《南轩文集语录问答及解义初本》的几乎全部内容；在著录周氏《通书》时，又删去了《南轩文集并语录问答》等内容，反映出非常偏狭的道学心理。①至于在附录部分删去明本大量文章，恐怕也不完全妥当。

（原载《宋代文化研究》第二十辑，四川大学出版社，2013 年 8 月）

---

① 张栻《太极图解义》在宋本有目无文，明本则加以补充，清本又加以删除（以及删除张栻文集语录的相关内容），反映出张栻学术地位在由宋迄清的沉浮，值得进一步研究。

历代周敦颐文集的版本源流与文献价值

宋儒周敦颐，道州营道县（治今湖南道县）人，世称濂溪先生，被誉为"道学宗主""理学开山"，对宋以来的中国乃至东亚各国的社会文化都有广泛而深远的影响。其文集编纂始于南宋，明代衍生出《濂溪志》和《周子全书》。别集、专志和全书三大系列相互影响，主体内容非常相近，可统称为周敦颐文集。①周子文集版本众多，情况复杂，目前关注和研究者不算多。祝尚书先生可能最早论其版本源流，他在《宋人别集叙录》中对由宋迄清的部分周子文集（含一种《周子全书》）做了梳理介绍，有开创之功。②之后研究生刘小琴著成《周敦颐文集版本考略》，对周子文集的别集、专志和全书三大系列的版本情况做了进一步梳理，并构拟有版本源流系统的图示。近些年王晚霞博士致力于《濂溪志》的整理和研究，对明以来多种《濂溪志》的版本情况和学术价值有专门论析，最近发表的《历代〈濂溪志〉的编纂与濂溪学的传播》一文更是

---

① 梁绍辉《周敦颐评传》（南京大学出版社 1994 年版）书末所附"周敦颐全集版本"、刘小琴《周敦颐文集版本考略》（《北京大学中国古文献研究中心集刊》第 4 辑，北京大学出版社 2004 年版）均如此处理，本文也依此而行。
② 祝尚书：《宋人别集叙录》卷 6，北京：中华书局，1999 年，第 248—255 页。

分别从集系统、志系统、全书系统和遗芳集系统对历代二十多种周子文集做了梳理和图示。① 寻霖先生在周子诞辰千年之际，也发表《周敦颐著述及版本述录》，对周子文集各系统、各版本情况有简要论述。② 笔者搜集整理周子文集的版本也有十多年时间，发表相关论文多篇，深感已有研究既有重要推进，也存在诸多不足，尚有明显遗漏和失察之处。鉴此，笔者不揣浅陋，撰成小文，期能对周敦颐及其代表的理学文化的研究有所深化。不妥之处，敬请方家教正。

一、周敦颐文集的由来及其在宋代的多次编刻

周敦颐著作不多，据其好友潘兴嗣撰《濂溪先生墓志铭》所述，主要有"《太极图》《易说》《易通》数十篇，诗十卷"。③ 而且由于周子在当时地位不高，这些论著最初只是"藏于家"，没有刊布流传。南宋初期以来随着理学和周子地位的上扬，其著作开始以《通书》或《太极通书》等形式在各地刻印流传。这些版本以周子本人作品为主，核心是其《太极图说》《通书》，另外还附有关于周子生平的"铭、碣、诗、文"，或者朱熹所写的周子《事状》。④

真正从文集的观念出发，并大量采录周子本人作品之外的内容，来汇编成

---

① 王晓霞：《〈濂溪志〉版本述略》，《中南大学学报（社会科学版）》2011 年第 3 期；《〈濂溪志〉修撰的学术价值及启示》，《南华大学学报（社会科学版）》2014 年第 4 期；《日藏两种〈濂溪志〉考论》，《南昌大学学报（人文社会科学版）》2017 年第 4 期；《历代〈濂溪志〉的编纂与濂溪学的传播》，《船山学刊》2019 年第 5 期。王博士还先后编纂出版《濂溪志（八种汇编）》（长沙：湖南大学出版社 2013 年版）和《濂溪志新编》（北京：中国社会科学出版社 2019 年版）二书。

② 寻霖：《周敦颐著述及版本述录》，《图书馆》2017 年第 9 期。

③ （宋）潘兴嗣：《先生墓志铭》，《元公周先生濂溪集》卷 8，原藏中国国家图书馆，此据湖南省濂溪学研究会整理本，长沙：岳麓书社，2006 年，第 135 页。一些学者认为《太极图》《易说》实际是一本书，应该标点为《太极图·易说》，见侯外庐等《宋明理学史》，北京：人民出版社，1997 年第二版，上册，第 46 页。

④ 参见梁绍辉《周敦颐评传》，南京：南京大学出版社，1994 年，第 62—68 页。

周子文集者，开始于南宋孝宗淳熙十六年（1189 年）道州州学教授叶重开所编的《濂溪集》七卷（已佚）。据其自序，此本内容较之前所有的《通书》或《太极通书》版本都要丰富，编者不但注意"参以善本，补正讹阙"，还注意"采诸集录，访诸远近"，把"诸本所不登载，四方士友或未尽见"的内容汇集起来，比如重新收录朱熹过去编刻《太极通书》时删去的"铭、碣、诗、文"，把朱熹、张栻两位理学大儒注解周子《太极图说》的著作也补充进来，最后"以类相从，分为七卷"。① 整个说来，此本突破了过去《通书》或《太极通书》时周子本人作品为主的情况，"遗文才数篇，为一卷，余皆附录也"，② 主要内容已经是他人赠答、纪述、褒崇周子和诠释周子著作的有关文献。

　　叶氏编纂周子文集的原则、观念和规模，长期为后人所继承。在叶氏之后，用心搜求周子遗文遗事最勤者，是朱熹晚年弟子度正（1166—1235 年）。度正出生和成长于周子为官之地合州（治今重庆市合川区，周子曾任签书合州判官事五年）和周子为代表的理学快速发展的南宋中期，这一时空环境促使度正很早就确立了理学的信仰，并注意搜求周子的遗文遗事。科举入官特别是在问学朱熹之后，度正更是加快了这一步伐，并最终在积累近三十年之功的基础上编纂出周子文集。据其《书文集目录后》，度正"遍求周子之姻族，与夫当时从游于其门者之子孙"，获得大量有关周子的文献，或"列之《遗文》之末"，或"收之《附录》之后"，或对"遗事""复增之"。③ 从这些用词来看，他在编订周子文集时必定有一个底本，极有可能就是上述叶重开编刻的《濂溪集》七卷本。其文集内容除了《太极图说》和《通书》外，还包括遗文、遗事

---

① （宋）叶重开：《舂陵续编序》，《元公周先生濂溪集》卷 8，第 142 页。
② （宋）陈振孙著，徐小蛮、顾美华点校：《直斋书录解题》卷 17，上海：上海古籍出版社，1987 年，第 503 页。
③ （宋）度正：《书文集目录后》，《元公周先生濂溪集》卷 8，第 142 页。曾枣庄、刘琳主编的《全宋文》卷 6869 据《永乐大典》卷 22536 亦收载，题名《书濂溪目录后》，见该书第 301 册，第 143 页，上海：上海辞书出版社，合肥：安徽教育出版社，2006 年。

和附录等卷目。值得注意的是，度正在编纂周子文集的同时，还编有周子《年谱》（或称《年表》），但是否附在周子《文集》中，不得而知。

度正所编文集久佚，是否直接刊印，也不清楚。但萧一致在嘉定十六年至宝庆二年（1223—1226 年）知道州期间刻印的《濂溪先生大成集》七卷，正好是度正编定周子文集两年后不久的一段时间，故笔者怀疑此本是依据度正编定的文集来刻印的。此本已佚，[①] 但其目录则附在明朝弘治年间（1488—1505 年）周木编刻的《濂溪周元公全集》后面保存了下来。据目录可知，《大成集》七卷的内容依次是太极图说、通书、遗文、遗事和附录（三卷），应该是叶氏七卷本《濂溪集》奠定的基本结构和顺序。而且，上述度正《书文集目录后》提到的周子诗文，正好都在《大成集》目录中，这就进一步证实《大成集》是根据度正所编文集而来。

在萧一致刊《濂溪先生大成集》后十余年，连州（时属广南东路，治今广东连县）州学教授、周子族人周梅叟曾将其翻刻于州学，时间约在淳祐元年（1241 年）、二年（1242 年）间，时人称其"取《太极图》《通书》《大成集》刊于学宫"。[②] 此《大成集》当是周梅叟从道州赴任连州时将萧一致主持刻印的道州本带来翻刻的。据时知广州府的方大琮所见，"其遗文视舂陵本稍增"，[③] 也就是内容较道州本（道州古为舂陵郡）略有增加。笔者推测，增加的很可能就是附在周木编刻的《濂溪周元公全集》后面的《濂溪先生大成集拾遗》所收的两方面内容：一是周子在合州与人游龙多山时唱和的八首诗，二是所谓"家集"的七篇遗诗。据方氏所见，道州和连州在刊印周子文集时，曾刊印周子年谱，

---

① 清初钱谦益《绛云楼书目》卷 3 "宋文集类"曾著录此书："宋板《濂溪先生大成集》，二册，七卷"，粤雅堂丛书本。似乎此本明清更替之际尚存世间。

② （宋）方大琮：《铁庵集》卷 4《举连州教授周梅叟乞旌擢奏状》，此据《全宋文》卷 7366，第 321 册，第 76 页。

③ （宋）方大琮：《铁庵集》卷 21《与周连教书一》，此据《全宋文》卷 7385，第 321 册，第 402 页。

即所谓"道本年谱""连谱"，两者或许就是依据度正所编的周子年谱，只是后者较前者略有变化而已。① 但周木《濂溪周元公全集》后面所附《濂溪先生大成集目录》及其《拾遗》都不见有周子年谱，说明当时的周子年谱或许是单独刻印的。

在萧一致刊《濂溪先生大成集》稍后，江西进士易统在萍乡（今属江西省）又刻成《濂溪先生大全集》七卷（已佚）。南宋晚期的目录学著作《郡斋读书附志·别集类三》中曾记载二书道：

> 《濂溪先生大成集》七卷，《濂溪先生大全集》七卷。右周元公颐字茂叔之文也。……始，道守萧一致刻先生遗文并附录七卷，名曰《大成集》。进士易统又刻于萍乡，名曰《大全集》。然两本俱有差误，今并参校而藏之。②

从这段文字的表述语气来看，《大成集》与《大全集》两者不但卷数一致，内容可能也相当接近。而且可以肯定的是，《大全集》必定吸收了度正所编文集的内容，因为此本就有度正所写《书萍乡大全集后》这一跋文。③

宋理宗宝祐四年至景定五年间（1256—1264 年），又有学者编刻《濂溪先生集》（已残，现藏中国国家图书馆）。此集虽然没有分卷，但仍像萧一致七卷本那样，内容依次是太极图说、通书、遗文、遗事和附录，因此可以肯定此本是承袭之前的七卷本而来。不过与之前的文集不同，此本在卷前列有周子的《家谱》和《年谱》，这大约是对之前周子文集编纂的一个增补。

---

① （宋）方大琮：《铁庵集》卷22《与田堂宾（灏）书》，此据《全宋文》卷7386，第322册，第13页。参见拙文《宋儒度正编纂周敦颐文集的渊源、过程及其流传考述》，《湖南科技学院学报》2017年第5期。
② （宋）赵希弁：《读书附志》卷下，见（宋）晁公武撰、孙猛校证：《郡斋读书志校证》，上海：上海古籍出版社，1990年，下册，第1186—1187页。
③ 跋文见《元公周先生濂溪集》卷8，第143页。

至宋度宗咸淳末（约 1271—1274 年），又有学者在江州（治今江西九江）编刻《元公周先生濂溪集》十二卷（下称江州本，现藏中国国家图书馆）。江州本虽然增至十二卷，但在结构顺序上仍像之前的七卷本一样，依次是太极图说、通书、遗文、遗事和附录，前后承继关系十分清晰。不过，江州本与之前的不分卷本《濂溪先生集》可能渊源于不同的底本。如不分卷本的卷前为《家谱》《年谱》，江州本卷前则名《世家》《年表》，两本著录的一些人名也有明显不同，内容上亦繁简不一。不分卷本和江州本所收周子著作的题名，也多有差别，如前者的《香林寺饯赵虔州》一诗，后者则题为《万安香城寺别虔守赵公诗》（此与《濂溪先生大成集》的著录同），并有注文道："别本云：清献自虔州赴召，舟至造口，同游香林寺，石刻可考。《大成集》以为万安香城，非也。"另外就是江州本的相关内容明显比不分卷本要丰富得多。这些说明，江州本固然可能参考了不分卷本，但必定也参考了其他版本，并做了新的搜罗和整理。

二、明代以来周敦颐文集的主要版本及其源流

继宋之后的元代是否编辑和刊刻过周子文集？目前所见资料非常有限，仅知清末江苏省常熟县"小藏家"赵宗建的《旧山楼书目》有著录："元刊《周濂溪集》，八本。"[①]明初纂修的《永乐大典》卷八二六九曾两次提到一种《周濂溪集》："宋《周濂溪集》附录篇载《南安书院主静铭》""《周濂溪集》附录篇载《谨动铭》"。[②]从现存的宋刻周子文集目录来看，附录部分都不见这两篇铭文，因此笔者怀疑此《周濂溪集》就是赵氏所见的元刊《周濂溪集》。

---

① （清）赵宗建：《旧山楼书目》，上海古籍出版社，2005 年，第 60 页。
② （明）解缙等：《永乐大典》卷 8269，北京：中华书局影印本，2012 年第 2 版，第 4 册，第 3847 页。

从明代开始，周子文集则有大量新的编刻，且形式更为丰富，不但延续了宋本的别集体，还新出现了《濂溪志》和《周子全书》。它们虽然在我国传统书目中分属集、史、子三个部类，但实际上交互影响，编排格局和主体内容也大同小异，因此一般把它们统视为周敦颐文集。明代以来这样的周子文集版本繁复，梳理下来，主要有三个系统。

（一）开始于明朝弘治年间（1488—1505 年）周木重辑的《濂溪周元公全集》十三卷本

此本是在几乎全部照录宋末江州本十二卷内容并在结构顺序上有所调整的基础上，进一步补充若干内容而成，大体可称其为江州本的扩展版。其扩展的依据，有稍前周子十二世孙周冕编的《濂溪遗芳集》。比如在卷六《遗文》部分载录有周子《书窗夜雨诗》《石塘桥晚钓》，其中在《石塘桥晚钓》诗题下有小字注文："旧无此五字，而此诗又连上共作一首，今从《遗芳集》改正。"在卷九《附录》中载录朱熹《爱莲诗》，诗后注道："此诗近见《遗芳集》录之。"《濂溪遗芳集》久佚，今仅存时人方琼弘治四年（1491 年）的序言一篇。据方序，此集收录的是周子《太极图说》《通书》（誉为"芳"）之外的作品（誉为"遗芳"），包括周子本人的诗文，他人的赞咏、赠答、褒崇、记序，[①]与之后家集性质的《世系遗芳集》不同，是目前所见明代第一个周子文集版本。

三十余年后的嘉靖五年（1526 年），关中大儒吕柟编成《周子抄释》。其自序说他"得（周子）全书于宁州吕道甫氏"。[②]此"全书"当指周木《濂溪周元公全集》，因为：第一，笔者比对二书，发现《周子抄释》的内容没有超出周木本，其中卷二恰有周木从《濂溪遗芳集》过录而来的周子《书窗夜雨》和

---

① （明）方琼：《濂溪遗芳集序》，胥从化、谢阢编《濂溪志》卷 7 下，明万历二十一年刻本。
② （明）吕柟：《周子抄释序》，见《周子抄释》卷首，明嘉靖十六年汪克俭重刻本。

《石塘桥晚钓》二诗；第二，《周子抄释》在"附录"中既载朱熹《先生事状》，又载其《濂溪先生行录》，这种载录情况之前只见有周木本如此。不过，《周子抄释》仅有内外两篇（两卷），卷首卷末文字都不多，属于特别简略的类型，因此此本虽然一直受到重视，多次重印，甚至收入《四库全书》，但它在周子文集版本源流史上并无多大地位，后来都没有得到任何版本的依仿。

周木本在明清时期似流传不广，很长时间不见有人提及。直到清朝康熙中期，大儒张伯行才在北京一座寺庙得见其书，他在康熙四十七年（1708 年）编成的《周濂溪先生全集》十三卷的序言中写道："甲戌岁（康熙三十三年，1694 年），余馆中垣，居京师，乃于报国寺中偶得《濂溪全集》，如获至宝。"①过去我们一直不知道张氏这里所谓的《濂溪全集》为何，最近笔者将张、周二本比对，才发现张氏所谓的《濂溪全集》就是周木编的《濂溪周元公全集》，张氏所编《全集》是对周本《全集》的改编。②

张伯行是康熙时名儒，其《周濂溪先生全集》十三卷问世后影响极大。乾隆二十一年（1756 年）任江西分巡吉南赣宁道的董榕编辑《周子全书》二十二卷、光绪十三年（1887 年）关中大儒贺瑞麟辑《周子全书》三卷，一繁一简，主要依据的就是张本《全集》。其中贺本简明，是 1990 年中华书局出版的陈克明点校本《周敦颐集》的"基础"本。

（二）以万历三年（1575 年）王俸、崔惟植编的《宋濂溪周元公先生集》十卷为核心

此本主要参考之前的三种周子文集而来：嘉靖十四年（1535 年）周伦编、

---

① （清）张伯行：《周子全书序》，张伯行编《周濂溪先生全集》卷首，康熙四十七年正谊堂刻本。
② 参见拙文《周敦颐文集三个版本的承续关系》，《宋代文化研究》第 20 辑，成都：四川大学出版社，2013 年。

黄敏才刻于江州的《濂溪集》六卷，嘉靖十九年（1540 年）鲁承恩的《濂溪志》和嘉靖二十二年（1543 年）王会的《濂溪集》三卷。受命参与编纂此本的蒋春生在序言中说："志（按指鲁承恩本）则博而泛，其失也杂；集（按指王会本）则简而朴，其失也疏，皆弗称。乃参取江州集，荟萃诠次类分焉。"①三本各有优劣，相对说来，两部《濂溪集》比较简明，而《濂溪志》则相当庞杂。此本虽兼取三本，但更多还是渊源于内容丰富的《濂溪志》。只是此本已综合了之前三部周子文集的优长，在编排和书名上均作了新的处理，结构谨严，内容丰实，是后世周子文集编撰者非常重视的版本。

从发展源流来看，继承万历三年本的周子文集主要存在两个子系统：一是万历二十七年（1599 年）润州大族刘汝章在万历三年本基础上改编的《宋濂溪周元公先生集》十卷，刘本变化很小，几乎是对万历三年本的重刻；天启三年（1623 年）永州府知府黄克俭所编《宋濂溪周元公先生集》十卷又主要是依据刘汝章本而来；黄本问世不久又为天启四年（1624 年）李嵫慈编《宋濂溪周元公先生集》十三卷参考借鉴。二是开始于万历四十二年（1614 年）苏州周与爵父子所辑的《宋濂溪周元公先生集》十卷、《世系遗芳集》五卷。前面十卷从书名到内容都承袭自万历三年本，仅有少量诗文的补充；后面五卷则是新增的，实际属周氏家族文集性质。之后康熙三十年（1691 年）苏州周沈珂父子以"重辑"为名，对周与爵本进行重印，并将各卷所题"吴郡守祠奉祠孙与爵编辑"或"吴郡十七世孙与爵重辑"挖改为"裔孙周沈珂同男之翰重辑"或"裔孙周沈珂同男之屏、之翰、之桢重辑"，并删去原本的周与爵辑刻书凡例；雍正六年（1728 年）周有士父子（当与周沈珂同族）再度以"重辑"为名，重印周沈珂本，各卷卷首又改题"裔孙周有士炳文甫重辑"。至乾隆时，朝廷编修

---

① （明）蒋春生：《宋濂溪周元公先生集序》，（明）王俸、崔惟植等编《宋濂溪周元公先生集》卷首，明万历三年刻本。

《四库全书》，收入周沈珂本，并做若干处理，一是删去十卷中的前两卷，二是剔除后面的五卷《遗芳集》，三是将书名省称为《周元公集》。其中周与爵、周沈珂、周有士三本跨越明清两朝，朝代已经更换，但版刻一直延续，足见其家族传承力量的强大。

这里要特别补充说明嘉靖十四年（1535 年）周伦编、黄敏才刻于江州的《濂溪集》六卷本（下称江州本）。江州本前有宋萍乡本《濂溪先生大全集》的胡安之序和署名度正的《（周濂溪先生）年表》，似乎渊源于宋萍乡本。但据笔者比勘，其底本应是宋末江州刻本《元公周先生濂溪集》。其收录中有些值得注意：一是在卷首载录元末明初大儒宋濂的周子像记，开启了后来各种形式的周子文集收载此记的先河；二是在卷二周子著作部分，将之前版本中的《思归旧隐》改题为《静思篇》，《万安香城寺别虔守赵公诗》改题为《香林别赵清献》，误收朱熹的《天池》诗。江州此本在二十多年后即嘉靖三十七年（1558年），为在江州为官的丁永成重刻，其中在卷六增多 10 多篇诗文。江州本在周敦颐文集发展史上还有着特殊的地位，首先表现在对后世有深远影响的万历三年的《宋濂溪周元公先生集》十卷就借鉴吸收过此本部分内容，比如最明显的就是卷四《元公杂著》部分，收录了题名《静思篇》《香林别赵清献》和《天池》的诗文；卷首收录王汝宾的《刻濂溪集跋》，可能也是直接来源于此本。其次，同样对后世有深远影响的胥从化、谢贶编《濂溪志》十卷本，在卷二《元公杂著》部分也如同万历三年本一样收录，在卷七《古今纪述》部分还收录有江州本的王汝宾和林山的跋语。第三，江州本在《周子全书》系列的发展史上也起过重要作用。万历二十四年（1596 年）山东按察司副使、管直隶淮安府事张国玺所编《周子全书》六卷就是依据江州本而来，是《周子全书》系列发展史上的第一部。笔者比对发现，这个《周子全书》六卷实际是江州本的翻刻，只是书名作了更改，序跋文字也全部换掉，而其他内容则一仍其旧。

江州本最大的特点是简要，但似乎有些过分，比如周子的诗文很不全，书信也未收，附录的内容也不多，因此难以独立构成一个发展系统中的一环，只能为其他有关版本提供部分内容而已。这种情况在所有过于简要的周子文集中都存在，比如上面提及的嘉靖二十二年（1543年）王会编的《濂溪集》。它只有遗书（含事状）、年谱和历代褒崇三卷，而且《太极图说》和《通书》均无注解和相关论释，附录也仅仅九篇记文而已，因此也很难独立构成一个发展系统中的一环，只能为其他有关版本提供参考而已。不过王会本在卷首著录有濂溪故里图、月岩图、书院图，并有图说文字，卷二的年谱后有度正、度蕃兄弟的跋语，均为后来众多周子文集版本所继承。

（三）以万历二十一年（1593年）胥从化、谢赋编《濂溪志》十卷本为核心

此本上承明朝嘉靖十九年（1540年）永州府同知鲁承恩编的《濂溪志》。鲁本是周子文集编纂史上第一部名实相符的《濂溪志》，"首之图像，以正其始；次之序例、目录，以明其义；次之御制，以致其尊；次之遗书，以昭其则；次之著述、践履，以纪其迹；次之事状、事证，以详其实；次之谱系、谱传、谱稽，以衍其裔；次之奏疏、公移，以取其征；次之表、说、辨、赋、诗、记、序、跋，以备其考；次之祭文、附录，以稽其终"①，内容极为丰富，甚至有些庞杂。万历三年（1575年）永州府知府王俸、道州知州崔惟植编《宋濂溪周元公先生集》十卷，曾参考鲁本，比如卷五的书信部分，就完全是照抄鲁本而来。当然，从书名和内容上，依仿鲁本更多的则是万历二十一年（1593年）胥从化、谢赋编的《濂溪志》十卷。

胥从化本《濂溪志》在明清两代有很大影响。之后万历三十七年（1609

---

① （明）鲁承恩：《濂溪志序》，胥从化、谢赋编《濂溪志》卷7下，明万历二十一年刻本。

年）知道州林学闵编《濂溪志》四卷，就是依据胥本改编的，版刻多数照旧，结构则作了很大调整，内容也有一些变化，尤其增多了数十篇诗文；万历末又有人挖改林学闵本，形成旧题"李桢辑"的《濂溪志》四卷（旧题"九卷"），版刻和内容基本上还是林学闵本，只是凡有"林学闵"字样处，均作了剜改。这三部万历时期的《濂溪志》在版刻上前后相续，内容大同小异，可以相互补充。其中林学闵本卷首收载的周子画像，为后来众多版本所承袭，流传广泛的中华书局点校本《周敦颐集》也如此，几成周子标准像。①

　　胥从化本《濂溪志》及其改编本后来仍很受重视。如明末天启四年（1624年）知道州李嵊慈编《宋濂溪周元公先生集》十三卷，主要就是依据胥从化本及其改编本《濂溪志》，并参考了天启三年（1623年）永州府知府黄克俭所编《宋濂溪周元公先生集》十卷。李本虽以"集"为名，但版心题"濂溪志"，其序言名为《濂溪周元公志序》，其卷目安排也是志书形式，因此明显更多的是参照胥从化本《濂溪志》而来。至清朝康熙二十四年（1685年）知道州吴大镕修《道国元公濂溪周夫子志》十五卷，也主要是参照胥从化本《濂溪志》及其改编本。之后道光十九年（1839年）周子后裔周诰编《濂溪志》七卷，又主要是在康熙《道国元公濂溪周夫子志》的基础上新编的，并参考了康熙三十年（1691年）苏州周沈珂父子"重辑"的《宋濂溪周元公先生集》十卷，其中附录的《濂溪遗芳集》一卷内容基本同于康熙《道国元公濂溪周夫子志》卷十五的《古今艺文志》，只是标题、作者和顺序有些变化。道光二十七年（1847年）湖南大儒邓显鹤编《周子全书》九卷，尽管书名已无"志"，但实际上其底本就是道光《濂溪志》，该书卷首下尚有"道州濂溪志原本"字样。

　　值得注意的是，万历三十四年（1606年）南京吏部考功郎中徐必达校

① 参见拙文《万历〈濂溪志〉三种及其承继关系》，《图书馆杂志》2021 年第 5 期。

正《周子全书》七卷，也主要是参考胥从化本《濂溪志》，以及嘉靖二十二年（1543 年）知道州王会编的《濂溪集》三卷。此本最初是与记述张载的《张子全书》合刻的，后在日本延宝三年（1675 年）重刻。万历四十年（1612 年），巡按江西监察御史顾造在南康府（治今江西星子县）也编有《周子全书》七卷，主要是依据徐必达本而来，只是编排顺序略有变化而已。

三、周敦颐文集诸版本的文献价值

周敦颐文集从最初的版本开始，就有一个明显特点，即周子本人的作品很少，主体内容是其他人撰述的有关周子的文献。而周子本人的作品主要是《太极图说》和《通书》，二者单行本易得，因此过去学界似乎不太重视周子文集的版本问题。笔者多年致力于此，深感过去的一些认识有偏差，周子文集的各个版本多具有很高的价值。下面仅从文献学的角度略作举例。

（一）可以对周子生平事迹有更准确的认识

周子文集各本一般都收录了关于周子生平事迹的年谱，但不同版本的著录往往有所差别。过去我们一般倚重清代张伯行的《周濂溪集》（丛书集成本），后来又常用中华书局点校本《周敦颐集》，二者均有署名南宋度正所编的周子《年谱》。其实，这两本的《年谱》完全相同，都是经过删改的，只有宋刻本《元公周先生濂溪集》所收度正的《濂溪先生周元公年表》才是原貌（至少更加接近）。从中我们对周子的生平事迹有一些新的认识：

比如在天禧元年丁巳条叙述周敦颐出生情况时，《年谱》载："（周敦颐父亲）先娶唐氏……唐卒，［继娶］侍禁成都郑灿女，是生先生。"《年表》则载："（周敦颐父亲谏议公）先娶唐氏……唐卒。左侍禁郑灿，其先成都人，随孟氏入朝，因留于京师。有女先适卢郎中，卢卒，为谏议公继室，是生先生。"很明显，《年表》显示周敦颐的父母均是再婚之人，他的母亲是再嫁之妇。可是《年谱》却把这一重要事实抹去了，这肯定与清代以妇女再嫁为耻有关。

再比如嘉祐二年丁酉条关于周敦颐在合州的教学情况，《年谱》载："九月，回谒乡士，牒称为'解元才郎'，今不详为谁氏子。盖当时乡贡之士，闻先生学问，多来求见耳。"《年表》则载："九月，回谒乡士，牒称为'解元才郎'，今不详其为谁氏子。当是去年乡贡，今年南省下第而归者，闻先生学问，故来求见耳。"两相对比，《年谱》美化周敦颐形象的情况是十分清楚的。

另外，周敦颐出生的具体月日和地点，南宋度正编的《年表》失载，并在小字注文中写道："先生之生，所系甚大，当书其月、日、地，而史失其传，今存其目而阙之，以俟博考。"之后的周子文集和年谱也长期未记，但清朝道光十九年（1839年）周诰编的《濂溪志》，在《年谱》中则明确写道："宋真宗天禧元年丁巳，五月五日，先生生于道州营道县之营乐里楼田保。"这一记载现在为很多人接受，但依据为何？并未说明，值得进一步研究。

（二）可以大体梳理出周子本人诗文的汇集过程，并对一些误收误题现象进行辨正

诚如前述，周子本人的诗文在其死后很长一段时间没有整理刊印，散佚严重，南宋以来才逐渐为人汇集。笔者在梳理历代周子文集版本的著录情况后发现，南宋末期周子文集的诗文已形成赋1、文5、书6、诗24、行记5总计41篇的规模，明朝时新增《任所寄乡关故旧》《春晚》《牧童》3诗，误收《宿大林寺》（或题《宿崇圣》）、《天池》2诗，清朝时新增行记5则，误收《暮春即事》《观易象》2诗。在此基础上，我们来观察中华书局点校本《周敦颐集》，就会发现，其收录的《宿大林寺》《暮春即事》《观易象》3诗均非周子作品，应当

剔除。①

而中华书局本《周敦颐集》所收《书窗夜雨》和《石塘桥晚钓》二诗的著录也存在不足。此二诗实际是一首诗，应题作《夜雨书窗》。这在已知的多种宋刻本周敦颐文集中是很清楚的。南宋后期的《濂溪先生大成集》（七卷）虽然久已失传，但其目录还完整地保存在明代周木重编的《濂溪周元公全集》卷十三后的附录中，其中有《元公家集中诗七篇》，内有《夜雨书窗》诗，而无《石塘桥晚钓》诗。较《濂溪先生大成集》稍后刊刻的《濂溪先生集》不分卷本，其目录同样有《家集中七首》，也只有《夜雨书窗》诗，而无《石塘桥晚钓》诗。以上二本所收《夜雨书窗》诗虽然仅存目录，但明言出自"家集"，是很有说服力的。宋亡前夕刊刻的《元公周先生濂溪集》十二卷，没有《石塘桥晚钓》诗，但有《夜雨书窗》诗。该诗共 12 句，其中前 6 句与中华书局本《周敦颐集》所收《书窗夜雨》诗完全相同；后 6 句与《石塘桥晚钓》诗也基本相同（仅有个别字微异）。这就说明，中华书局本《周敦颐集》所收《书窗夜雨》和《石塘桥晚钓》二诗，本为一诗，题名是《夜雨书窗》；《周敦颐集》将其析为两首著录，并将《夜雨书窗》改为《书窗夜雨》，是不符合历史实际的。

当然，这并非点校者的臆改，他的失误渊源有自。中华书局本《周敦颐集》的底本是清朝光绪年间贺瑞麟所编《周子全书》，而贺瑞麟又主要是依据康熙年间张伯行所编《周濂溪先生全集》。张本卷八有《夜雨书窗》和《石塘桥晚钓》二诗，在《石塘桥晚钓》诗的标题后有小字一段："旧无此五字，而此诗又连上共作一首，今从《遗芳集》改正。"这一情况包括注文恰好在张本所依据的明朝周木编的《元公周先生濂溪集》卷六中就有。这就说明，《夜

① 详见拙文《周敦颐诗文的汇集过程及若干考辨》，《宋史研究论丛》第 23 辑，北京：科学出版社，2018 年。

雨书窗》和《石塘桥晚钓》二诗最初是联为一首著录的，题名就是《夜雨书窗》。将此诗析为《夜雨书窗》和《石塘桥晚钓》两首来著录，源于明朝弘治四年（1491 年）周敦颐十二代孙周冕编刻的《濂溪遗芳集》，后来明朝周木编《元公周先生濂溪集》加以承袭，张伯行本出自周本，贺瑞麟踵而继之，中华书局点校本又沿而不改，及至后来的《全宋诗》卷四一一也延续了这一失误。

（三）可以从中发掘大量新的文献，有些文献往往是独有而重要的

周子文集的文献量很大（而且越是后来的版本新增的内容往往越多），不少文献往往是其独有的，或是最原始的。

最突出的是南宋大理学家张栻《太极解义》的重新发现和完整再现。张栻注解周子《太极图说》的《太极解义》，久不传世，十多年前的点校本《张栻全集》也没有收录。实际上，宋刻《元公周先生濂溪集》中就保存有张栻《太极图解》初本的内容，这首先是 20 世纪 80 年代由陈来先生发现的，[①]21 世纪初韩国学者苏铉盛博士并有复原的张栻《太极解义》(初本)，[②]德国慕尼黑大学汉学研究所苏费翔（Soffel, Christian）先生后来又做了一些纠正与补充。[③]不过，这只是张栻《太极解义》的初本，而笔者则在中国国家图书馆馆藏的另一个更早的宋刻本《濂溪先生集》上找到了张栻《太极解义》的定本，可惜有缺页，内容不全。后来几经努力，终于在明代周木重编的《濂溪周元公全集》

---

① 陈来：《朱熹哲学研究》，北京：中国社会科学出版社，1993 年，第 124 页注①。

② ［韩］苏铉盛：《张栻哲学思想研究》第四章《太极论》，北京大学博士学位论文，2002 年，第 87—117 页；《张栻〈太极解义〉》，收载陈来主编的《早期道学话语的形成与演变》，合肥：安徽教育出版社，2007 年，第 516—520 页。

③ ［德］苏费翔：《张栻〈太极解义〉与〈西山读书记〉》，台湾《嘉大中文学报》2009 年第 1 期。后又以《张栻〈太极解义〉与〈西山读书记〉所存张栻佚文》为题，入载刘东主编《中国学术》第 29 辑，北京：商务印书馆，2011 年。

中发现了完整的张栻《太极解义》定本。① 这不仅对周敦颐研究是个重要文献,对张栻研究应该也很有帮助,中华书局最近出版的点校本《张栻集》(2015年),就利用了这一发现。

另外,周子文集还保留了不少其他传世文献失收的宋人诗文。据统计,在现存宋刻《元公周先生濂溪集》中,有13人共19首诗为《全宋诗》失收,其中王子修、周刚、鲍昭、薛袚、文仲琏和周以雅等6人未入《全宋诗》作者之列;有37人共47篇文章为《全宋文》失收,包括周子的蜀籍门人傅耆所写的《与周敦颐书》和《答卢次山书》这两通对了解周子诗文之学有重要帮助的书信。何士先、徐邦宪、胡安之、陈纬、刘元龙、蔡念成、余宋杰、冯去疾、卢方春、曾迪和傅伯崧共11人甚至未入《全宋文》作者之列。另外还有11篇文章为《全宋文》收录不全或有明显差异者。如游九言《书太极图解后》,《全宋文》卷六三一〇依据嘉靖《建阳县志》,题为《太极图序》,但内容止于"先识吾心",而缺"澄神端虑"以下的大段内容;林时英《德安县三先生祠记》,《全宋文》卷七二一一依据《永乐大典》卷七二三七,题为《德安县学尊贤堂记》,文字与此处差异较大。②

以上只是对宋人诗文的补充。我们知道,周子文集在明清还有很多刻印,其中又陆续新增了大量明清人的诗文,我相信也有不少珍贵的文献资料有待发掘。

这里要特别强调的是,周子文集的一些重刻本、改编本、挖改本也不能忽视,内中往往也有一些新的文献。比如,嘉靖三十七年(1558年)丁永成在江州为官时据嘉靖十四年周伦编、黄敏才刻《濂溪集》六卷本重刻的《濂溪集》。

---

① 参见拙文《张栻〈太极解义〉的完整再现》,《地方文化研究》第6辑,成都:巴蜀书社,2013年。
② 详见拙文《现存两部宋刻周敦颐文集的价值》,《四川大学学报(哲学社会科学版)》2010年第3期。

虽是重刻本，但在卷六增刻了 15 篇诗文，绝大多数不见于后来的周子文集。再如万历三十七年（1609 年）知道州林学闵依据万历二十一年（1593 年）胥从化本《濂溪志》十卷改编而成《濂溪志》四卷，版刻多数照旧，结构则作了很大调整，内容也有一些变化，尤其增多了数十篇诗文。更重要的是，林本卷首的周子像，区别于之前所有的版本，而为后来众多版本继承；而挖改自林学闵本的万历末旧题"李桢辑"的《濂溪志》四卷（旧题"九卷"），也有一些新的诗文收录。

总之，周子文集形式多样，内容丰富，如果超越文献学的视角，从思想史、教育史、社会史、经济史等方面着力，其价值自然会更加凸显。目前我们已经注意到，清康熙二十四年（1685 年）吴大镕修《道国元公濂溪周夫子志》十五卷的影印本收入《中国哲学思想要籍丛编》①，明万历四十二年（1614 年）周与爵父子重辑的《宋濂溪周元公先生集》十卷及其附录《世系遗芳集》五卷（哈佛大学藏本）被选入《中国古代思想史珍本丛刊》影印出版②，中国科学院中国古代社会生活史料编委会编《中国古代社会生活史料》二编第二十八册③还专门辑录宋刻《元公周先生濂溪集》的众多"祭文"。这些都说明，周敦颐文集的价值，文献学之外的天空或更为广阔。

（原载《河北大学学报（哲学社会科学版）》2020 年第 1 期）

---

① 台北：广文书局，1974 年。
② 北京：海豚出版社，2018 年。
③ 北京：蝠池书院，2013 年。

后 记

　　笔者在 1997 年完成博士学位论文《朱熹与宋代蜀学》(入选《高校文科博士文库》，1998 年 3 月由高等教育出版社出版) 之后，即有意从朱熹扩大到整个宋代理学，全面探讨宋代理学与蜀学发展的互动关系。"理学开山"周敦颐自然是首先需要着力的，收入本论文集的《四川学者与周敦颐"理学开山"地位的建构》，便是笔者的第一篇习作 (2008 年)。之后笔者在查阅宋刻十二卷本《元公周先生濂溪集》和不分卷的残本《濂溪先生集》(均藏中国国家图书馆) 时，不仅发现了长期被认为失传的张栻《太极图解》，而且还发现其中有不少文献为《全宋文》《全宋诗》等书失收，遂认识到周敦颐文集一些版本具有非同一般的价值。而过去一般研究周敦颐的学者对其文集的版本并不措意，这本无可厚非。因为周敦颐的两部重要著作《太极图说》和《通书》容易得见，在各种版本的周敦颐文集中也基本相同；其留存不多的诗文在不同版本的周敦颐文集中也差别不大。这样，留意周敦颐文集的版本似乎就是多余之举。但事情并非如此简单。笔者注意到，历代周敦颐文集与一般学人的文集有一显著不同，即其著录的主要内容并非周敦颐之作，而是与周敦颐有关的其他学者的作品，其价值有待发掘；周敦颐本人的诗文也有一逐渐搜集汇总的过程，其中的得失仍需要通过历代周敦颐文集版本的梳理，才能得到解决。而且，周敦颐开创的理学上升为官学，对后世中国乃至东亚世界都有广泛而深远的影响，长期编刻、版本繁复的周敦颐文集正是一个重要的认识窗口。为此，笔者注意搜集、比勘、探究历代周敦颐文集的各种版本，陆续撰写了多篇论文，并在2018年成功申报国家社科基金项目《周敦颐文集的编纂史研究》，从而加快了相关问题的研究。本书收录的近20篇论文，便是笔者这十多年撰写并发表的研究周敦颐及其文集的主要成果。

　　本书入选湖南省濂溪学研究会会长、湘南学院周敦颐研究院院长张京华教授主持的《周敦颐理学研究丛书》，是笔者的莫大荣幸！张先生儒雅宽厚，对传统文化深怀敬意，且勤耕不辍，成果丰硕，在周敦颐及其开创的理学研究方面尤多创获，我们在2017年6月于湖南道县纪念周敦颐诞辰一千周年的学术讨论会上相识，即有一见如故之感。之后我又在道县和郴州两次应邀参加由他主持的周敦颐学术研讨会。每次会议我都得到他和与会师友的热情鼓励和多方提点，收获满满。现在他又把这本小书纳入他主持的丛书出版，使我有机会得到学界更多的批评与指教，我在深感欣喜的同时，不能不对他的美意和长期的关怀表示由衷的感谢！周敦颐文集版本众多，散处海内外各地，笔者有幸大致遍览，离不开众多热心师友的帮助，虽然我已在《历代周敦颐文集序跋目录汇编》(上海古籍出版社2020年5月版)的最后一一致谢，但我还是要在这里再表感激之情！收录本书的论文，在写作发表过程中也多得师友和编者的指正，我也谨此致以诚挚的谢意！还需要说明的是，这些论文写作和发表时间跨度较长，这次笔者尽可能做了统一的规范；一些论文内容前后略有重复，笔者则注意保持其自身的独立性，未做删减。笔者水平有限，本书必定还存在诸多不足，诚望得到师友们和广大读者的不吝指教！

粟品孝

2024 年 6 月 5 日

图书在版编目(CIP)数据

周敦颐及其文集研究 / 粟品孝著. -- 上海 ：上海
三联书店，2025. 1. --（周敦颐理学研究丛书）.
ISBN 978 - 7 - 5426 - 8766 - 1

Ⅰ. B244.25

中国国家版本馆 CIP 数据核字第 2024GH3500 号

周敦颐及其文集研究

著　　者／粟品孝

责任编辑／宋寅悦　徐心童
装帧设计／徐　徐
监　　制／姚　军
责任校对／王凌霄

出版发行／上海三联书店

　　　　　（200041）中国上海市静安区威海路 755 号 30 楼
邮　　箱／sdxsanlian@sina.com
联系电话／编辑部：021 - 22895517
　　　　　发行部：021 - 22895559
印　　刷／上海惠敦印务科技有限公司

版　　次／2025 年 1 月第 1 版
印　　次／2025 年 1 月第 1 次印刷
开　　本／710 mm × 1000 mm　1/16
字　　数／270 千字
印　　张／21
书　　号／ISBN 978 - 7 - 5426 - 8766 - 1/B·940
定　　价／98.00 元

敬启读者,如发现本书有印装质量问题,请与印刷厂联系 13917066329